Beck'sche Musterverträge, Band 56

Kotthoff/Gabel: Outsourcing

Outsourcing

von

Dr. Jost Kotthoff

Rechtsanwalt
in Frankfurt a. M.

und

Dr. Detlev Gabel

Rechtsanwalt
in Frankfurt a. M.

Verlag C. H. Beck München 2008

Verlag C. H. Beck im Internet:
beck.de

ISBN 978-3-406-57754-3

© 2008 Verlag C. H. Beck oHG
Wilhelmstraße 9, 80801 München
Druck und Bindung: Nomos Verlagsgesellschaft
In den Lissen 12, 76547 Sinzheim

Satz: jürgen ullrich typosatz, 86720 Nördlingen

Gedruckt auf säurefreiem, alterungsbeständigem Papier
(hergestellt aus chlorfrei gebleichtem Zellstoff)

Inhaltsverzeichnis

A. Einführung und Textabdruck 1
   I. Einführung 1
      1. Outsourcing und Vertragsgestaltung 1
      2. Erscheinungsformen des Outsourcing 2
      3. Rechtliche Rahmenbedingungen 3
      4. Ablauf des Outsourcing-Projekts 6
      5. Zu dem vorliegenden Vertragsmuster 14
   II. Textabdruck 15

B. Vertragsmuster mit Erläuterungen 47
   I. Formerfordernisse 47
   II. AGB-rechtliche Einordnung 49
   III. Rahmenbedingungen und Anlagen 50
   IV. Parteien 51
   V. Präambel 54
   VI. Vertragsklauseln 56
      § 1   Definitionen und Auslegung 56
      § 2   Vertragsgegenstand 59
      § 3   Services 72
      § 4   Service Levels 84
      § 5   Mitwirkungshandlungen des Kunden 93
      § 6   Vergütung 99
      § 7   Mitarbeiter des Providers 112
      § 8   Governance 115
      § 9   Rechtliche Anforderungen und Policies 125
      § 10 Berichtswesen, Prüfungs- und Weisungsrechte ... 130
      § 11 Datenschutz 134
      § 12 Sicherheit 143
      § 13 Notfallmanagement 147
      § 14 Vertraulichkeit 151
      § 15 Schutzrechte (IP) 154
      § 16 Gewährleistung 166
      § 17 Haftung 171
      § 18 Laufzeit und Kündigung 177
      § 19 Exit Management 182
      § 20 Schlussbestimmungen 188

C. Weiterführende Hinweise zu Literatur und Rechtsprechung 193

D. Sachverzeichnis 205

A. Einführung und Textabdruck

I. Einführung

Die besten Verträge sind jene, in die die Vertragspartner nach ihrem Abschluss nie wieder einen Blick werfen müssen. Diese weit verbreitete Auffassung gilt für Outsourcing-Verträge in der Regel nicht. Outsourcing führt zwar selten zu streitigen Auseinandersetzungen zwischen den Vertragspartnern; im Rahmen eines Outsourcing gehen der Kunde (das auslagernde Unternehmen) und der Provider (der die auszulagernden Leistungen erbringende Dienstleister) aber eine langfristige und komplexe Geschäftsbeziehung ein. Die diesbezüglichen Vereinbarungen sind in einem Service-Vertrag niedergelegt, der typischerweise während der gesamten Dauer der vertraglichen Zusammenarbeit ein treuer Begleiter der Vertragspartner ist. Der Service-Vertrag ist dabei weniger ein Instrument zur Klärung streitiger Fragen, sondern vielmehr die Grundlage einer engen und dauerhaften Zusammenarbeit.[1] Entsprechend sorgfältig, vorausschauend und flexibel sollte er gestaltet sein.

1. Outsourcing und Vertragsgestaltung

Outsourcing (Auslagerung) bedeutet, dass bestimmte Aufgaben eines Unternehmens nicht durch dieses selbst erledigt, sondern auf einen Dritten (*Provider*) auf der Grundlage eines langfristigen Service-Vertrages (*Service Agreement*) ausgelagert werden.[2] Die betreffende Aufgabe wird zuvor entweder durch den Kunden selbst oder im Rahmen einer bestehenden Outsourcing-Beziehung für den Kunden bereits durch einen Dritten erledigt. Denkbar ist auch, dass es sich um eine neu hinzugekommene Aufgabe handelt, die der Kunde unmittelbar einem Dritten überträgt. Bei dem Dritten kann es sich wiederum um ein mit dem Kunden im Konzern oder durch eine Beteiligung verbundenes Unternehmen oder einen von dem Kunden völlig unabhängigen Dienstleister handeln. Nicht als Outsourcing wird typischerweise der nur gelegentliche Fremdbezug von Gütern und Dienstleistungen angesehen.[3]

Outsourcing ist ein nicht nur in rechtlicher, sondern auch in technischer und wirtschaftlicher Hinsicht komplexes Vorhaben. Dies wirkt sich auf die Gestaltung des Service-Vertrages aus. Technisch besteht die Herausforderung vor allem darin, die Leistungen des Providers und die Schnittstellen zwischen Kunde und Provider hinreichend präzise zu beschreiben. Wirtschaftlich muss sichergestellt werden, dass sich das Vorhaben für beide Seiten rechnet. Erschwert wird beides dadurch, dass eine langfristige Bindung – typisch sind drei bis sieben Jahre – eingegangen wird, während der sich die Rahmenbedingungen des Vorhabens – in nur bedingt vorhersehbarer Weise – verändern werden. Es geht bei der Vertragsgestaltung also nicht nur darum, die rechtlichen, wirtschaftlichen und technischen Aspekte der Einigung der Vertragspartner präzise wiederzugeben, sondern auch darum, in den Vertrag die angesichts der sich ständig wandelnden Rahmenbedingungen notwendige Flexibilität einzubauen.[4]

Häufig – aber nicht zwingend – übernimmt der Provider anlässlich des Outsourcing ganz oder teilweise die personellen und sachlichen Ressourcen, die bisher zur Erbringung der auszulagernden Leistungen eingesetzt wurden. Hierbei handelt es sich insbesondere um Mitarbeiter, Vermögensgegenstände (z.B. Hardware und Eigensoftware) und Verträge (z.B. Lizenz-, Leasing- und Service-Verträge). Die hierzu notwendigen vertraglichen Regelungen können entweder in einer Anlage zum Service-Vertrag[5] oder in einem parallel abzuschließenden Kauf- und Übertragungsvertrag (*Asset Deal*) bzw. – wenn nur Mitarbeiter übergehen – Personalüberleitungsvertrag getroffen werden (siehe S. 63 ff.). Wurden die auszulagernden Leistungen bisher durch einen rechtlich selbständigen, konzerninternen Provider erbracht oder hat – was in der Praxis vorkommt – der bisherige Provider zur Leistungserbringung eine eigenständige juristische Person (in der Regel eine GmbH) eingesetzt, bietet sich die Übernahme der Ressourcen im Wege des Erwerbs der Gesellschaft (*Share Deal*) an.[6]

2. Erscheinungsformen des Outsourcing

Weit verbreitet ist das Outsourcing von Aufgaben im Bereich der Informationstechnologie (*IT Outsourcing*). Grob unterschieden werden kann hier zwischen der Auslagerung von Aufgaben im Bereich der Infrastruktur (z.B. Rechenzentrum, Netzwerk, PC, Speichersysteme, Helpdesk, Telefonie, Druckleistungen) und der Anwendungsentwicklung und -pflege (*Application Management*).[7] Eine spezielle Form des IT-Outsourcing stellt das sog. *Application Service Providing* (kurz: *ASP*) dar, bei dem der Provider sowohl die Systemumgebung als auch die Anwendungen bereitstellt, welche dann durch den Kunden zum Zwecke der Datenverarbeitung über das Internet oder im Wege der Datenfernübertragung genutzt werden.[8] Beim sog. *Outtasking* werden dem Provider hingegen nur ausgewählte Tätigkeiten

I. Einführung

und Prozessschritte der IT übertragen. Die Hoheit über die zugrunde liegenden Systeme und Prozesse verbleibt bei dem Kunden.[9]

Daneben gibt es vielfältige Erscheinungsformen der Auslagerung von Geschäftsprozessen (*Business Process Outsourcing*, kurz: *BPO*).[10] Die Eignung zur Auslagerung hängt wesentlich von dem Potenzial eines Geschäftsprozesses zur Automatisierung und Standardisierung ab. Je höher dieses Potenzial ist, desto eher wird sich ein Provider finden, der dem Kunden eine gegenüber dem Ist-Zustand kostengünstigere und effizientere Lösung für den betreffenden Geschäftsprozess anbieten kann. Typische Beispiele für Business Process Outsourcing sind die Auslagerung von Aufgaben der Buchhaltung (*Finance & Accounting*), der Rechnungsabwicklung (*Billing & Collection*) oder des Personalwesens (*HR*). Verbreitet ist auch die Auslagerung branchenspezifischer Geschäftsprozesse, z. B. bei Banken der Wertpapierabwicklung, der Kreditbearbeitung oder der Abwicklung des Zahlungsverkehrs sowie bei Versicherungsunternehmen der Abwicklung von Ansprüchen der Versicherungsnehmer.

Die Aussicht auf Kostenersparnisse durch Outsourcing steigt bei einer Verlagerung von Aufgaben in sog. Niedriglohnländer. Dabei wird begrifflich zwischen Offshoring und Nearshoring unterschieden, wobei die Grenzen freilich fließend sind. Aus deutscher Perspektive betrachtet wäre der Bezug von Leistungen aus Ungarn, der Tschechischen oder Slowakischen Republik, Polen, Rumänien, aber auch aus Irland oder Spanien als Nearshoring einzuordnen, während Indien, die Philippinen und zunehmend auch China typische Offshore-Länder sind. Bei Offshoring/Nearshoring-Transaktionen steigen mit dem Kosteneinsparungspotenzial in aller Regel auch die Risiken. Dies liegt vor allem an unterschiedlichen politischen, kulturellen und rechtlichen Rahmenbedingungen sowie der räumlichen Distanz zwischen Kunde und Provider. Ein Mittelweg, der diese Risiken verringern kann, ist der Abschluss eines Vertrages mit einem inländischen Provider, der wiederum wesentliche Teile der ihm übertragenen Aufgaben an einen Subunternehmer in einem Nearshore- oder Offshore-Land weiterverlagert. Dies setzt natürlich voraus, dass der Provider erfahren in der Steuerung von im Offshore-Land tätigen Subunternehmern ist.[11]

3. Rechtliche Rahmenbedingungen

Im Zusammenhang mit der Vorbereitung und Durchführung von Outsourcing-Projekten gilt es eine Vielzahl rechtlicher Vorschriften und Rahmenbedingungen zu beachten, die abhängig von Umfeld und Gegenstand der Auslagerung im Einzelfall variieren können.[12]

Vor dem Hintergrund der spektakulären Unternehmenskrisen der letzten Jahren und der daraufhin entfachten Compliance-Diskussion sind insoweit zunächst Vorgaben zu nennen, denen der Gedanke der Steuerung und Kontrolle von Unternehmensrisiken zugrunde liegt. Hierzu zählen insbesondere die gesetzlichen Pflichten, die sich aus dem Gesetz zur Kontrolle und Transparenz im Unternehmensbereich (KonTraG) ergeben. So hat der Vorstand einer Aktiengesellschaft nach § 91 Abs. 2 AktG geeignete Maßnahmen zu treffen, insbesondere ein Überwachungssystem einzurichten, damit den Fortbestand der Gesellschaft gefährdende Entwicklungen früh erkannt werden. Die Einhaltung dieser Vorgabe ist nach § 111 Abs. 1 AktG durch den Aufsichtsrat zu überwachen und von den Abschlussprüfern nach den §§ 317 Abs. 4, 321 Abs. 4 HGB zu prüfen. Ähnliche Anforderungen gelten auch für Unternehmen anderer Rechtsformen (z.B. die GmbH).[13] Die daraus abgeleitete Pflicht der Unternehmensführung, für eine ordnungsgemäße, sichere und gesetzeskonforme Geschäftsabwicklung zu sorgen, besteht im Falle der Auslagerung von unternehmenseigenen Aufgaben und Geschäftsprozessen unverändert fort. Ihr ist daher bei der Gestaltung des Service-Vertrages angemessen Rechnung zu tragen. Detaillierte Anforderungen an solche Organisationspflichten, welche stark durch die Rechtssetzung auf europäischer Ebene (z.B. Basel II, MiFID, Solvency II) beeinflusst werden,[14] existieren im Finanzdienstleistungssektor. So enthalten etwa § 25a Abs. 2 KWG für Kreditinstitute,[15] § 33 Abs. 2 und 3 WpHG für Wertpapierdienstleistungsunternehmen, § 16 InvG für Kapitalanlagegesellschaften und § 5 Abs. 3 Nr. 4 VAG für Versicherungsunternehmen[16] spezielle Regelungen für das Outsourcing, die durch Rundschreiben (z.B. die MaRisk) und andere Verlautbarungen der zuständigen Aufsichtsbehörden weiter konkretisiert werden. Für in den USA börsennotierte Unternehmen und die an sie berichtenden Gesellschaften sind zudem die Bestimmungen des sog. Sarbanes-Oxley Act relevant, die umfangreiche Anforderungen an das Bestehen eines internen Kontrollsystems zur Gewährleistung einer ordnungsgemäßen Rechnungslegung stellen, was im Verhältnis zum Provider gegebenenfalls entsprechende Regelungen erfordert.[17]

Neben der Risikokontrolle bilden die Vertraulichkeit und die Sicherheit von Daten und anderen Informationen regelmäßig zentrale Themen bei einem Outsourcing. Soweit für die Erbringung der auszulagernden Leistungen die Erhebung, Verarbeitung oder Nutzung von personenbezogenen Daten erforderlich ist, sind die diesbezüglichen Vorgaben des BDSG und anderer datenschutzrechtlicher Vorschriften zu beachten. Weitergehende Anforderungen an den Schutz von Informationen können sich zudem aus besonderen Geheimhaltungspflichten ergeben. Beispielhaft kann insoweit auf § 203

I. Einführung

StGB verwiesen werden. Nach dieser Vorschrift ist es insbesondere Unternehmen der privaten Kranken-, Unfall- und Lebensversicherungsbranche sowie öffentlich-rechtlichen Kreditinstituten untersagt, Dritten die ihnen im Rahmen ihrer jeweiligen Tätigkeit bekannt gewordenen Tatsachen zu offenbaren. Ein solches Offenbaren liegt vor, wenn die Tatsachen aus dem Kreis der Wissenden oder der zum Wissen Berufenen hinausgetragen werden. Dies kann auch bei einem IT-Outsourcing oder BPO der Fall sein, wenn für Mitarbeiter des Providers die Möglichkeit besteht, in gesetzlich geschützte Datenbestände Einsicht zu nehmen. In diesem Fall gilt es, die Offenbarung der Daten durch technische, organisatorische und vertragliche Schutzmaßnahmen wirksam zu verhindern.[18] Im Bankensektor ist überdies das Bankgeheimnis zu beachten, zu dessen Wahrung regelmäßig eine umfassende Verpflichtung des Providers zur Vertraulichkeit erforderlich ist.[19] Im Hinblick auf den Schutz von Geschäfts- und Betriebsgeheimnissen des auslagernden Unternehmens, der in den §§ 17 ff. UWG nur rudimentär geregelt ist und durch das Outsourcing faktisch gelockert wird, ist eine solche Verpflichtung grundsätzlich aber auch in anderen Branchen unabdingbar.[20]

Darüber hinaus gibt es eine Reihe weiterer Rechtsgebiete, die unmittelbar oder mittelbar für Auslagerungsvorhaben von Bedeutung sind. Dazu zählen unter anderem
- die Vorschriften des HGB und der AO zur Buchführung und -prüfung nebst den verschiedenen hierzu ergangenen, praktisch verbindlichen Richtlinien der Finanzverwaltung und Empfehlungen von Wirtschaftsvereinigungen (z.B. GoB, GoBS, GDPdU), die insbesondere bei der Auslagerung von Buchführungsleistungen oder der zu ihrer Erbringung eingesetzten IT-Systeme eine Rolle spielen,[21]
- das Arbeitsrecht, insbesondere die Vorschriften über die betriebliche Mitbestimmung, der für Betriebsübergänge bedeutsame § 613a BGB, die Arbeitsschutzvorschriften sowie die Vorschriften über die Arbeitnehmerüberlassung,[22]
- der gewerbliche Rechtsschutz und das Urheberrecht, die insbesondere lizenzrechtliche Fragestellungen im Zusammenhang mit der Übertragung und Nutzung von Software, Datenbanken und anderen geschützten Gegenständen im Auslagerungsverhältnis aufwerfen,[23]
- das Kartellrecht, das Bedeutung erlangt, wenn das Outsourcing einen Zusammenschluss darstellt und somit der Fusionskontrolle unterliegt,[24]
- das Versicherungsrecht, das im Hinblick auf die Versicherbarkeit von mit dem Outsourcing verbundenen Risiken relevant wird,[25]

- das speziell bei der Besorgung fremder Rechtsangelegenheiten zum Tragen kommende RDG[26] sowie
- das bei der Auslagerung durch die öffentliche Hand, einschließlich der Aufgabenprivatisierung und -verlagerung auf gemischtwirtschaftliche Unternehmen (sog. *Public Private Partnerships*), einschlägige Vergaberecht.[27]

Wie diese Aufzählung verdeutlicht, handelt es sich bei einem Outsourcing aus rechtlicher Sicht um eine klassische Querschnittsmaterie. Die Komplexität, die mit der Identifizierung der einschlägigen rechtlichen Rahmenbedingungen und der zu ihrer Einhaltung notwendigen Maßnahmen verbunden ist, sollte daher nicht unterschätzt werden. Sofern diese Rahmenbedingungen unmittelbar Einfluss auf die Vertragsgestaltung haben, wird im weiteren Verlauf der Darstellung darauf jeweils noch näher eingegangen. Aufgrund des begrenzten Rahmens kann das vorliegende Werk auf branchenspezifische Anforderungen jedoch nur am Rande hinweisen.

4. Ablauf des Outsourcing-Projekts

Der Unterzeichnung des Service-Vertrages (und etwaiger Nebenverträge) geht ein in der Regel mehrere Monate, häufig auch länger dauerndes Projekt voraus, dessen Ergebnisse in die Vertragsdokumentation Eingang finden. Schon aus diesem Grunde ist ein klares Verständnis des Projektverlaufs unerlässliche Grundlage einer erfolgreichen Vertragsgestaltung. Grob unterscheiden lassen sich folgende Phasen, deren Übergänge teilweise fließend sind:
- Einrichtung des Projekts;
- Vorbereitung der Ausschreibung;
- Auswahl des Providers;
- Vertragsverhandlungen;
- Übergabe der Verantwortung für die Services (*Transition*);
- Leistungserbringung durch den Provider;
- Neuvergabe der Leistungen.

Nicht immer haben alle Phasen die gleiche Bedeutung oder werden alle Phasen durchlaufen. Gerade bei kleineren Projekten findet häufig eine Abkürzung des Verfahrens statt. Wenn sich der Kunde von Anfang an auf einen bestimmten Provider festlegt (sog. *Single Source Deal*), entfällt z.B. die Auswahl des Providers und zumeist auch die Ausschreibung. Wenn bei einer Neuvergabe als Ergebnis einer Ausschreibung der bisherige Provider (erneut) ausgewählt wird, entfällt die Transition.

Das im Folgenden beschriebene Verfahren gibt den typischen Ablauf von Outsourcing-Projekten in der Privatwirtschaft wieder.[28] Im

I. Einführung

öffentlichen Sektor ist aufgrund vergaberechtlicher Vorgaben häufig ein anderes Verfahren notwendig.[29]

a) Einrichtung des Projekts. Am Anfang des Outsourcing-Projekts steht die Festlegung der Strategie, die der Kunde mit dem Outsourcing verfolgt. Typische Ziele und Beweggründe sind aus Kundensicht die Konzentration auf Kernkompetenzen, Kosteneinsparungen, Variabilisierung von Kosten (d.h. benötigte Ressourcen werden nur noch verbrauchsabhängig vergütet), Standardisierung der ausgelagerten Leistungen und Zugang zu dem Know-how und der Leistungsfähigkeit des Providers als strategischem Partner. Häufig wird auch die Einführung einer neuen Technologie zum Anlass für ein Outsourcing genommen, weil der Kunde erwartet, diese gemeinsam mit dem Provider effizienter und kostengünstiger bewältigen zu können. Bei den Zielen des Providers steht die Wirtschaftlichkeit des Vorhabens im Vordergrund, die typischerweise eine Kalkulierbarkeit der übernommenen Risiken voraussetzt. Hierneben kann der Provider mit der Zusammenarbeit auch strategische Ziele verfolgen, z.B. den Zugang zu neuen Märkten.[30]

Der Erfolg eines Outsourcing-Projekts hängt ganz wesentlich von der Güte der Vorbereitung des Projekts ab. Versäumnisse in der Projektvorbereitung können selbst durch ausgefeilte Vertragsgestaltung und großes Verhandlungsgeschick kaum noch korrigiert werden. Für die Vorbereitung des Projekts und das Auswahlverfahren nur wenig Zeit und Aufwand zu investieren, um vermeintlich früher die angestrebten Ziele (insbesondere erhoffte Kosteneinsparungen) zu erreichen, ist eine Rechnung, die nur selten aufgeht. Ein detaillierter Projektplan, der die Meilensteine und den Zeitplan für das Projekt festlegt, ist wesentlicher Bestandteil der Vorbereitung. Ist der Projektplan wohl durchdacht und in zeitlicher Hinsicht realistisch, wird dies maßgeblich zum Erfolg des Projekts beitragen.

Ein weiterer kritischer Erfolgsfaktor ist die strategische und inhaltliche Unterstützung des Projekts durch die interessierten Stellen im Unternehmen oder Konzern des Kunden. Diese Unterstützung sollte bereits zu Projektbeginn gesichert werden. In den seltensten Fällen wird die Einheit, die bisher für die Erbringung der auszulagernden Leistungen zuständig ist, die Entscheidung über das Outsourcing alleine treffen können, zumal es insoweit auch leicht zu Interessenkonflikten kommt. Welche Stellen konkret einzubinden sind, hängt vor allem von Gegenstand und Bedeutung der auszulagernden Leistungen, dem wirtschaftlichen Wert des abzuschließenden Vertrages und der Vertragsstruktur ab. Zu denken ist hier zuerst an die Geschäftsleitung (Vorstand, Geschäftsführung, etc.) und an diejenigen Stellen im Unternehmen bzw. Konzern, die die auszulagernden Leistungen nutzen und letztlich auch bezahlen. Hinzu kommen, je nach Fallkonstellation, Zentral- und Stabsfunktionen wie z. B. Personal, Steuern, Recht, M&A bzw. Konzernstrategie, Risk Management, Einkauf, Datenschutz, Compliance oder Interne Revision.

Besonderer Sorgfalt bedarf die Festlegung des genauen Inhalts und Umfangs des Outsourcing (sog. *Scope*). Es mag leicht fallen, den auszulagernden Bereich mit Schlagworten in einer Präsentation zu umschreiben. Für die genaue Definition des Gegenstands der Leistungen reicht dies jedoch nicht aus. Hierfür muss im Detail identifiziert werden, welche konkreten Aufgaben in Zukunft durch den Provider erfüllt werden, welche in der Verantwortung des Kunden oder eines Dritten verbleiben und wie technische Schnittstellen und Prozess-Schnittstellen aussehen sollen. Zu klären ist weiter, ob und ggf. welche Mitarbeiter, Vermögensgegenstände und Vertragsverhältnisse durch den Provider übernommen werden sollen, welche Standorte und welche Leistungsempfänger dem auszulagernden Bereich zuzuordnen – also *in scope* – sind. Diese Fragen hängen häufig wiederum von den technischen, wirtschaftlichen und rechtlichen Rahmenbedingungen ab, die es ebenfalls zu evaluieren gilt.

Um bewerten zu können, ob sich Outsourcing wirtschaftlich lohnt, muss der Kunde die Entwicklung der Kosten des auszulagernden Bereichs über die geplante Laufzeit des Vertrages kalkulieren, wie sie sich ohne das Outsourcing darstellen würden (sog. *Base Case*). Voraussetzung für die Feststellung des Base Case ist ein klares Verständnis der dem auszulagernden Bereich zuzuordnenden Kosten. Bereits die Zuordnung der aktuellen Kosten zu dem ausgelagerten Bereich ist in der Praxis häufig mit erheblichen Schwierigkeiten verbunden. Ausgangspunkt für die Erstellung des Base Case sind die aktuell für die Erbringung der auszulagernden Leistungen aufgewendeten Personal- und Sachkosten (z. B. eigenes Personal und freie Mitarbeiter, Hardware, Software, Räumlichkeiten und sonstige Infrastruktur sowie Drittleistungen). In einem nächsten Schritt ist eine Prognose der zukünftigen Entwicklung dieser Kosten erforderlich. Diese hängt von einer Vielzahl von Faktoren ab, deren Entwicklung sich mehr oder weniger genau vorhersagen lässt, etwa dem technologischen Fortschritt, der Entwicklung des gesetzlichen Rahmens und (vor allem) dem Bedarf des Kunden und dessen strategischer und geschäftlicher Entwicklung. Für den Base Case müssen insoweit vernünftige Annahmen getroffen werden. Der so ermittelte Base Case ist die Grundlage für die spätere, nach Vorliegen entsprechender Angebote potenzieller Provider zu treffende Feststellung, ob sich das Vorhaben unter dem Strich rechnet (also ein sog. *Business Case* vorliegt). Für den Business Case sind allerdings nicht nur die Angebote der möglichen Provider dem Base Case gegenüberzustellen,

I. Einführung

sondern auch die Kosten der Organisationseinheit, die zukünftig den Provider steuern soll (*Provider Management* oder *Retained Organisation*), und die Kosten für die Durchführung des Outsourcing-Projekts zu berücksichtigen.

Wer ein Outsourcing-Projekt plant, sollte sicherstellen, dass für das Projekt ausreichende und qualifizierte personelle Ressourcen zur Verfügung stehen. Besonders zeitintensiv ist aus der Sicht des Kunden die Phase der Vorbereitung des Auswahlverfahrens (dazu sogleich). Mit der Komplexität des Vorhabens steigt die Zahl der Mitarbeiter, die von ihren üblichen Aufgaben zugunsten des Projekts ganz oder teilweise freigestellt werden müssen. Der Mangel eigener personeller Ressourcen oder eigener Erfahrungen bei Outsourcing-Projekten kann sinnvoll durch entsprechend spezialisierte Berater ergänzt werden. Bei der Besetzung des Projekt-Teams sollte auch bedacht werden, welche Mitarbeiter im Zuge der Transaktion das Unternehmen verlassen und auf den Provider übergehen werden. Zur Vermeidung von Interessenkonflikten sollten solche Mitarbeiter allenfalls zu Beginn des Projekts näher in die Projektarbeit eingebunden sein. Auf der anderen Seite ist es wichtig, die Mitarbeiter intensiv zu beteiligen, die nach Vollzug des Projekts die Steuerung des Providers übernehmen sollen. Denn nur auf diese Weise kann sichergestellt werden, dass das Know-how aus dem Projekt nicht für das Provider-Management verloren geht.

b) Vorbereitung der Ausschreibung. Bei der Vorbereitung des Auswahlverfahrens geht es in erster Linie darum, die Inhalte für die Ausschreibungsdokumentation (*Request for Proposal*, kurz: *RfP*) zu beschaffen. Im Idealfall sind diese Inhalte zugleich als Inhalte der späteren Vertragsdokumentation geeignet und wieder verwendbar. Sowohl für den Service-Vertrag als auch für eine zielführende Beantwortung des RfP ist eine genaue Dokumentation der Leistungen, die von dem künftigen Provider zu erbringen sind, und der diesbezüglichen konkreten Anforderungen des Kunden notwendig. Insbesondere wenn der Kunde bestimmte Leistungen bisher selbst erbracht hat, wird es häufig an einer geeigneten Dokumentation fehlen. Eine unzureichende Dokumentation der Leistungen erschwert für die Interessenten die Beantwortung des RfP und für den Kunden deren Bewertung. Auch die Vertragsverhandlungen werden sich langwieriger und schwieriger gestalten. Setzt sich das Problem der unzureichenden Dokumentation der Anforderungen des Kunden im Service-Vertrag fort, sind Meinungsverschiedenheiten über den Umfang der geschuldeten Leistungen vorprogrammiert. Insbesondere folgende Anforderungen sollten daher durch den Kunden in dieser Phase des Projekts zweifelsfrei definiert werden:

- Leistungen des zukünftigen Providers und Mitwirkungshandlungen des Kunden sowie Schnittstellen zwischen Kunde und Provider;
- Service Levels;
- Vergütungsmodell;
- Reporting;
- durch den Provider zu übernehmende Mitarbeiter, Vermögenswerte und Verträge mit Dritten;
- Transformationsziele (d.h. Restrukturierung, Standardisierung, Konsolidierung oder sonstige inhaltliche Veränderung der auszulagernden Leistungen).

Der Kunde sollte bereits in dieser Phase des Projekts die Vertragsdokumentation vorbereiten, um sicherzustellen, dass alle rechtlich und wirtschaftlich relevanten Punkte in den RfP Eingang finden. Ob dem RfP dann die komplette Vertragsdokumentation oder nur eine Auswahl wesentlicher Bedingungen beigefügt wird, ist eine Geschmacksfrage, die entsprechend der wirtschaftlichen Bedeutung des Projekts beantwortet werden sollte. In jedem Fall sollte der Kunde darauf achten, dass Anforderungen, denen der Provider voraussichtlich eine wirtschaftliche Bedeutung beimessen wird (z.B. Haftung, Pönalen, Zustimmungsrechte bei Veränderungen, Standortgarantien), im RfP klar ausgesprochen werden. Nur dann kann der Provider eine derartige Anforderung in seinem Angebot berücksichtigen oder zurückweisen.

c) **Auswahl des Providers.** Für die auszulagernden Leistungen kommen im Regelfall mehrere Provider in Betracht. Die dadurch zwischen den möglichen Providern bestehende Wettbewerbssituation kann der Kunde zu seinen Gunsten nutzen. Deshalb ist bei Outsourcing-Transaktionen ein strukturiertes Auswahlverfahren üblich und sinnvoll sowie in aller Regel auch erforderlich, um Beanstandungen der Internen Revision oder anderer Stellen hinsichtlich der Auftragsvergabe zu vermeiden.

Zu Beginn des Auswahlverfahrens identifiziert der Kunde dessen mögliche Teilnehmer (häufig auch als *Vendoren* bezeichnet). Meistens ist dem Kunden bekannt, wer als Anbieter der auszulagernden Leistungen in Betracht kommt. Mitunter ist die Gruppe der Kandidaten jedoch zu groß, um jeden an dem zeitintensiven Auswahlverfahren zu beteiligen, oder der Kunde möchte die Leistungsfähigkeit bestimmter Kandidaten vor dem eigentlichen Auswahlverfahren validieren. Die Teilnehmer an dem Auswahlverfahren können in solchen Fällen entweder durch informelle Gespräche mit den Kandidaten oder – förmlicher – durch Vorschaltung eines *Request for Information* (kurz: *RfI*) ermittelt werden. Im Falle des RfI wird ei-

I. Einführung

ner größeren Anzahl möglicher Teilnehmer an dem Auswahlverfahren eine Kurzbeschreibung des geplanten Projekts übermittelt und dies mit der Aufforderung an die Adressaten verbunden, das Interesse an einer Teilnahme am Auswahlverfahren zu bekunden und die grundsätzliche Eignung als Provider darzulegen.

Das eigentliche Auswahlverfahren beginnt mit der Versendung des RfP. Der RfP wird in der Regel an zwei bis sechs Anbieter gesendet. Mit diesen werden üblicherweise zuvor Vertraulichkeitsvereinbarungen geschlossen.[31] Der RfP ist selbst ein komplexes Dokument. Ziel des RfP ist es, den Anbietern eine inhaltliche Grundlage sowie eine Struktur für die Abgabe eines konkreten Angebots zu geben. Typische Inhalte des RfP sind:
- Verfahrensregeln für den Auswahlprozess;
- Hintergrundinformationen über den Kunden;
- Anforderung von Hintergrundinformationen zu dem teilnehmenden Anbieter und dessen Expertise;
- Beschreibung der Anforderungen an die Leistungen (Umfang und Qualität);
- Angaben zu den Mitarbeitern, Vermögenswerten und Verträgen, die dem auszulagernden Bereich zuzuordnen sind, und dazu, ob diese durch den Provider zu übernehmen sind;
- Anforderungen an die Abgabe des (preislichen) Angebots;
- sonstige kommerzielle und vertragliche Anforderungen.

Die im RfP zur Verfügung gestellten Informationen werden häufig im Rahmen einer Due Diligence ergänzt. In einem virtuellen oder physischen Datenraum werden dann weiterführende Informationen für die Anbieter bereitgestellt. Dies sind z.B. interne Betriebshandbücher, Konzernrichtlinien (*Policies*) und Handlungsanweisungen. Ebenfalls in den Datenraum gehören weiterführende Informationen zu den etwa übergehenden Mitarbeitern. Zu übernehmende Verträge werden ebenfalls offen gelegt (wobei Vertraulichkeitsvereinbarungen mit Dritten zu beachten sind). Den Anbietern sollte Gelegenheit gegeben werden, ergänzende Informationen anzufordern. Außerdem sind Expertengespräche zwischen Vertretern der Anbieter und Mitarbeitern des Kunden üblich. Der Vergleichbarkeit der Angebote der Anbieter dient es, wenn der Kunde darauf achtet, dass alle Anbieter den gleichen Informationsstand erhalten, d.h. Antworten auf spezifische Fragen eines Anbieters den anderen Anbietern offen gelegt werden, wenn sie von allgemeinem Interesse sind.

Der Kunde wird bereits vor Beginn des Auswahlverfahrens die Kriterien festlegen und gewichten, nach denen später die Auswahl des Providers erfolgt. Häufig kommt es vor, dass ein Kunde in einem ersten Schritt die Zahl der Anbieter auf der Grundlage eines indikativen Angebots auf zwei (seltener auch drei oder mehr) reduziert. Typischerweise wird diesen Anbietern die Gelegenheit zur Due Diligence und – oftmals nach (ersten) parallelen Vertragsverhandlungen – die Gelegenheit zur Abgabe eines finalen Angebots (*Best and Final Offer* kurz: *BAFO*) gegeben, das sodann Grundlage der Auswahlentscheidung ist. In der Unternehmenspraxis ist es wichtig, den Auswahlprozess „revisionsfest" zu gestalten, d.h. er muss transparent sein und zu nachvollziehbaren Entscheidungen führen.

Bestandteil des Auswahlverfahrens ist häufig auch eine Due Diligence des Kunden bei den Anbietern (*Vendor Due Diligence*). Mit der Vendor Due Diligence verfolgt der Kunde das Ziel, die Leistungsfähigkeit des Providers bewerten zu können, insbesondere die fachliche Eignung sowie die sachliche, technische, personelle und finanzielle Ausstattung des Providers. Fester Bestandteil einer Vendor Due Diligence sind Referenzbesuche bei bestehenden Kunden des Anbieters sowie Besuche von Betriebsstätten, von denen aus der Anbieter vergleichbare Leistungen gegenüber Dritten erbringt.

d) Vertragsverhandlungen. Vertragsverhandlungen bei Outsourcing-Transaktionen sind oft langwierig. Dies spricht dafür, sie noch während des Auswahlverfahrens aufzunehmen. Dies kann auf der Grundlage einer dem RfP beigefügten Auswahl wesentlicher Vertragsbestimmungen (siehe oben S. 10) oder eines Entwurfs der Vertragsdokumentation geschehen. Die Erfahrung zeigt, dass wegen der bestehenden Wettbewerbssituation parallele Verhandlungen mit zwei oder mehr Anbietern oftmals insgesamt weniger zeitintensiv als die ausschließliche Verhandlung mit einem Anbieter sind, der bereits weiß, dass er den Zuschlag erhalten hat bzw. wird.

Der erste Entwurf der Vertragsdokumentation wird in der Regel durch den Kunden vorgelegt. In der Praxis wird dies durch die Anbieter akzeptiert. Findet ein Auswahlverfahren statt, wäre es ineffizient und der Vergleichbarkeit der Angebote abträglich, wenn Verhandlungen auf der Grundlage unterschiedlicher Vertragsentwürfe der jeweiligen Anbieter stattfänden.

Bei den Vertragsverhandlungen ist zu berücksichtigen, dass Kunde und Provider eine langfristige, von gegenseitigem Vertrauen geprägte Beziehung anstreben. Dies sollte einerseits die Verhandlungsführung bestimmen, andererseits aber nicht dazu verleiten, wesentliche Fragen offen zu lassen. Mitarbeiter des Kunden, die im Zuge des Outsourcing auf den Provider übergehen, sollten zur Vermeidung von Interessenkonflikten nicht an den Verhandlungen beteiligt werden. Die Vertragsverhandlungen enden mit der Unterzeichnung des Vertrages. Gelegentlich kommt es vor, dass bereits im Vorfeld ein Vorvertrag oder *Letter of Intent* abgeschlossen wird, wenn sich der Kunde zu einem frühen Zeitpunkt für einen bestimmten Anbieter entschieden hat.[32]

I. Einführung

e) **Übergabe der Verantwortung für die Services.** Der auf die Unterzeichnung des Vertrages folgende Meilenstein eines Outsourcing-Projekts ist die Übergabe der Verantwortung für die auszulagernden Leistungen (*Services*). Diese erfolgt zu einem (oder mehreren) im Vertrag festgelegten Stichtag(en) (siehe dazu S. 74 f.). Wenn Mitarbeiter, Vermögensgegenstände oder Verträge auf den neuen Provider übergehen sollen, erfolgt dies typischerweise ebenfalls zu diesem Stichtag. Gleichzeitig erhält der Provider ab diesem Zeitpunkt die Vergütung dafür, dass er fortlaufend die Leistungen erbringt.

Mit Vertragsunterschrift beginnt die Phase der Transition. In der Transition werden die Voraussetzungen für die Überleitung der Services auf den Provider geschaffen. Zwischen den Parteien ist festzulegen, welche Voraussetzungen insoweit zwingend vor dem Stichtag zu erfüllen sind. Dies wird entsprechend im Transitionsplan niedergelegt (siehe dazu S. 76). Der Zeitraum zwischen Vertragsunterschrift und Stichtag ist unterschiedlich lang. Wenn – bei einer erstmaligen Auslagerung – der Provider den ausgelagerten Bereich mit allen Mitarbeitern und sonstigen Ressourcen übernehmen soll, ist dieser Zeitraum typischerweise kurz. Die Services werden dann wie bisher („as is" oder „as before") weiter erbracht. Die Aktivitäten der Parteien werden sich auf den Mitarbeiterübergang konzentrieren (siehe dazu S. 68 ff.). Anders liegt der Fall, wenn der Provider die Services von Beginn an mit neuen Tools und Systemen erbringen soll. In diesem Fall benötigt er längere Zeit, um die entsprechenden technischen Voraussetzungen zu schaffen.

f) **Leistungserbringung durch den Provider.** Ab dem Stichtag und bis zum Ende der Vertragslaufzeit werden die Services in der Verantwortung des Providers zu den im Service-Vertrag genannten Bedingungen erbracht. Die Zusammenarbeit der Parteien erfolgt nach den hierfür vereinbarten Grundsätzen (*Governance*, siehe § 8). Erfahrungsgemäß vergeht – insbesondere bei komplexeren Transaktionen – einige Zeit, bis die Zusammenarbeit zwischen Kunde und Provider „eingeschwungen" ist. Die Parteien werden dabei häufiger feststellen, dass sie zu bestimmten inhaltlichen oder vertraglichen Fragen unterschiedliche Sichtweisen haben. Bei der Lösung dieser Fragen gelten letztlich die gleichen Grundsätze wie bei den Vertragsverhandlungen. Die Parteien dürfen nicht aus den Augen verlieren, dass sie sich langfristig aneinander gebunden haben. Entsprechendes gilt, wenn die Parteien im weiteren Verlauf der Zusammenarbeit mit Entwicklungen konfrontiert werden, die sie nicht vorhergesehen haben. Dabei kann es sich um strategische Überlegungen, Veränderungen des Unternehmens auf Kunden- oder Providerseite, um technische Entwicklungen oder sonstige Ereignisse handeln.

g) **Neuvergabe der Leistungen.** Je mehr sich die Vertragslaufzeit ihrem Ende nähert, wird auch die Frage einer etwaigen Fortsetzung der Zusammenarbeit eine wichtige Rolle spielen. Auch hier bedarf es eines fairen Umgangs zwischen den Parteien, der grundsätzlich im Vertrag festgelegt sein sollte (siehe § 19). Dabei ist es Sache des Kunden, ob er zunächst ausschließlich mit dem bisherigen Provider über eine Fortsetzung der Zusammenarbeit verhandelt oder eine völlige Neuausschreibung vornimmt.

5. Zu dem vorliegenden Vertragsmuster

Auf internationaler Ebene folgt die Gestaltung des Outsourcing-Vertrages bestimmten Standards, die sich in der internationalen Praxis (insbesondere in den USA und in Großbritannien) herausgebildet haben. Das vorliegende Vertragsmuster berücksichtigt einerseits diese Standards, bereinigt sie aber andererseits um Elemente, die vor dem Hintergrund der deutschen Rechtspraxis überflüssig und bisweilen auch ohne Sinngehalt oder gar unzutreffend wären.

Ungeachtet der Entstehungsgeschichte dieses Transaktionstyps und der hohen Anzahl anglo-amerikanischer Anbieter von Outsourcing-Leistungen in Deutschland ist festzustellen, dass in den meisten Fällen die deutsche Sprache als Vertragssprache gewählt wird. Deshalb ist auch das vorliegende Vertragsmuster in deutscher Sprache erstellt. Allerdings verwenden die Verfasser trotz des deutschen Vertragsmusters bestimmte Outsourcing-typische Begriffe in der englischen Sprache. Wo die Verwendung deutscher Begriffe bei den hierzulande mit der Materie vertrauten Personen eher Verwirrung auslöst, sollte sie unterbleiben.

Die Erscheinungsformen des Outsourcing sind vielfältig (dazu oben S. 2 f.). Das vorliegende Vertragsmuster ist so generisch gefasst, dass es als Grundlage für die meisten Fallkonstellationen geeignet ist. Hierdurch wird die für Outsourcing-Projekte durchaus typische Komplexität des Vertragswerks deutlich reduziert. Dies bedeutet allerdings auch, dass es jeweils der Anpassung an die Besonderheiten des Einzelfalls bedarf. Zu wesentlichen Punkten werden in den Erläuterungen zum Vertragsmuster weiterführende Hinweise gegeben. Der Praxis der Verfasser folgend legt das vorliegende Vertragsmuster ein besonderes Augenmerk auf die Bedürfnisse des Kunden. Dies sind insbesondere die Möglichkeit zur effektiven Steuerung und Kontrolle der Leistungserbringung, der Schutz vor einer übermäßigen Abhängigkeit von dem Provider sowie die Absicherung der finanziellen Erwartungen an das Outsourcing.

II. Textabdruck

Service-Vertrag

Dieser Service-Vertrag wird am [*Datum*] („**Vertragsdatum**") zwischen den folgenden Unternehmen geschlossen:
[*Name und Anschrift des Kunden*] („**Kunde**")
und
[*Name und Anschrift des Providers*] („**Provider**").

Präambel

A. Der Kunde ist [*Kurzbeschreibung des Geschäfts des Kunden*].
B. Der Provider ist ein Anbieter von [*Kurzbeschreibung des hier relevanten Geschäftsfelds des Providers*], der über besondere Expertise bei der Erbringung von [*Beschreibung der auszulagernden Leistungen*] verfügt.
C. Der Kunde beabsichtigt, einen externen Dienstleister mit der Erbringung von [*Beschreibung der auszulagernden Leistungen*] zu beauftragen, und verfolgt dabei als wesentliche Ziele, die bestehende Leistungsqualität zu erhalten, operationelle Risiken abzubauen sowie Kostenvorteile zu erzielen.
D. Der Provider ist dazu bereit und in der Lage, die auszulagernden Leistungen zur Zufriedenheit des Kunden nach näherer Maßgabe der Bedingungen dieses Vertrages zu erbringen.

Variante:
E. In Zusammenhang mit der geplanten Auslagerung haben die Parteien mit Datum vom heutigen Tage einen Kauf- und Übertragungsvertrag geschlossen, der den Übergang von Mitarbeitern, Vermögensgegenständen und Verträgen des Kunden, die bislang für die Erbringung der auszulagernden Leistungen eingesetzt werden, auf den Provider regelt.

Dies vorausgeschickt, vereinbaren die Parteien Folgendes:

§ 1
Definitionen und Auslegung

1.1 Definitionen
Für diesen Vertrag gelten die folgenden Begriffsbestimmungen:

„Folgeanbieter"	ist in Ziff. 19.1.1 definiert.
„IP"	sind die Rechte zur kommerziellen Verwertung (insbesondere durch Vergabe von Nutzungsrechten) eines Computerprogramms, anderer durch das Urheberrecht geschützter Werke oder Leistungen (z. B. Datenbanken) sowie gewerblicher Schutzrechte (z. B. Patent, Gebrauchsmuster, Geschmacksmuster, Marke).
„Kunde"	ist im Vertragsrubrum definiert.
„Messperiode"	ist in Ziff. 4.2.1 definiert.
„Minimum Performance Levels"	ist in Ziff. 4.1.1(d) definiert.
„Parteien"	sind der Kunde und der Provider, „Partei" ist je nach Sachzusammenhang einer von ihnen.
„Policies"	ist in Ziff. 9.1 definiert.
„Provider"	ist im Vertragsrubrum definiert.
„Rechtliche Anforderungen"	ist in Ziff. 9.1 definiert.
„Risikobetrag"	ist in Ziff. 4.3.1(a) definiert.
„Service Level Credit"	ist in Ziff. 4.3.1 definiert.
„Service Level Weighting"	ist in Ziff. 4.3.1(b) definiert.
„Service Levels"	ist in Ziff. 4.1.1 definiert.
„Services"	ist in Ziff. 3.3.1 definiert.
„Stichtag"	ist in Ziff. 3.1 definiert.
„Transition"	ist in Ziff. 3.2.1 definiert.
„Verbundenes Unternehmen"	ist ein mit einer der Parteien im Sinne von § 15 AktG verbundenes Unternehmen.
„Vertrag"	ist dieser Service-Vertrag, einschließlich sämtlicher Anlagen, in seiner jeweils geltenden Fassung.
„Vertragsdatum"	ist im Vertragsrubrum definiert.
„Vertrauliche Informationen"	ist in Ziff. 14.1.1 definiert.

II. Textabdruck

1.2 **Bezugnahmen**
Bezugnahmen auf Rechtliche Anforderungen, Anlagen oder sonstige Dokumente betreffen, soweit nicht ausdrücklich etwas anderes bestimmt ist, die jeweils geltende Fassung der entsprechenden Rechtlichen Anforderungen, Anlagen oder sonstigen Dokumente. Bezugnahmen auf diesen Vertrag schließen seine Anlagen ein.

1.3 **Rangfolge**
Die Anlagen sind integraler Bestandteil dieses Vertrages. Im Falle eines Widerspruchs zwischen diesen Rahmenbedingungen und einer Anlage gehen die Bestimmungen der Rahmenbedingungen vor.

§ 2
Vertragsgegenstand

2.1 **Vertragsgegenstand**
Gegenstand dieses Vertrages ist die Erbringung der Services durch den Provider gegenüber dem Kunden.

2.2 **Variante 1: Vertragsstruktur**

2.2.1 Dieser Rahmenvertrag enthält allgemeine Bedingungen für die Erbringung der Services durch die Provider-Unternehmen gegenüber den Kunden-Unternehmen. Zur Konkretisierung ihrer wechselseitigen Rechte und Pflichten werden Provider-Unternehmen und Kunden-Unternehmen Einzelverträge auf der Grundlage des in **Anlage A** (Einzelverträge) beigefügten Vertragsmusters abschließen. Leistungsverpflichtungen hinsichtlich der Services ergeben sich ausschließlich aus den Einzelverträgen, nicht aber aus dem Rahmenvertrag.

2.2.2 Dieser Rahmenvertrag bildet einen integralen Bestandteil jedes Einzelvertrages. Die Bestimmungen des Rahmenvertrages gelten daher auch für die unter den Einzelverträgen zu erbringenden Services, soweit der Einzelvertrag nicht ausdrücklich eine abweichende Regelung trifft. Im Falle von Widersprüchen zwischen diesem Rahmenvertrag und einem Einzelvertrag gehen mangels einer solchen ausdrücklich abweichenden Regelung die Bestimmungen dieses Rahmenvertrages vor.

2.3. **Variante 2: Service-Empfänger**
Der Kunde bezieht die Services nicht nur zur Deckung des eigenen Bedarfs, sondern auch zur Versorgung der Service-Emp-

fänger mit entsprechenden Leistungen. Die Service-Empfänger haben keine unmittelbare vertragliche Beziehung zu dem Provider; der Provider ist aus der Sicht der Service-Empfänger Subunternehmer des Kunden. Der Kunde bestimmt die Service-Empfänger und wird den Provider über die Zusammensetzung der Service-Empfänger informieren, soweit dies für die Erbringung der Services erforderlich ist.

2.4 **Variante 3: Kauf- und Übertragungsvertrag**
Der Kunde erbringt die Services bislang selbst. Die Mitarbeiter, Vermögensgegenstände und Verträge, die der Kunde zur Erbringung der Services unmittelbar vor dem Stichtag einsetzt, werden durch den Provider nach Maßgabe der Bestimmungen des parallel zu diesem Vertrag zwischen den Parteien abgeschlossenen Kauf- und Übertragungsvertrages übernommen.

2.5 **Variante 4: Bestehende Verträge zwischen Provider und Kunde**
Mit Wirkung zum Stichtag werden die in **Anlage B** (Bestehende Verträge) aufgeführten Verträge zwischen dem Kunden und dem Provider bzw. den mit ihnen jeweils verbundenen Unternehmen aufgehoben und deren Inhalte durch die Bestimmungen dieses Vertrages ersetzt. Vorsorglich verzichtet der Provider hiermit ausdrücklich auf etwaige Ansprüche oder Entschädigungen, die ihm aus der vorzeitigen Beendigung dieser Verträge erwachsen mögen. Soweit die Parteien nicht selbst Vertragspartei der in **Anlage B** (Bestehende Verträge) aufgeführten Verträge sind, werden sie dafür Sorge tragen, dass die mit ihnen jeweils verbundenen Unternehmen entsprechende Aufhebungsvereinbarungen schließen werden.

§ 3
Services

3.1 **Beginn der Leistungserbringung**
Der Provider wird die Services gegenüber dem Kunden ab dem [*Angabe des Datums*] („**Stichtag**") in eigener Verantwortung erbringen.
3.2 **Transition**
3.2.1 Zur Vorbereitung und Durchführung der Übernahme der Verantwortung für die Services durch den Provider („**Transition**") wird jede Partei ab dem Vertragsdatum die ihr in dem

als **Anlage 1** (Transition) beigefügten Transitionsplan zugewiesenen Aufgaben innerhalb der dort festgelegten zeitlichen Vorgaben erledigen.
3.2.2 Der Provider wird die Federführung bei der Transition übernehmen. Der Provider gewährleistet, dass die Transition ohne Unterbrechung oder Beeinträchtigung des Geschäftsbetriebs des Kunden durchgeführt wird. Ausgenommen sind Unterbrechungen oder Beeinträchtigungen, die die Parteien im Transitionsplan ausdrücklich vorgesehen haben.
3.3 **Umfang der Services**
3.3.1 Der Provider verpflichtet sich, alle Leistungen zu erbringen und Aufgaben zu erledigen, die in diesem Vertrag, insbesondere in **Anlage 2** (Leistungsbeschreibung) oder in einem Projektauftrag (siehe Ziff. 3.4), beschrieben sind („**Services**").
3.3.2 Die Services umfassen auch alle weiteren Leistungen und Aufgaben, die – auch wenn sie in diesem Vertrag nicht ausdrücklich beschrieben sein mögen – typischerweise Bestandteil der beschriebenen Leistungen und Aufgaben sind.
3.4 **Projektleistungen**
Der Kunde kann den Provider mit der Durchführung von Projekten beauftragen, die mit den laufenden Services in Zusammenhang stehen. Für die Vereinbarung und Durchführung eines Projekts gelten ergänzend zu den Bestimmungen dieses Vertrages die in **Anlage 3** (Projekte) enthaltenen Bestimmungen.
3.5 **Standorte**
3.5.1 Leistungsort für die Services sind die in **Anlage 4** (Standorte) aufgeführten Standorte.
3.5.2 Die – vollständige oder teilweise – Verlegung oder Aufgabe eines Standorts bedarf der schriftlichen Zustimmung des Kunden. Der Kunde darf die Zustimmung nicht unbillig verweigern.
3.6 **Systeme, Prozesse**
3.6.1 Der Provider ist dafür verantwortlich, die für die Erbringung der Services notwendigen und geeigneten sachlichen und personellen Ressourcen auf eigene Kosten zu beschaffen und bereitzustellen.
3.6.2 Der Provider trägt die Verantwortung dafür, dass die zur Erbringung der Services eingesetzten Systeme in technischer und funktionaler Hinsicht geeignet sind, die Services wie geschuldet zu erbringen.
3.6.3 Der Provider wird die Services nach dem jeweils aktuellen Stand der Technik und unter Beachtung anerkannter Qualitätsstandards erbringen.
3.6.4 Auswahl und Änderung der durch den Provider oder seine Subunternehmer zur Erbringung der Services eingesetzten

Systeme und Prozesse bedürfen in jedem Fall der vorherigen schriftlichen Zustimmung des Kunden, wenn sie

(a) die Prüfungsrechte oder die Steuerungs- und Kontrollmöglichkeiten des Kunden oder seiner Prüfer einschränken,

(b) bestehende Risiken erhöhen oder neue Risiken begründen,

(c) bei dem Kunden zusätzliche Kosten oder Aufwand verursachen oder

(d) negative Auswirkungen auf (i) Preis oder Qualität der Erbringung der Services oder (ii) Geschäftsprozesse oder eigene Systeme des Kunden haben.

3.7 **Weiterverlagerung auf Subunternehmer**

3.7.1 Die Weiterverlagerung wesentlicher oder kritischer Teile der Services durch den Provider auf einen Subunternehmer bedarf der vorherigen schriftlichen Zustimmung des Kunden, die dieser nicht unbillig verweigern wird.

3.7.2 Plant der Provider eine Weiterverlagerung auf einen Subunternehmer, so hat er dem Kunden ausreichende Informationen zur Verfügung zu stellen, die diesem eine umfassende Bewertung der Leistungsfähigkeit des Subunternehmers ermöglichen. Hierzu gehören Informationen über die fachliche Eignung sowie die sachliche, technische, personelle und finanzielle Ausstattung des Subunternehmers.

3.7.3 Der Provider bleibt für die Erfüllung der auf den Subunternehmer weiterverlagerten Aufgaben in dem gleichen Umfang verantwortlich, als würden diese durch den Provider selbst erbracht. Gegenüber dem Kunden wird der Provider die einzige Schnittstelle zu dem Subunternehmer bilden. Der Provider hat für die Einhaltung der Bestimmungen dieses Vertrages durch den Subunternehmer Sorge zu tragen und diesen entsprechend zu verpflichten.

3.7.4 Der Weiterverlagerung der in **Anlage 5** (Genehmigte Subunternehmer) genannten Aufgaben auf die darin genannten Unternehmen stimmt der Kunde hiermit zu.

3.8 **Zusammenarbeit mit Drittanbietern**

Zur Gewährleistung eines ordnungsgemäßen Geschäftsablaufs auf Seiten des Kunden wird der Provider in angemessenem Umfang mit Dritten zusammenarbeiten, die gegenüber dem Kunden Leistungen erbringen, die mit den jeweiligen Services in Zusammenhang stehen. Soweit nichts anderes vereinbart ist, schließt dies die Teilnahme an gemeinsamen Treffen, die Bereitstellung von Informationen sowie die Mitwirkung bei der Optimierung der Schnittstellen zwischen den jeweiligen Services und Leistungen des Dritten ein.

II. Textabdruck

§ 4
Service Levels

4.1 **Allgemeines**
4.1.1 Die Parteien vereinbaren die in **Anlage 6** (Service Levels) beschriebenen Leistungsparameter („**Service Levels**"). **Anlage 6** (Service Levels) legt für jeden Service Level Folgendes fest:
(a) die Definition des Service Levels;
(b) die Formel für die Berechnung des Erfüllungsgrads des Service Levels;
(c) die für die Messung des Service Levels eingesetzten Messwerkzeuge und -methoden;
(d) den Erfüllungsgrad des Service Levels, dessen Verfehlung Service Level Credits auslöst („**Minimum Performance Levels**").
4.1.2 Soweit für die Services keine Minimum Performance Levels vereinbart wurden, wird der Provider zu jeder Zeit zumindest die Qualität sicherstellen, die vor dem Stichtag erreicht wurde.
4.1.3 Die Service Levels stellen eine qualitative Festlegung der Services dar und schränken die Pflicht des Providers zur kontinuierlichen Leistungserbringung nicht ein. Für schuldhafte Pflichtverletzungen im Rahmen der Leistungserbringung hat der Provider unabhängig vom Erreichen oder Nichterreichen des Minimum Performance Levels einzustehen.
4.2 **Messung und Reporting**
4.2.1 Der Provider wird den Erfüllungsgrad der Service Levels, soweit nicht im Einzelfall eine abweichende Regelung getroffen wird, pro Kalendermonat („**Messperiode**") messen. Binnen drei Werktagen nach Beginn eines Kalendermonats wird der Provider dem Kunden einen Bericht über den in der vorangegangenen Messperiode tatsächlich erreichten Grad der Erfüllung der Service Levels vorlegen.
4.2.2 Die Implementierung und Inbetriebnahme der Messwerkzeuge hat zu dem in **Anlage 6** (Service Levels) genannten Zeitpunkt zu erfolgen, d.h. ab diesem Zeitpunkt müssen die entsprechenden Service Levels gemessen und muss der Grad ihrer Einhaltung berichtet werden (ist kein Zeitpunkt angegeben, ist der Stichtag der maßgebende Zeitpunkt). Für jede Messperiode, in der ein Service Level ab diesem Zeitpunkt nicht ordnungsgemäß gemessen und berichtet wird, gilt der Minimum Performance Level für den betreffenden Service

Level als verfehlt und die dafür vorgesehenen Service Level Credits werden fällig.

4.2.3 Die Implementierung und Inbetriebnahme der Messwerkzeuge (soweit erforderlich), die Messung des Erfüllungsgrads der Service Levels sowie alle sonstigen mit der Messung und dem Berichten der Messergebnisse in Zusammenhang stehenden Tätigkeiten sind in der Vergütung für die Services bereits enthalten.

4.3 Service Level Credits

4.3.1 Jede Verfehlung des Minimum Performance Levels in einer Messperiode berechtigt den Kunden zu einer Minderung der Vergütung („**Service Level Credit**"). Der Service Level Credit wird wie folgt berechnet:

Service Level Credit = Risikobetrag x Service Level Weighting.

Dabei gilt Folgendes:

(a) Der „**Risikobetrag**" beträgt [xx] % der Vergütung, die der Provider für die in dem Kalendermonat, in den die Verfehlung des Minimum Performance Levels fällt, erbrachten Services insgesamt in Rechnung stellt. Unter keinen Umständen darf die Verpflichtung zur Leistung von Service Level Credits in einem Kalendermonat den Risikobetrag überschreiten.

(b) Das „**Service Level Weighting**" ist der in **Anlage 6** (Service Levels) einem Minimum Perfomance Level zugeteilte prozentuale Anteil des Risikobetrags.

4.3.2 Der Kunde ist berechtigt, die Service Level Weightings zu ändern. Die Änderung ist dem Provider jeweils mit einer Vorlaufzeit von drei Monaten zum Beginn eines Kalenderquartals mitzuteilen. Dabei dürfen die Service Level Weightings insgesamt 100% nicht übersteigen. **Anlage 6** (Service Levels) wird im Anschluss an eine Änderung des Service Level Weightings nach dieser Ziff. 4.3.2 aktualisiert.

4.3.3 Der Provider wird binnen eines Monats nach Ablauf der Messperiode, in die eine Verfehlung der Minimum Performance Levels fällt, einen Geldbetrag (in Euro), der den durch die Verfehlung ausgelösten Service Level Credits entspricht, entweder von der nächsten Rechnung für die Services in Abzug bringen oder an den Kunden überweisen.

4.3.4 Die Geltendmachung sonstiger Rechte und Ansprüche durch den Kunden bleibt unberührt. Auf etwaige Schadensersatzansprüche, die auf der gleichen Ursache wie die Verfehlung des Minimum Performance Levels beruhen, wird der Service Level Credit angerechnet.

§ 5
Mitwirkung des Kunden

5.1 **Allgemeines**
Der Kunde wird nach Maßgabe dieses § 5 die Mitwirkungshandlungen vornehmen, die ihm in Zusammenhang mit den Services in **Anlage 2** (Leistungsbeschreibung) und an anderen Stellen dieses Vertrages zugewiesen werden. Der Provider kann vom Kunden die Vornahme weiterer Mitwirkungshandlungen verlangen, soweit dies für eine ordnungsgemäße Erbringung der Services erforderlich, für den Kunden zumutbar und die verlangte Mitwirkungshandlung nicht nach diesem Vertrag dem Pflichtenkreis des Providers zuzuordnen ist; insoweit findet das Change Request-Verfahren Anwendung.

5.2 **Vornahme von Mitwirkungshandlungen**
5.2.1 Der Kunde ist zur Vornahme von Mitwirkungshandlungen nur verpflichtet, wenn der Provider dies vom Kunden mit einem angemessenen zeitlichen Vorlauf und unter Beschreibung der erforderlichen Maßnahmen in Textform verlangt. Dies gilt nicht, wenn die Mitwirkungshandlungen nach Art, Umfang und Zeitpunkt ihrer Vornahme in diesem Vertrag genau beschrieben oder sonst in Textform zwischen den Parteien vereinbart sind.
5.2.2 Der Provider weist den Kunden unverzüglich darauf hin, wenn er erkennt, dass der Kunde seine Mitwirkungshandlungen nicht oder nicht vertragsgemäß vornimmt.

5.3 **Ausbleiben von Mitwirkungshandlungen**
5.3.1 Falls der Kunde die in diesem Vertrag beschriebenen Mitwirkungshandlungen nicht vornimmt,
  (a) ist der Provider für eine Einschränkung der Services nicht verantwortlich, wenn und soweit die Nichtvornahme der Mitwirkungshandlungen dafür ursächlich war und den Provider kein Mitverschulden trifft (dieser insbesondere seine Verpflichtungen nach Ziff. 5.2 erfüllt hat), und
  (b) wird der Provider alle zumutbaren Anstrengungen unternehmen, um die betroffenen Services ungeachtet der Nichtvornahme der Mitwirkungshandlungen zu erbringen. Wenn hiermit ein zusätzlicher Aufwand verbunden ist und der Provider den Kunden auf diesen Umstand hinweist, so gilt dies nur, wenn der Kunde sich verpflichtet, diesen zusätzlichen Aufwand zu vergüten.
5.3.2 §§ 642, 643 BGB finden keine Anwendung.

§ 6
Vergütung

6.1 **Vergütung**
Für die Erbringung der Services zahlt der Kunde an den Provider die in **Anlage 7** (Vergütung) beschriebene Vergütung.
6.2 **Rechnungsstellung und Zahlung**
6.2.1 Alle korrekt ausgestellten Rechnungen sind binnen 30 Tagen nach Rechnungsempfang zur Zahlung fällig.
6.2.2 Die Zahlung einer Rechnung durch den Kunden hat nicht zur Folge, dass Einwendungen des Kunden gegen die Richtigkeit der Rechnung oder die Ordnungsmäßigkeit der Services ausgeschlossen wären.
6.2.3 Gerät der Kunde mit der Zahlung einer Rechnung in Verzug, so hat er den Betrag, mit dessen Zahlung er in Verzug ist, für die Dauer des Verzugs in Höhe des Basiszinssatzes plus [x] Prozentpunkte zu verzinsen.
6.2.4 Mit jeder Rechnung wird der Provider dem Kunden alle von diesem zumutbarer Weise verlangten Abrechnungsinformationen zur Verfügung stellen.
6.2.5 Soweit die Vergütung des Providers nach Aufwand erfolgt, wird der Provider dem Kunden eine nachvollziehbare Beschreibung der erbrachten Leistungen zur Verfügung stellen, aufgeschlüsselt nach den einzelnen Aufträgen und dem auf diese jeweils entfallenden Aufwand.
6.2.6 Reisekosten und sonstige Kosten, die in Zusammenhang mit der Erbringung der Services entstehen, werden nicht gesondert vergütet.
6.3 **Steuern**
Alle im Rahmen dieses Vertrages zu zahlenden Honorare, Aufwendungen und Auslagen verstehen sich zuzüglich gesetzlicher Umsatzsteuer.
6.4 **Möglichkeiten zur Kosteneinsparung**
Der Provider wird den Kunden in jährlichen Treffen auf Möglichkeiten hinweisen, die für den Kunden mit den Services verbundenen Kosten zu reduzieren. Zu jedem dieser Treffen wird der Provider konkrete Vorschläge für Kosteneinsparungen präsentieren, einschließlich einer Schätzung des Einsparungspotentials sowie etwa erforderlicher Investitionen.
6.5 **Benchmarking**
6.5.1 Der Kunde ist berechtigt, die Vergütung, die der Provider für die Services erhält, ganz oder teilweise zu benchmarken. Das

II. Textabdruck

Benchmarking wird erstmals zum Ende des zweiten Vertragsjahres und danach nicht häufiger als einmal jährlich je Element der Vergütung durchgeführt.

6.5.2 Die Parteien werden eine Liste möglicher Benchmarking-Anbieter erstellen und einvernehmlich pflegen. Zunächst umfasst diese Liste folgende Unternehmen: [x]. Aus dieser Liste darf der Kunde einen Benchmarker auswählen.

6.5.3 Die Kosten des Benchmarkers werden durch den Kunden getragen. Im Übrigen trägt jede Partei ihre eigenen Kosten sowie die Kosten etwa von ihr eingeschalteter Berater.

6.5.4 Die Parteien werden uneingeschränkt mit dem Benchmarker kooperieren und diesem unverzüglich alle Informationen bereitstellen, die er zumutbarer Weise anfordert.

6.5.5 Der Benchmarker vergleicht die Vergütung für den von dem Kunden ausgewählten Gegenstand des Benchmarking mit der entsprechenden Vergütung, die bei einer repräsentativen Auswahl vergleichbarer Outsourcing-Transaktionen geleistet wird. Die Auswahl und Normalisierung dieser Referenztransaktionen erfolgt nach den folgenden Kriterien:
(a) inhaltlicher Umfang des betreffenden Service;
(b) Volumen (Menge) des betreffenden Service;
(c) Service Levels, die für den betreffenden Service bestehen.
Der Benchmarker soll die aus den Referenztransaktionen gewonnenen Daten nach den vorstehenden Kriterien und weiteren von ihm als sachgerecht erkannten Kriterien normalisieren, um damit etwaigen Unterschieden in der Leistungserbringung Rechnung zu tragen.

6.5.6 Der Benchmarker legt seine Feststellungen in einem vorläufigen Bericht an beide Parteien dar. Jede Partei hat daraufhin vier Wochen Zeit, den Bericht zu prüfen, zu kommentieren und Änderungen zu verlangen. Es ist mit Ausnahme offenkundiger Fehler und nachweislicher Irrtümer alleine die Entscheidung des Benchmarkers, inwieweit er diese Kommentare oder Änderungswünsche in seinem endgültigen Bericht berücksichtigt.

6.5.7 Wenn der Benchmarker in seinem endgültigen Bericht zu dem Ergebnis gelangt, dass die Vergütung, die Gegenstand des Benchmarking ist, nicht mindestens dem Durchschnitt der Vergütung in den normalisierten Referenztransaktionen entspricht, so wird der Provider innerhalb von vier Wochen nach Bekanntgabe des endgültigen Berichts einen Plan zur Nachbesserung entwerfen, der ein besseres Preis-Leistungs-Verhältnis für den betreffenden Service vorsieht sowie den Zeitpunkt der Anpassung enthält und dadurch die Differenz zum Durchschnitt der normalisierten Referenztransaktionen für die Zukunft eliminiert. Der Kunde darf dem Plan die Zustimmung nicht unbillig verweigern. Legt der Provider keinen Plan vor oder verweigert der Kunde berechtigterweise seine Zustimmung zu dem Plan, so wird die Vergütung mit Wirkung zu dem Zeitpunkt, in dem der Benchmarker seinen Bericht vorgelegt hat, so angepasst, dass sie mindestens dem Durchschnitt der entsprechenden Vergütung der normalisierten Referenztransaktionen entspricht.

6.5.8 Eine Erhöhung der Vergütung oder Reduzierung von Service Levels infolge eines Benchmarking findet nicht statt.

§ 7
Mitarbeiter des Providers

7.1 **Anforderungen an Mitarbeiter**

7.1.1 Die Mitarbeiter des Providers müssen die Ausbildung und Erfahrung besitzen, die zur Erfüllung ihrer jeweiligen Aufgaben erforderlich sind. Der Kunde ist berechtigt, von dem Provider entsprechende Nachweise zu verlangen.

7.1.2 Der Kunde kann von dem Provider verlangen, dass bei Vorliegen eines sachlichen Grundes einzelne Mitarbeiter des Providers ersetzt werden. Ein entsprechendes Verlangen soll durch den Kunden im Einzelfall begründet werden. Der Provider wird den betreffenden Mitarbeiter dann in einer den Umständen des Einzelfalls angemessenen Frist durch einen geeigneten Mitarbeiter ersetzen.

7.2 **Schlüsselpositionen**

7.2.1 Der Provider ist ohne die vorherige schriftliche Zustimmung des Kunden nicht befugt, Mitarbeiter auszutauschen, denen eine der in **Anlage 8** (Schlüsselpositionen) aufgeführten Positionen zugewiesen ist. Dies gilt nicht, wenn hierfür ein wichtiger Grund (z. B. längerfristige Krankheit, Ausscheiden aus dem Unternehmen) besteht oder der Inhaber der betreffenden Schüsselposition diese seit mindestens zwei Jahren innehat. Im Falle des Austauschs hat der Provider durch geeignete Maßnahmen dafür Sorge zu tragen, dass ein reibungsloser Übergang zwischen dem alten und dem neuen Inhaber der Schlüsselposition stattfindet.

7.2.2 Bevor eine Schlüsselposition vergeben wird, ist dem Kunden die Gelegenheit zu geben, sich von der Eignung des Kandidaten in einem Gespräch mit diesem zu überzeugen.

§ 8
Governance

8.1 **Relationship Manager**
8.1.1 Die Parteien benennen jeweils einen Relationship Manager. Die Relationship Manager sind, soweit nicht im Einzelfall etwas anderes vereinbart ist, die zentralen Ansprechpartner für alle mit diesem Vertrag in Zusammenhang stehenden Angelegenheiten. Die für die Parteien jeweils geltenden Vertretungsregeln bleiben unberührt.
8.1.2 Alle mit diesem Vertrag in Zusammenhang stehenden rechtsgeschäftlichen Erklärungen einer Partei sind an den Relationship Manager der anderen Partei zu richten.
8.1.3 Die Relationship Manager sind berechtigt, einzelne Aufgaben in Zusammenhang mit diesem Vertrag an andere Personen zu delegieren. In diesem Fall haben sie die ordnungsgemäße Aufgabenerledigung durch diese Personen zu überwachen und sicherzustellen. Die Relationship Manager werden einen Plan aufstellen und regelmäßig aktualisieren, der die Kommunikationsschnittstellen zwischen der Organisation des Providers und der Organisation des Kunden beschreibt.
8.1.4 Treffen der Relationship Manager finden statt, wenn eine Partei dies wünscht oder dies im Rahmen des Eskalationsverfahrens erforderlich werden sollte, wenigstens jedoch einmal pro Monat.
8.2 **Lenkungsausschuss**
8.2.1 Die Parteien benennen jeweils drei Vertreter zur Besetzung des Lenkungsausschusses.
8.2.2 Der Lenkungsausschuss ist, soweit nicht im Einzelfall etwas anderes vereinbart ist, für die Überwachung der ordnungsgemäßen Vertragsdurchführung sowie die mittel- bis langfristige Abstimmung zwischen den Parteien zuständig. Alle Entscheidungen werden einvernehmlich getroffen.
8.2.3 Treffen des Lenkungsausschusses finden statt, wenn eine Partei dies wünscht oder dies im Rahmen des Eskalationsverfahrens erforderlich werden sollte, wenigstens jedoch einmal pro Kalenderhalbjahr.
8.3 **Eskalationsverfahren**
8.3.1 Die Parteien werden sich bemühen, alle Meinungsverschiedenheiten in Zusammenhang mit diesem Vertrag in konstruktiver Weise im Rahmen des nachfolgend beschriebenen Eskalationsverfahrens beizulegen.

8.3.2 Besteht zwischen den Parteien eine Meinungsverschiedenheit, ist jede Partei berechtigt, das Eskalationsverfahren durch formelle Anzeige der Meinungsverschiedenheit gegenüber dem Relationship Manager der anderen Partei einzuleiten. Die Anzeige muss in Schriftform erfolgen und ausreichende Informationen enthalten, um der anderen Partei ein vollständiges Bild über den Gegenstand der Meinungsverschiedenheit zu verschaffen.

8.3.3 Die Relationship Manager werden sich bemühen, die Meinungsverschiedenheit innerhalb einer Frist von vier Wochen nach Einleitung des Eskalationsverfahrens beizulegen. Gelingt dies nicht, ist jede Partei berechtigt, die Meinungsverschiedenheit an den Lenkungsausschuss zu eskalieren, der sich dann innerhalb von weiteren vier Wochen um eine einvernehmliche Lösung bemühen wird. Die genannten Fristen gelten nicht, wenn eine Partei der anderen mitteilt, dass eine Beilegung der Meinungsverschiedenheit dringend geboten ist. In diesem Fall kann unverzüglich eine Eskalation an den Lenkungsausschuss erfolgen.

8.3.4 Soweit die Parteien eine Meinungsverschiedenheit nach diesem Eskalationsverfahren beilegen, werden sie die gefundene Lösung schriftlich festhalten.

8.3.5 Vor der Einleitung gerichtlicher Schritte ist das Eskalationsverfahren durchzuführen. Die Einleitung gerichtlicher Schritte ist erst nach dessen Scheitern zulässig. Das Eskalationsverfahren gilt als gescheitert, wenn es ergebnislos durchlaufen wurde oder eine der Parteien der anderen schriftlich mitteilt, dass sie das Eskalationsverfahren als gescheitert ansieht; § 203 BGB gilt entsprechend. Es steht den Parteien jedoch frei, auch während der Dauer des Eskalationsverfahrens um einstweiligen Rechtsschutz nachzusuchen.

8.3.6 Zurückbehaltungs- und Leistungsverweigerungsrechte des Providers sind ausgeschlossen, es sei denn, der Kunde bestreitet die zugrunde liegenden Gegenansprüche nicht oder diese sind rechtskräftig festgestellt worden.

8.4 Verfahrenshandbuch

8.4.1 Die Parteien entwickeln spezifische Prozesse und sorgen für die Einhaltung dieser Prozesse während der Vertragslaufzeit. Diese Prozesse werden in dem Verfahrenshandbuch niedergelegt. Der Provider wird bis zum Stichtag einen Entwurf des Verfahrenshandbuchs erstellen und dem Kunden zur Abstimmung vorlegen. Das Verfahrenshandbuch wird durch den Provider laufend aktualisiert und dem Kunden nach jeder Aktualisierung in Papierform und elektronischer Form zur Abstimmung vorgelegt.

8.4.2 Das Verfahrenshandbuch dient ausschließlich der Erleichterung des Leistungsaustauschs zwischen den Parteien. Durch das Verfahrenshandbuch werden Inhalt und Umfang der Services nicht verändert; insoweit sind allein die Bestimmungen dieses Vertrages maßgeblich.

8.4.3 Das Verfahrenshandbuch muss für den durchschnittlichen Anwender ohne weiteres lesbar und nachvollziehbar sein.

8.5 **Change Request-Verfahren**

8.5.1 Das Change Request-Verfahren gilt für jede Änderung des Inhalts dieses Vertrages, insbesondere der Services, sowie in allen sonstigen Fällen, in denen dieser Vertrag die Anwendung des Change Request-Verfahrens vorschreibt.

8.5.2 Das Change Request-Verfahren wird dadurch eingeleitet, dass eine Partei ein Änderungsverlangen stellt. Jede Partei wird Änderungsverlangen der anderen Partei unverzüglich bearbeiten. Das Change Request-Verfahren endet im Falle der Einigung der Parteien mit dem Abschluss einer Änderungsvereinbarung.

8.5.3 Keine Partei ist verpflichtet, Leistungen nach Maßgabe eines Änderungsverlangens zu erbringen, bevor eine entsprechende Änderungsvereinbarung geschlossen wurde. Werden solche Leistungen gleichwohl erbracht, trägt die leistende Partei die hierdurch entstehenden Kosten selbst.

8.5.4 Der Provider ist auf Verlangen des Kunden zum Abschluss einer Änderungsvereinbarung verpflichtet, wenn der Kunde ihm eine angemessene Vergütung für die Umsetzung des Änderungsverlangens zusagt, es sei denn, die Umsetzung des Änderungsverlangens ist für den Provider unmöglich oder unzumutbar.

8.5.5 Jede Partei trägt die ihr in Zusammenhang mit einem Change Request-Verfahren entstehenden Kosten selbst.

8.6 **Kundenzufriedenheit**
Die Parteien werden wenigstens einmal jährlich bei dem Kunden eine Untersuchung durchführen, um das Maß der Zufriedenheit der Nutzer mit den Services und etwaige Erwartungen an eine Verbesserung derselben festzustellen. Jede Partei trägt in diesem Zusammenhang ihre eigenen Kosten; Fremdkosten werden hälftig geteilt. Die Einzelheiten der Kundenzufriedenheitsanalyse werden einvernehmlich festgelegt.

§ 9
Rechtliche Anforderungen und Policies

9.1 **Einhaltung der Rechtlichen Anforderungen und Policies**
Der Provider wird die Services in Einklang mit den Rechtlichen Anforderungen und Policies erbringen und sicherstellen, dass seine Mitarbeiter und Subunternehmer bei der Erfüllung ihrer jeweiligen Pflichten die Rechtlichen Anforderungen und Policies beachten. Die „**Rechtlichen Anforderungen**" umfassen alle in Zusammenhang mit den Services relevanten (i) Rechtsnormen, (ii) Richtlinien, Rundschreiben, Empfehlungen, Verlautbarungen und Bekanntmachungen einer Behörde oder anderen Stelle sowie (iii) Verwaltungsakte, jeweils einschließlich späterer Änderungen, Ergänzungen oder Folgeregelungen. „**Policies**" sind die für den Kunden geltenden und in **Anlage 9** (Policies) aufgeführten Richtlinien und Standards, einschließlich späterer Änderungen, Ergänzungen oder Folgeregelungen.

9.2 **Änderungen der Rechtlichen Anforderungen und Policies**
Ändern sich die für die Services maßgebenden Rechtlichen Anforderungen oder Policies (einschließlich der Einführung neuer Rechtlicher Anforderungen oder Policies) nach dem Vertragsdatum, so wird ein Change Request-Verfahren durchgeführt, wenn die Änderung der Rechtlichen Anforderungen oder Policies (i) eine Änderung oder Ergänzung der Services erfordert, (ii) für den Provider am Vertragsdatum noch nicht absehbar war und (iii) zur Folge hat, dass sich der Aufwand des Providers bei der Erbringung der Services wesentlich erhöht. Synergien, die der Provider dadurch erzielen kann, dass er die entsprechende Änderung der Rechtlichen Anforderungen oder Policies auch für andere (auch potentielle) Kunden umsetzen müsste, werden im Rahmen des Change Request-Verfahrens bei der Festlegung einer etwaigen Vergütung zugunsten des Kunden angemessen berücksichtigt.

§ 10
Berichtswesen, Prüfungs- und Weisungsrechte

10.1 **Berichtswesen**
Um dem Kunden zu ermöglichen, die Erbringung der Services zu steuern und zu kontrollieren, wird der Provider dem

Kunden ab dem Stichtag die in **Anlage 10** (Berichte) beschriebenen Berichte in den dort festgelegten zeitlichen Abständen zur Verfügung stellen. Alle Berichte sind übersichtlich und gut nachvollziehbar jeweils in gedruckter und elektronischer Form zur Verfügung zu stellen.

10.2 **Prüfungsrecht**

10.2.1 Der Provider wird dem Kunden (einschließlich dessen Interner Revision, Datenschutzbeauftragten und Compliance-Beauftragten), den aufgrund gesetzlicher Vorschriften bei dem Kunden tätigen Prüfern, den Aufsichtsbehörden sowie den von den Aufsichtsbehörden mit der Prüfung beauftragten Stellen zu jeder Zeit die vollumfängliche und ungehinderte Einsicht und Prüfung des auf den Provider ausgelagerten Bereichs ermöglichen. Der Zugang zu rein kommerziellen Informationen oder zu Daten anderer Kunden des Providers ist ausgeschlossen.

10.2.2 Soweit eine Prüfung ergibt, dass die Services oder das Verhalten des Providers nicht mit den einschlägigen Rechtlichen Anforderungen, den Policies oder dem Inhalt dieses Vertrages in Einklang stehen, werden die Parteien diese Tatsache erörtern. Sodann ist der Provider verpflichtet, unverzüglich sämtliche Maßnahmen zu ergreifen, die erforderlich oder zweckmäßig sind, um die betreffende Rechtliche Anforderung, Policy oder Bestimmung dieses Vertrages zu erfüllen.

10.3 **Weisungsrecht**

10.3.1 Der Kunde ist berechtigt, dem Provider Weisungen zu erteilen, die die Ausführung der Services betreffen. Dies gilt auch dann, wenn die Weisung eine Angelegenheit betrifft, die Gegenstand eines Eskalationsverfahrens oder eines Change Request-Verfahrens ist; das Eskalationsverfahren bzw. Change Request-Verfahren wird dann parallel fortgeführt.

10.3.2 Befürchtet der Provider, dass die Befolgung der Weisung die ordnungsgemäße Erbringung der Services beeinträchtigen könnte, wird der Provider den Kunden unverzüglich in Textform darauf hinweisen. Wenn der Kunde daraufhin seine Weisung bestätigt, ist der Provider nicht für die sich hieraus ergebenden Beeinträchtigungen verantwortlich. Dies gilt jedoch nur, soweit der Provider den Kunden zuvor auf deren möglichen Eintritt hingewiesen hat oder diese für den Provider bei Beachtung der nach den Umständen des Einzelfalls gebotenen Sorgfalt nicht vorhersehbar waren. Dessen ungeachtet hat sich der Provider nach Kräften zu bemühen, den Eintritt derartiger Beeinträchtigungen zu verhindern bzw. ihren Umfang zu reduzieren.

10.3.3 Soweit dem Provider durch die Befolgung einer Weisung, die zu Maßnahmen führt, zu deren Vornahme der Provider gegenüber dem Kunden ohne die Erteilung der Weisung nicht verpflichtet gewesen wäre, Zusatzkosten entstehen, sind ihm diese durch den Kunden in angemessenem Umfang zu ersetzen.

§ 11
Datenschutz

11.1 **Auftragsdatenverarbeitung**
Soweit der Provider bei der Erbringung der Services personenbezogene Daten erhebt, verarbeitet oder nutzt, geschieht dies ausschließlich im Auftrag und im Interesse des Kunden. Der Provider darf die Daten nur insoweit erheben, verarbeiten und nutzen, wie ihm dies durch diesen Vertrag gestattet ist. Eine weitergehende Verwendung der Daten, insbesondere eine solche zu Zwecken des Providers oder eines Dritten, ist ausgeschlossen. Die Daten stehen im Verhältnis der Parteien allein dem Kunden zu. Soweit der Provider der Auffassung ist, dass die Erhebung, Verarbeitung oder Nutzung von Daten nach diesem Vertrag den gesetzlichen Vorschriften über den Datenschutz widerspricht, wird er den Kunden unverzüglich darauf hinweisen.

11.2 **Schutzmaßnahmen**
Zur Wahrung der Vertraulichkeit, Verfügbarkeit, Integrität und Authentizität der Daten wird der Provider zu jeder Zeit technische und organisatorische Maßnahmen in dem durch diesen Vertrag, insbesondere § 12, sowie die gesetzlichen Vorschriften über den Datenschutz vorgesehenen Umfang treffen. Dies umfasst insbesondere Maßnahmen zur Gewährleistung der Zutrittskontrolle, der Zugangskontrolle, der Zugriffskontrolle, der Weitergabekontrolle, der Eingabekontrolle, der Auftragskontrolle, der Verfügbarkeitskontrolle und der getrennten Verarbeitung von zu unterschiedlichen Zwecken erhobenen Daten. Die durch den Provider getroffenen technischen und organisatorischen Maßnahmen müssen zudem eine klare Trennung zwischen den Daten des Kunden sowie Daten des Providers und anderer Kunden des Providers gewährleisten.

11.3 **Geheimnisschutz**
Der Provider wird zur Erbringung der Services nur Mitarbeiter einsetzen, die vor der Aufnahme ihrer jeweiligen Tätigkeit

durch geeignete Maßnahmen mit den gesetzlichen Vorschriften über den Datenschutz und den speziellen datenschutzrechtlichen Anforderungen dieses Vertrages vertraut gemacht sowie umfassend schriftlich zur Vertraulichkeit, einschließlich der Wahrung des Datengeheimnisses gemäß § 5 BDSG sowie der Wahrung von Geschäfts- und Betriebsgeheimnissen des Kunden, verpflichtet wurden.

11.4 Unterauftragsverhältnisse
Soweit der Provider beabsichtigt, Services, welche die Erhebung, Verarbeitung oder Nutzung von personenbezogenen Daten umfassen, auf einen Subunternehmer weiterzuverlagern, wird er den Kunden gesondert darauf hinweisen. Eine solche Weiterverlagerung bedarf in jedem Fall der vorherigen schriftlichen Zustimmung des Kunden. Wird die Zustimmung erteilt, so hat der Provider den Subunternehmer entsprechend den Anforderungen dieses Vertrages auf die Einhaltung des Datenschutzes zu verpflichten.

11.5 Wahrung der Rechte Dritter
Der Provider wird den Kunden bei der Bearbeitung von Anfragen der Personen, die durch die Datenerhebung, -verarbeitung oder -nutzung nach diesem Vertrag betroffen sind, und der Aufsichtsbehörden für den Datenschutz unterstützen sowie ihm alle in diesem Zusammenhang notwendigen Informationen zur Verfügung stellen. Etwaige Anfragen, die beim Provider eingehen, wird dieser unverzüglich an den Kunden zur Bearbeitung weiterleiten.

11.6 Prüfungshandlungen
Der Provider wird den Kunden bei dem Verdacht von Datenschutzverletzungen oder anderen Unregelmäßigkeiten bei der Erhebung, Verarbeitung oder Nutzung von Daten nach diesem Vertrag jeweils unverzüglich in Textform unterrichten. Die Verpflichtung des Providers zur Vorlage von Datenschutzberichten gemäß § 10 Ziff. 10.1 sowie das Recht des Kunden gemäß § 10 Ziff. 10.2, die Einhaltung des Datenschutzes durch den Provider zu überprüfen, bleiben unberührt.

11.7 Drittstaatentransfer
Unbeschadet der übrigen Regelungen dieses Vertrages, die Anforderungen an die Erbringung der Services durch den Provider enthalten, verpflichtet sich der Provider, ohne die vorherige schriftliche Zustimmung des Kunden personenbezogene Daten nicht in einen Staat außerhalb der Europäischen Union oder des Geltungsbereichs des Abkommens über den Europäischen Wirtschaftsraum zu übermitteln. Die Erteilung der Zustimmung ist ausgeschlossen, wenn in dem Staat nicht ein ange-

messenes Datenschutzniveau gewährleistet ist oder sonst ausreichende Garantien hinsichtlich des Schutzes des Persönlichkeitsrechts und der Ausübung der damit verbundenen Rechte der Betroffenen bestehen.

§ 12
Sicherheit

12.1 **Angemessene Sicherheitsmaßnahmen**
Der Provider wird zu jeder Zeit angemessene und wirksame Sicherheitsmaßnahmen treffen, um eine ordnungsgemäße Erbringung der Services zu gewährleisten. Die Sicherheitsmaßnahmen haben den einschlägigen Policies zu entsprechen. Die vom Provider ab dem Stichtag bei der Erbringung der Services zu treffenden Sicherheitsmaßnahmen ergeben sich aus dem als **Anlage 11** (Sicherheitskonzept) beigefügten Sicherheitskonzept.

12.2 **Überprüfung des Sicherheitskonzepts**
Der Provider hat das Sicherheitskonzept fortlaufend auf seine Zweckmäßigkeit und Verbesserungsfähigkeit zu überprüfen und bei Bedarf zu überarbeiten, um es an Veränderungen der Bedrohungslage, einschließlich etwaiger Veränderungen der zur Erbringung der Services eingesetzten Systeme und Prozesse, anzupassen. Das überarbeitete Sicherheitskonzept ist dem Kunden vor dessen Umsetzung zur Abstimmung vorzulegen. Unbeschadet der Pflicht des Providers zur fortlaufenden Überprüfung und Anpassung des Sicherheitskonzepts kann der Kunde vom Provider zu jeder Zeit eine Änderung des Sicherheitskonzepts aufgrund gesteigerter Sicherheitsbedürfnisse verlangen; insoweit findet das Change Request-Verfahren Anwendung.

12.3 **Unterrichtung über Sicherheitsvorfälle**
Der Provider wird den Kunden bei dem Verdacht von Verletzungen der vom Provider getroffenen Sicherheitsmaßnahmen und anderen Vorfällen, die für die Sicherheit bei der Erbringung der Services von Bedeutung sein können, jeweils unverzüglich in Textform unterrichten. Die Verpflichtung des Providers zur Vorlage von Sicherheitsberichten gemäß § 10 Ziff. 10.1 und das Recht des Kunden zur Überprüfung der vom Provider getroffenen Sicherheitsmaßnahmen gemäß § 10 Ziff. 10.2 bleiben unberührt.

§ 13
Notfallmanagement

13.1 **Angemessene Notfallmaßnahmen**
Zwischen den Parteien besteht Einigkeit, dass der Kunde darauf angewiesen ist, im Rahmen des täglichen Geschäftsverlaufs auf die Services zugreifen zu können. Der Provider wird daher zu jeder Zeit angemessene und wirksame Maßnahmen für Notfälle treffen, die eine zeitnahe Verfügbarkeit von Ersatzlösungen zum Zwecke der Geschäftsfortführung und innerhalb eines angemessenen Zeitraums auch die Rückkehr zum Normalbetrieb gewährleisten. Die Notfallmaßnahmen des Providers haben den einschlägigen Policies zu entsprechen und sind mit den eigenen Notfallplänen des Kunden abzustimmen. Die vom Provider ab dem Stichtag zu treffenden Notfallmaßnahmen ergeben sich aus dem als **Anlage 12** (Notfallkonzept) beigefügten Notfallkonzept.

13.2 **Überprüfung des Notfallkonzepts**
Die Regelungen in § 12 Ziff. 12.2 gelten für das Notfallkonzept entsprechend. Die Angemessenheit und die Wirksamkeit des Notfallkonzepts sind zudem regelmäßig, mindestens jedoch einmal jährlich durch geeignete Notfalltests zu überprüfen. Das Ergebnis der Notfalltests ist vom Provider schriftlich zu dokumentieren und dem Kunden jeweils unverzüglich zuzuleiten.

13.3 **Verhalten im Notfall**
Der Provider ist verpflichtet, bei Eintritt eines Notfalls das Notfallkonzept in Zusammenarbeit mit dem Kunden auszuführen und den Kunden bei der Ausführung entsprechender eigener Notfallpläne zu unterstützen. Der Provider ist nicht berechtigt, für seine Leistungen im Notfall eine zusätzliche Vergütung zu verlangen oder die bestehende Vergütung zu erhöhen.

§ 14
Vertraulichkeit

14.1 **Nutzung Vertraulicher Informationen**
14.1.1 Vertrauliche Informationen dürfen von den Parteien ausschließlich zur Erfüllung oder Durchsetzung ihrer wechselsei-

tigen Rechte und Pflichten aus diesem Vertrag verwendet werden. „**Vertrauliche Informationen**" in diesem Sinne sind dieser Vertrag und alle anderen Unterlagen, Daten und Informationen einer Partei, die der anderen Partei in Zusammenhang mit der Vorbereitung, der Verhandlung, dem Abschluss, der Durchführung oder der Abwicklung dieses Vertrages bekannt werden (unabhängig davon, ob diese Unterlagen, Daten und Informationen einer Partei als vertraulich gekennzeichnet sind), soweit sie nicht (i) allgemein bekannt oder der Öffentlichkeit zugänglich sind oder ohne Mitwirkung der anderen Partei bekannt geworden sind, (ii) durch die andere Partei schriftlich als nicht vertraulich freigegeben worden sind, (iii) eine Partei im Zeitpunkt der Überlassung durch die andere Partei ohne Verpflichtung zur Vertraulichkeit bereits besessen hat oder (iv) eine Partei zu einem späteren Zeitpunkt rechtmäßig von Dritten ohne Verpflichtung zur Vertraulichkeit erhalten hat.

14.1.2 Der Empfänger einer Vertraulichen Information muss sich nach Kräften bemühen, diese vor unbefugter Benutzung oder Veröffentlichung zu schützen, und wird insoweit den gleichen Sorgfaltsmaßstab anwenden, den er für den Schutz eigener Vertraulicher Informationen anzuwenden pflegt, mindestens jedoch die Sorgfalt eines ordentlichen Kaufmanns.

14.2 **Zulässige Offenlegung**
Unabhängig von den vorstehenden Bestimmungen ist jede Partei berechtigt, Vertrauliche Informationen der anderen Partei mit deren Zustimmung offen zu legen. Ohne die Zustimmung der anderen Partei ist eine Offenlegung von Vertraulichen Informationen nur zulässig, wenn dies
(a) von einer Aufsichtsbehörde oder anderen zuständigen Stelle im Rahmen von Rechtlichen Anforderungen verlangt wird,
(b) durch zwingendes Recht vorgeschrieben ist oder
(c) gegenüber den Mitarbeitern und Subunternehmern oder solchen Beratern einer Partei erfolgt, die beruflich zur Verschwiegenheit verpflichtet sind.
Die Offenlegung ist auf das im konkreten Fall erforderliche Maß zu beschränken. Außerdem ist die jeweils andere Partei so rechtzeitig über die Offenlegung zu informieren, dass sie sachdienliche zusätzliche Maßnahmen zum Schutz ihrer Vertraulichen Informationen treffen kann.

14.3 **Rückgabe und Zerstörung**
14.3.1 Bei Beendigung dieses Vertrages wird jede Partei der anderen Partei sämtliche in ihrem Besitz befindlichen Vertraulichen

II. Textabdruck

Informationen übergeben, soweit diese verkörpert sind. Im Übrigen sind Vertrauliche Informationen zu löschen. § 19 Ziff. 19.3.1 lit. d) bleibt unberührt.

14.3.2 Jede Partei kann von der anderen Partei eine schriftliche Bestätigung darüber verlangen, dass sämtliche im Besitz der anderen Partei befindlichen Vertraulichen Informationen übergeben bzw. gelöscht wurden. Das Recht bzw. die Pflicht der Parteien, eine Kopie der Vertraulichen Informationen für gesetzlich vorgeschriebene Archivierungszwecke oder sonstige durch diesen Vertrag vorgesehene Zwecke zurückzubehalten, bleibt unberührt.

14.3.3 Unabhängig von der Rückgabe oder Zerstörung Vertraulicher Informationen gilt die Pflicht zur Wahrung der Vertraulichkeit gemäß dieses § 14 über die Beendigung des Vertrages hinaus.

14.4 **Unbeschadetheit anderer Bestimmungen zum Schutz von Informationen**
Die Behandlung von Daten, die dem Datenschutz unterliegen, richtet sich zusätzlich nach den Bestimmungen von § 11. Die in § 12 enthaltenen Sicherheitsbestimmungen bleiben ebenfalls unberührt.

§ 15
Schutzrechte (IP)

15.1 **Eigen-IP des Kunden**
15.1.1 Das Eigen-IP des Kunden umfasst sämtliches IP, das dem Kunden oder mit ihm verbundenen Unternehmen gehört und das der Provider zur bestimmungsgemäßen Erbringung der Services nutzen muss.

15.1.2 Der Kunde gewährt dem Provider und den durch den Kunden genehmigten Subunternehmern des Providers hiermit ein unentgeltliches, nicht-ausschließliches Recht, das Eigen-IP des Kunden zu nutzen und zu bearbeiten, jedoch nur soweit und solange dies erforderlich ist, um die Services gegenüber dem Kunden vertragsgemäß zu erbringen und nicht die Verantwortung für die Beschaffung des Gegenstands des Eigen-IP bei dem Provider liegt.

15.2 **Fremd-IP des Kunden**
15.2.1 Das Fremd-IP des Kunden umfasst sämtliches IP, an dem der Kunde von Dritten (bei denen es sich nicht um mit dem

Kunden verbundene Unternehmen handelt) Nutzungsrechte erworben hat und das der Provider zur bestimmungsgemäßen Erbringung der Services nutzen muss.

15.2.2 Der Kunde gewährt dem Provider und den durch den Kunden genehmigten Subunternehmern an seinem Fremd-IP die in Ziff. 15.1.2 beschriebenen Rechte, soweit und solange (i) dies nach den mit den Dritten bestehenden Vereinbarungen über die Nutzung des jeweiligen Fremd-IP zulässig ist, (ii) der Provider die in diesen Vereinbarungen enthaltenen allgemeinen Nutzungsbedingungen einhält, vorausgesetzt diese sind dem Provider zuvor bekannt gegeben worden oder für ihn nahe liegend, und (iii) nicht die Verantwortung für die Beschaffung des Gegenstands des Fremd-IP bei dem Provider liegt. Ist die Nutzung des jeweiligen Fremd-IP nach den bestehenden Vereinbarungen über seine Nutzung unzulässig, werden die Parteien im Rahmen des Change Request-Verfahrens eine möglichst kostengünstige Ausweichlösung vereinbaren.

15.3 Eigen-IP des Providers

15.3.1 Das Eigen-IP des Providers umfasst sämtliches IP, das dem Provider oder mit ihm verbundenen Unternehmen zusteht und das der Kunde zur bestimmungsgemäßen Verwendung der Services nutzen muss.

15.3.2 Der Provider gewährt dem Kunden hiermit ein unentgeltliches und nicht-ausschließliches Recht, das Eigen-IP des Providers zu nutzen, soweit und solange dies für die bestimmungsgemäße Verwendung der Services erforderlich ist. Der Kunde ist außerdem berechtigt, Dritten die Nutzung des Eigen-IP des Providers zu gestatten, soweit diese Dritten (i) die Services ganz oder teilweise mit Wissen des Providers über den Kunden beziehen und die Nutzung des Fremd-IP des Providers dafür erforderlich ist oder (ii) mit den Services in Zusammenhang stehende Leistungen an den Kunden erbringen und die Nutzung des Fremd-IP des Providers erforderlich ist, damit der Kunde die Leistungen des Dritten bestimmungsgemäß nutzen kann.

15.3.3 Der Kunde kann von dem Provider jederzeit eine marktübliche Hinterlegung des Quellcodes etwaiger zum Eigen-IP des Providers gehörender Software auf eigene Kosten des Kunden verlangen.

15.3.4 Bei vollständiger oder teilweiser Beendigung dieses Vertrages bleiben die in Ziff. 15.3.2 eingeräumten Rechte bestehen und gelten auch zugunsten eines Folgeanbieters (§ 19 Ziff. 19.1.1). Soweit es sich bei dem Folgeanbieter nicht um den Kunden selbst oder ein mit dem Kunden verbundenes Unternehmen handelt, gilt dies jedoch nur für zwölf Monate nach dem Ende der Vertragslaufzeit. Eine Vergütung für das Nutzungsrecht an dem nach dieser Ziff. 15.3.4 eingeräumten Eigen-IP des Providers wird nicht geschuldet. Pflegeleistungen wird der Provider auf Verlangen des Kunden zu marktgerechten Konditionen anbieten.

15.4 **Fremd-IP des Providers**

15.4.1 Das Fremd-IP des Providers umfasst sämtliches IP, an dem der Provider von Dritten (bei denen es sich nicht um mit dem Provider verbundene Unternehmen handelt) Nutzungsrechte erworben hat und das der Kunde zur bestimmungsgemäßen Verwendung der Services nutzen muss.

15.4.2 Der Provider gewährt dem Kunden an seinem Fremd-IP die in Ziff. 15.3.2 beschriebenen Rechte, soweit und solange der Kunde die in den von dem Provider geschlossenen Vereinbarungen über die Nutzung dieses Fremd-IP enthaltenen allgemeinen Nutzungsbedingungen einhält, vorausgesetzt diese sind dem Kunden durch den Provider zuvor bekannt gegeben worden oder für ihn nahe liegend).

15.4.3 Soweit der Provider für die Erbringung der Services Fremd-IP einsetzt, hat er sicherzustellen, dass nach dem Ende der Vertragslaufzeit der Kunde zur Nutzung dieses Fremd-IP in dem in Ziff. 15.4.2 beschriebenen Umfang berechtigt bleibt. Dies gilt nicht, wenn das Fremd-IP in der für die Services eingesetzten Form allgemein gegen Zahlung einer angemessenen Lizenzgebühr am Markt erhältlich ist. Der Provider wird den Kunden jeweils vorab ausführlich informieren, wenn er plant, Fremd-IP einzusetzen.

15.5 **Entwicklung von IP**

15.5.1 IP, das durch den Provider oder in dessen Auftrag in Zusammenhang mit den Services neu geschaffen wird, steht mangels einer abweichenden Vereinbarung im Einzelfall ausschließlich dem Kunden zu, wenn es das Ergebnis (i) der Bearbeitung oder Weiterentwicklung von Eigen-IP oder – vorbehaltlich etwaiger Rechte Dritter – Fremd-IP des Kunden oder (ii) eines durch den Kunden erteilten Auftrags ist. Im Übrigen steht solches IP – vorbehaltlich etwaiger Rechte Dritter oder abweichender Vereinbarungen der Parteien – dem Provider zu.

15.5.2 Das Recht der Parteien, Ideen, Konzepte oder Verfahrensweisen weiter zu verwenden, die die Services betreffen und im Laufe der Zusammenarbeit zum allgemeinen Know-how ihrer jeweiligen Mitarbeiter werden, bleibt unberührt, soweit hierdurch keine Schutzrechte der anderen Partei oder eines Dritten verletzt oder Vertrauliche Informationen unbefugt offenbart werden.

15.6 **Ansprüche Dritter wegen Schutzrechtsverletzungen**

15.6.1 Der Provider steht dafür ein, dass die Erbringung der Services durch den Provider und die vertragsgemäße Nutzung der Services durch den Kunden keine Rechte Dritter verletzt. Dies gilt insbesondere im Hinblick auf die Software und sonstigen Systeme, die der Provider zur Erbringung der Services einsetzt. Der Kunde steht dafür ein, dass die vertragsgemäße Nutzung des Eigen-IP sowie des Fremd-IP des Kunden im Rahmen von Ziff. 15.1 und 15.2 zur Erbringung der Services keine Rechte Dritter verletzt.

15.6.2 Werden gegen eine der Parteien in Zusammenhang mit den Services stehende Ansprüche wegen der tatsächlichen oder vermeintlichen Verletzung von Rechten Dritter geltend gemacht, für die die andere Partei einzustehen hat, werden sich die Parteien hierüber unverzüglich wechselseitig unterrichten. Die Parteien werden die Abwehr derartiger Ansprüche in enger Abstimmung koordinieren, wobei diejenige Partei die Federführung übernimmt, die für eine Schutzrechtsverletzung einzustehen hätte. Die andere Partei wird sie in zumutbarem Umfang unterstützen.

15.6.3 Entstehen einer Partei in Zusammenhang mit gegen sie geltend gemachten Ansprüchen, die auf eine Verletzung von Rechten Dritter gestützt werden, für die die andere Partei einzustehen hat, Kosten und/oder Schäden (einschließlich der Kosten für eine angemessene Rechtsverfolgung oder -verteidigung), wird die andere Partei sie von solchen Kosten und Schäden freistellen. Der Freistellungsanspruch setzt nicht voraus, dass ein Vertretenmüssen der zur Freistellung verpflichteten Partei vorliegt. Die Haftungsbeschränkung gemäß § 17 Ziff. 17.2 gilt nur insoweit, wie die betreffenden Kosten und Schäden nicht unmittelbar auf den durch den Dritten geltend gemachten Ansprüchen beruhen.

§ 16
Gewährleistung

16.1 **Störungen**

16.1.1 Die Parteien werden sich gegenseitig unverzüglich in Textform informieren, wenn sie in Zusammenhang mit den Services das Auftreten einer Störung feststellen oder das Vorliegen oder zukünftige Auftreten einer Störung nicht ausschließen können.

16.1.2 Der Provider wird auf eigene Kosten die Ursache einer Störung ermitteln. Über den jeweiligen Stand und Erfolg dieser Bemühungen wird der Provider dem Kunden regelmäßig berichten. Führt die Ursachenermittlung zu dem Ergebnis, dass eine Störung der Services nicht auf einen Mangel im Sinne von nachfolgender Ziff. 16.2.1 zurückzuführen ist, muss der Provider die Störung nur beseitigen, wenn der Kunde sich bereit erklärt, die damit verbundenen Kosten zu übernehmen.

16.2 **Mängel**

16.2.1 Erbringt der Provider die Services nicht oder nicht wie geschuldet (Mangel), so stehen dem Kunden die in diesem Vertrag sowie ergänzend die im Gesetz für diesen Fall vorgesehenen Rechte zu. Eine Untersuchungspflicht des Kunden besteht nicht; § 377 HGB findet keine Anwendung.

16.2.2 Soweit die von einem Mangel betroffenen Teile der Services der Nacherfüllung zugänglich sind, erhält der Provider die Gelegenheit zur Nacherfüllung innerhalb einer vom Kunden bestimmten angemessenen Frist. Wenn verschiedene Arten der Nacherfüllung in Betracht kommen, steht dem Kunden das Recht zu, die Art der Nacherfüllung zu wählen.

16.2.3 Kommt der Provider seiner Pflicht zur Nacherfüllung nicht innerhalb der vom Kunden bestimmten Frist nach, kann der Kunde den Mangel selbst beseitigen oder durch Dritte beseitigen lassen und vom Provider Ersatz der erforderlichen Aufwendungen verlangen. Der Provider wird den Kunden bzw. Dritten in angemessenem Umfang bei der Mangelbeseitigung unterstützen.

16.2.4 Kommt der Provider seiner Pflicht zur Nacherfüllung nicht innerhalb der vom Kunden bestimmten Frist nach und nimmt der Kunde keine Selbstvornahme gemäß Ziff. 16.2.3 vor oder misslingt diese oder kommt eine Nacherfüllung von vornherein nicht in Betracht, ist der Kunde für die Zeit, in der der Mangel auftritt, zu einer angemessenen Minderung der Vergütung berechtigt. Die Minderung ist, soweit erforderlich, durch Schätzung zu ermitteln. Hat der Kunde mehr als die geminderte Vergütung gezahlt, so hat der Provider den Mehrbetrag nach Wahl des Kunden zu erstatten oder mit der nächsten Rechnung zu verrechnen. Soweit ein Mangel Teile der Services betrifft, für die Service Levels vereinbart sind, und die Ursache des Mangels gleichzeitig zu einer Verfehlung von Service Levels führt, kommt eine Minderung nur in Betracht, wenn selbst unter Berücksichtigung etwaiger Service Level Credits ein auffälliges Missverhältnis zwischen Leistung und Gegenleistung in dem relevanten Zeitraum besteht.

16.2.5 Ein Mangel berechtigt den Kunden nicht, von diesem Vertrag zurückzutreten. Die Kündigungsrechte nach § 18 bleiben unberührt. Die Haftung des Providers für Schadensersatzansprüche wegen Mängeln ist gemäß § 17 Ziff. 17.2 beschränkt.

§ 17
Haftung

17.1 **Grundsatz**
Die Parteien haften einander nach den allgemeinen gesetzlichen Vorschriften, soweit sich nicht aus nachstehender Ziff. 17.2 oder den sonstigen Bestimmungen dieses Vertrages etwas anderes ergibt.

17.2 **Haftungsbeschränkung**
Die Haftung der Parteien für einfache Fahrlässigkeit wird der Höhe nach jeweils für alle in dasselbe Vertragsjahr fallenden Schadensereignisse auf einen Betrag in Höhe von € [x] beschränkt. Als Schadensereignis gilt das Verhalten, das die Verpflichtung zum Schadensersatz dem Grunde nach auslöst.

§ 18
Laufzeit und Kündigung

18.1 **Laufzeit**
Dieser Vertrag tritt am Vertragsdatum in Kraft. Seine Laufzeit endet [x] Jahre nach dem Stichtag oder zu einem früheren Zeitpunkt, soweit dieser Vertrag zu einem solchen früheren Zeitpunkt wirksam gekündigt oder einvernehmlich aufgehoben wird.

18.2 **Kündigung aus wichtigem Grund**
Jede Partei ist berechtigt, diesen Vertrag jederzeit nach § 314 BGB aus wichtigem Grund zu kündigen. Ein wichtiger Grund liegt insbesondere vor, wenn eine Partei eine wesentliche Bestimmung dieses Vertrages verletzt und nicht binnen einer Frist von 30 Tagen nach Eingang eines entsprechenden Aufforderungsschreibens der anderen Partei Abhilfe schafft.

18.3 **Sonderkündigungsrecht des Kunden**
Der Kunde ist berechtigt, diesen Vertrag jederzeit ohne Angabe von Gründen zu kündigen. In diesem Fall ist der Provider berechtigt, von dem Kunden eine Abstandszahlung zu verlangen. Diese wird, abhängig von dem Zeitpunkt, zu dem die Wirkungen der Kündigung eintreten, wie in **Anlage 7** (Vergütung) dargestellt berechnet.

18.4 **Teilkündigung**
Der Kunde kann ein ihm zustehendes Kündigungsrecht auch hinsichtlich eines Teils der Services ausüben, es sei denn, dem Provider ist die Fortsetzung des Vertragsverhältnisses im Übrigen unzumutbar.

18.5 **Kündigungsfrist**
Im Falle eines dem Kunden zustehenden Kündigungsrechts endet dieser Vertrag mit Wirkung zu dem im Kündigungsschreiben angegebenen Zeitpunkt. Zwischen diesem Zeitpunkt und dem Zeitpunkt des Zugangs der Kündigungserklärung beim Provider müssen mindestens sechs Monate liegen. Übt der Provider ein ihm zustehendes Kündigungsrecht aus, gilt in jedem Fall eine Kündigungsfrist von zwölf Monaten. Die Bestimmungen des § 19 bleiben unberührt.

18.6 **Schriftformerfordernis**
Jede Kündigung bedarf zu ihrer Wirksamkeit der Schriftform.

§ 19
Exit Management

19.1 **Allgemeines**

19.1.1 Der Provider ist verpflichtet, den Kunden im Falle einer vollständigen oder teilweisen Beendigung dieses Vertrages bei der Überleitung der Services auf einen Folgeanbieter nach den Bestimmungen dieses § 19 zu unterstützen. „**Folgeanbieter**" ist der Kunde selbst oder ein von dem Kunden beauftragter Dritter.

19.1.2 Die Bestimmungen dieses § 19 gelten unabhängig davon, aus welchem Grund dieser Vertrag – ganz oder teilweise – beendet wird, d.h. auch im Falle einer Kündigung aus wichtigem Grund durch eine der Parteien oder einer Ausübung des Sonderkündigungsrechts durch den Kunden.

19.2 **Verlängerungsoption**
Der Kunde ist berechtigt, den Zeitpunkt der Beendigung der Leistungserbringung durch den Provider hinsichtlich der Gesamtheit oder eines Teils der betroffenen Services einmalig

oder mehrmalig zu verschieben, wobei der Beendigungszeitpunkt insgesamt höchstens um zwölf Monate ab dem ursprünglich vorgesehenen Beendigungszeitpunkt verschoben werden darf. Während eines solchen Verlängerungszeitraums gelten die Bestimmungen dieses Vertrages unverändert fort. Der Kunde wird den Provider 90 Tage im Voraus schriftlich über die jeweilige Verschiebung informieren.

19.3 **Unterstützungsleistungen**

19.3.1 Der Kunde kann von dem Provider verlangen, dass dieser ihn bei der Überleitung der Services auf einen Folgeanbieter unterstützt. Die Unterstützung umfasst alle Leistungen, die für eine ordnungsgemäße Überleitung der Services auf den Folgeanbieter erforderlich oder zweckdienlich sind. Zeitlich sind dabei durch den Provider, soweit ihm dies zumutbar ist, die Vorgaben des Kunden einzuhalten. Im Rahmen der Unterstützung leistet der Provider insbesondere Folgendes:

(a) angemessene und zeitnahe Unterstützung des Kunden bei der Erstellung und Durchführung von Ausschreibungen für die betroffenen Services, einschließlich der Information über die bislang durch den Provider für die Erbringung der Services eingesetzten Ressourcen;

(b) Zusammenarbeit mit dem Folgeanbieter zum Zwecke einer ordnungsgemäßen Überleitung der betroffenen Services, einschließlich der Ausarbeitung und Umsetzung eines detaillierten Überleitungsplans;

(c) Schulung, Einweisung oder sonstige Vermittlung von Kenntnissen, die der Folgeanbieter für die ordnungsgemäße Erbringung der betroffenen Services benötigt, einschließlich der Information über die eingesetzten Systeme, Abläufe und Prozesse;

(d) Herausgabe aller Daten, Informationen und Unterlagen, die dem Kunden nach diesem Vertrag zustehen, sowie Übergabe aller sonstigen im Besitz des Providers befindlichen Daten, Informationen und Unterlagen, die erforderlich sind, um dem Folgeanbieter die eigenverantwortliche Durchführung der Services zu ermöglichen, und zwar jeweils in einer durch den Folgeanbieter ohne weiteres verwendbaren Form.

19.3.2 Der Kunde ist abweichend von § 14 berechtigt, Informationen, die das vorliegende Vertragsverhältnis betreffen, gegenüber möglichen Folgeanbietern offen zu legen, soweit dies für eine ordnungsgemäße Überleitung der Services erforderlich oder zweckdienlich ist, einschließlich der vorliegenden Vertragsdokumentation (ausgenommen die Vergütungsinforma-

II. Textabdruck

tionen). Den Folgeanbietern ist insoweit eine Vertraulichkeitsverpflichtung aufzuerlegen.
19.3.3 Für die Erbringung der in dieser Ziff. 19.3 beschriebenen Unterstützungsleistungen schuldet der Kunde dem Provider keine gesonderte Vergütung.
19.4 Nachbetreuungspflicht
Der Provider verpflichtet sich, auch nach Abschluss der Überleitung der betroffenen Services auf den Folgeanbieter noch für die Dauer von bis zu zwölf Monaten für die Erbringung von Teilleistungen solcher Services, zur Beantwortung von Fragen und zur Erbringung von Beratungsleistungen zur Verfügung zu stehen. Der Provider kann hierfür eine angemessene Vergütung verlangen.
19.5 Mitarbeiterübergang
19.5.1 Ein Übergang von Mitarbeitern des Providers oder seiner Subunternehmer auf den Kunden oder einen anderen Folgeanbieter in Zusammenhang mit der vollständigen oder teilweisen Beendigung dieses Vertrages ist nicht vorgesehen. Der Provider wird innerhalb seines Verantwortungsbereiches daher alle möglichen und zumutbaren Maßnahmen ergreifen, um einen solchen Übergang nach § 613a BGB zu verhindern und seine Subunternehmer entsprechend verpflichten.
19.5.2 Von den Kosten, die dem Kunden oder einem anderen Folgeanbieter dadurch entstehen, dass Mitarbeiter des Providers oder seiner Subunternehmer infolge der vollständigen oder teilweisen Beendigung dieses Vertrages nach § 613a BGB auf den Kunden oder einen anderen Folgeanbieter übergehen oder einen solchen Übergang behaupten, wird der Provider den Kunden vollumfänglich freistellen. Die Parteien werden gemeinsam darauf hinwirken, derartige Kosten möglichst gering zu halten.

§ 20
Schlussbestimmungen

20.1 Kosten
Jede Partei trägt die Kosten, die ihr in Zusammenhang mit dem Abschluss oder dem Vollzug dieses Vertrages entstehen.
20.2 Schriftformerfordernis
Änderungen und Ergänzungen dieses Vertrages bedürfen der Schriftform. Die Aufhebung der in diesem Vertrag vereinbarten Schriftformerfordernisse bedarf der Schriftform.

20.3 **Abtretungsverbot**
Keine Partei ist berechtigt, diesen Vertrag oder einzelne Rechte und Pflichten daraus ohne Zustimmung der anderen Partei, sei es im Wege der Einzel- oder der Gesamtrechtsnachfolge, auf einen Dritten zu übertragen. § 354a HGB bleibt unberührt.

20.4 **Öffentliche Erklärungen**
Keine Partei ist berechtigt, ohne Zustimmung der anderen Partei öffentliche Erklärungen abzugeben oder zu veranlassen, die diesen Vertrag oder die Zusammenarbeit der Parteien im Rahmen dieses Vertrages betreffen. Presseerklärungen, die diesen Vertrag oder die Zusammenarbeit der Parteien betreffen, werden die Parteien vor ihrer Veröffentlichung zusätzlich miteinander abstimmen.

20.5 **Salvatorische Klausel**
Sollte eine Bestimmung dieses Vertrages ganz oder teilweise ungültig oder undurchführbar sein oder werden, so bleibt die Gültigkeit dieses Vertrages insgesamt unberührt. Anstelle der ungültigen oder undurchführbaren Vertragsbestimmung soll eine Regelung gelten, die den wirtschaftlichen Zielen der Parteien, wie sie zum Zeitpunkt des Vertragsschlusses bestanden, so nahe wie möglich kommt. Maßgebend ist, was die Parteien vereinbart hätten, wenn sie die Undurchführbarkeit oder Ungültigkeit erkannt hätten. Das Gleiche gilt im Falle des Bestehens einer Vertragslücke.

20.6 **Rechtswahl**
Dieser Vertrag unterliegt dem Recht der Bundesrepublik Deutschland. Die Vorschriften des Internationalen Privatrechts und des UN-Kaufrechts finden keine Anwendung.

20.7 **Gerichtsstand**
Ausschließlicher Gerichtsstand für sämtliche Rechtsstreitigkeiten der Parteien aus oder in Zusammenhang mit diesem Vertrag ist [*Unternehmenssitz des Kunden*].

Kunde   Provider

....

....

Datum: [*Datum einfügen*]   Datum: [*Datum einfügen*]

B. Vertragsmuster mit Erläuterungen

I. Formerfordernisse

Der Service-Vertrag bedarf zu seiner Wirksamkeit grundsätzlich keiner besonderen Form. Schon allein aufgrund der wirtschaftlichen Bedeutung für die beteiligten Unternehmen wird er jedoch in aller Regel schriftlich abgeschlossen. Verbinden die Parteien den Abschluss des Service-Vertrages mit einem anderen Rechtsgeschäft, das nach dem Gesetz formbedürftig ist, zu einem einheitlichen Geschäft, so ist dieses insgesamt formbedürftig.[33] Ein solches einheitliches Geschäft ist grundsätzlich immer dann anzunehmen, wenn das eine Rechtsgeschäft mit dem anderen „stehen und fallen" soll.[34] Wird die für das eine Rechtsgeschäft vorgeschriebene Form nicht beachtet, ist das Geschäft nach § 125 Satz 1 BGB insgesamt nichtig.[35] Wird trotz gewollter Einheitlichkeit des Geschäfts die Form nur hinsichtlich des formbedürftigen Teils gewahrt, ist zumindest der restliche Teil, nach § 139 BGB im Zweifel aber wieder das gesamte Geschäft nichtig.[36] Soweit das Geschäft nichtig ist, bedarf es zu seiner Wirksamkeit grundsätzlich der formgerechten Neuvornahme, wenn das Gesetz nicht ausnahmsweise die Heilung des Formmangels durch Erfüllung zulässt.[37] Bei Outsourcing-Transaktionen kann dies insbesondere in den folgenden Konstellationen Bedeutung erlangen:

- Verpflichtet sich der Kunde im Rahmen der Outsourcing-Transaktion zur Übertragung eines Grundstücks (z.B. Betriebsgrundstück, Teileigentum an einer Gewerbeimmobilie), bedarf die Outsourcing-Transaktion aufgrund der Regelung in § 311b Abs. 1 Satz 1 BGB insgesamt der notariellen Beurkundung.[38] Dies gilt allerdings nur bei einer im Wege des Asset Deal vorgenommenen Übertragung des betreffenden Grundstücks.[39] Wird die Form nicht beachtet, so ist aufgrund der Regelung in § 311b Abs. 1 Satz 2 BGB die Heilung des Geschäfts im Ganzen möglich, wenn später die Auflassung und die Eintragung des Grundstückserwerbs in das Grundbuch erfolgen. Überträgt der Kunde hingegen im Wege des Share Deal Gesellschaftsanteile, ist dies – vorbehaltlich der Formbedürftigkeit des Share Deal als solchem (dazu sogleich) – auch dann formfrei möglich, wenn zu dem Gesellschaftsvermögen Grundbesitz zählt.[40]
- Übernimmt der Provider im Wege des Share Deal die bislang zur Erbringung der auszulagernden Leistungen eingesetzten Ressour-

cen, hat dies aufgrund der Regelungen in § 15 Abs. 3 und 4 GmbHG die Pflicht zur notariellen Beurkundung der gesamten Outsourcing-Transaktion zur Folge, wenn es sich bei den von dem Provider zu erwerbenden Geschäftsanteilen um solche an einer GmbH handelt. In der Praxis ist dies häufig dann der Fall, wenn die Leistungserbringung in der Vergangenheit einer Service-Gesellschaft innerhalb des Konzerns des Kunden oblag. Aufgrund der Regelung in § 15 Abs. 4 Satz 2 GmbHG kann ein anfänglicher Formmangel durch den späteren, formgerechten Abschluss eines Abtretungsvertrages über die Geschäftsanteile geheilt werden.

- Aufgrund der Regelung in § 311 b Abs. 3 BGB bedarf die Outsourcing-Transaktion ebenfalls der notariellen Beurkundung im Ganzen, wenn der Provider im Wege des Asset Deal die sachlichen Ressourcen übernimmt, die bisher zur Erbringung der auszulagernden Leistungen eingesetzt wurden, und diese das gegenwärtige Vermögen oder einen Bruchteil des gegenwärtigen Vermögens des übertragenden Rechtsträgers (meist wieder einer Service-Gesellschaft im Konzern des Kunden) ausmachen. Sinn und Zweck der genannten Regelung ist es, den sich verpflichtenden Teil davor zu schützen, sein Vermögen in „Bausch und Bogen" wegzugeben. Nach der Rechtsprechung bedarf es dieses Schutzes jedoch nicht, wenn die zu übertragenden Gegenstände im Vertrag einzeln oder durch Sammelbezeichnung aufgeführt sind.[41] So verhält es sich zwar in der Regel auch im vorliegenden Zusammenhang. Als problematisch erweisen sich insoweit aber die in der Praxis gebräuchlichen „Catch all"-Klauseln, durch die sichergestellt werden soll, dass von der Übertragung auch solche Vermögensgegenstände erfasst sind, die sachlich zum auszulagernden Bereich gehören, aber aus irgendeinem Grund in der dem Vertrag beigefügten Auflistung fehlen. In diesem Fall lässt sich eine pauschale Vermögensübertragung im Sinne des § 311 b Abs. 3 BGB und damit eine Pflicht zur Beurkundung der gesamten Outsourcing-Transaktion grundsätzlich nicht ausschließen.[42] Die Heilung eines etwaigen Formmangels durch Vollzug ist gesetzlich nicht vorgesehen.

- Beurkundungspflichtig sind ohne die Möglichkeit zur Heilung zudem die gelegentlich im Hinblick auf die bestehende Service-Gesellschaft des Kunden vollzogenen Umwandlungstatbestände der Verschmelzung und der Spaltung, §§ 6, 125 UmwG. Werden diese Umwandlungsmaßnahmen allein durch den Kunden und ohne die Beteiligung des Providers durchgeführt, um lediglich ein mögliches, zeitlich nachgelagertes Outsourcing vorzubereiten, ist dies indes im Hinblick auf eine etwaige Formbedürftigkeit des dann später mit dem Provider abgeschlossenen Service-Vertrages ohne Belang.

II. AGB-rechtliche Einordnung

Allgemeine Geschäftsbedingungen, d.h. alle für eine Vielzahl von Verträgen vorformulierten Vertragsbedingungen, welche eine Vertragspartei (Verwender) der anderen Vertragspartei bei Abschluss eines Vertrages stellt, unterliegen der Inhaltskontrolle nach den §§ 305 ff. BGB. Vertragsbedingungen in diesem Sinne sind alle Regelungen, die den Vertragsinhalt gestalten sollen.[43] Kontrollfrei sind aufgrund der Regelung in § 307 Abs. 3 Satz 1 BGB dagegen Leistungsbeschreibungen und Preisvereinbarungen, soweit sie Art und Umfang der Hauptleistungen bzw. der Vergütung unmittelbar festlegen.[44] Anders verhält sich dies wiederum bei solchen Vereinbarungen, die sich nicht lediglich in einer Beschreibung der tatsächlich zu erbringenden Leistungen erschöpfen, sondern die den Umfang der vertraglichen Leistungspflichten einschränken oder auf andere Weise modifizieren,[45] sowie bei Preisnebenabreden wie z.B. Fälligkeitsklauseln, Wertstellungsklauseln oder Preis- und Zinsanpassungsklauseln;[46] auch diese sind grundsätzlich voll kontrollfähig.

Als für eine Vielzahl von Verträgen vorformulierte Vertragsbedingungen gelten im Allgemeinen auch Musterverträge[47] wie der vorliegende. Für die Anwendung der AGB-rechtlichen Regelungen kommt es jedoch zusätzlich darauf an, ob die Vertragsbedingungen einseitig durch den Verwender gestellt werden.[48] Dies ist nicht der Fall, soweit die Vertragsbedingungen zwischen den Vertragsparteien im Einzelnen ausgehandelt sind, § 305 Abs. 1 Satz 3 BGB. „Aushandeln" heißt zwar mehr als „Verhandeln" und erfordert, dass der Verwender die vorgeschlagenen Vertragsbedingungen gegenüber der anderen Vertragspartei inhaltlich ernsthaft zur Disposition stellt.[49] Diese Anforderung wird in Bezug auf den Service-Vertrag aber in aller Regel erfüllt sein. Wie bereits dargestellt wurde (siehe oben S. 12), ziehen sich Outsourcing-Projekte oft über mehrere Monate hin, wobei die Vertragsverhandlungen einen breiten Raum einnehmen. Das Ergebnis dieser Verhandlungen ist typischerweise ein im Einzelnen ausgehandelter Vertrag. Unschädlich ist es dabei, wenn manche Klauseln noch den ursprünglichen Vorschlägen einer der Parteien entsprechen sollten. Denn insoweit ist anerkannt, dass im unternehmerischen Verkehr auch diese Klauseln nicht mehr gestellt, sondern ausgehandelt sind, wenn – wie es der Praxis bei Outsourcing-Projekten entspricht – über viele Verhandlungsrunden hinweg eine größere Zahl von Klauseln gestaltet, geändert und neu systematisiert worden ist. Das Gleiche gilt, wenn für die stehen gebliebenen Klauseln eine Kompensation an anderer Stelle (z.B. Preiszugeständnisse) erfolgt ist.[50] Vor diesem Hintergrund ist es in jedem Fall ratsam, den Verhandlungsverlauf ausführlich zu dokumentieren (z. B. durch regelmäßige Überarbeitung der Vertragsentwürfe oder Protokollierung der einzelnen Verhandlungsrunden), um im Streitfall den Nachweis für das Vorliegen einer Individualvereinbarung leicht führen zu können.[51]

Nach alledem kommt dem AGB-Recht bei Outsourcing-Transaktionen nur eine untergeordnete Bedeutung zu.[52] Dementsprechend orientiert sich das vorliegende Vertragsmuster weniger an den insoweit geltenden Anforderungen, als vielmehr an den Besonderheiten dieses Transaktionstyps.

III. Rahmenbedingungen und Anlagen

Eine mehrere hundert Seiten umfassende Vertragsdokumentation ist für ein Outsourcing üblich. Angesichts der Komplexität des Vertragswerks sollte der Service-Vertrag auch die Aufgabe eines Navigationswerkzeugs erfüllen, das den Beteiligten einen schnellen und strukturierten Zugriff auf die Vertragsinhalte ermöglicht.[53] Das Herzstück der Vertragsdokumentation ist der Service-Vertrag. Zu diesem gehören die Rahmenbedingungen – siehe das vorliegende Vertragsmuster – und eine Vielzahl von Anlagen (*Schedules*).

Das Vertragsmuster sieht die folgenden Anlagen vor:

Anlage 1	Transition
Anlage 2	Leistungsbeschreibung
Anlage 3	Projekte
Anlage 4	Standorte
Anlage 5	Genehmigte Subunternehmer
Anlage 6	Service Levels
Anlage 7	Vergütung
Anlage 8	Schlüsselpositionen
Anlage 9	Policies
Anlage 10	Berichte
Anlage 11	Sicherheitskonzept
Anlage 12	Notfallkonzept

Bei Bedarf können weitere Anlagen beigefügt werden. Eine deutlich größere Zahl an Anlagen ist in der Praxis keine Seltenheit. Die Anlagen enthalten häufig wesentliche Vertragsbestimmungen, sodass an ihre Formulierung ähnliche Anforderungen wie an die Rahmenbedingungen zu stellen sind. Leider wird hier in der Praxis nicht immer der gleiche Sorgfaltsmaßstab angelegt. Nicht selten kommt es auf diese Weise zu Inkonsistenzen innerhalb der Vertragsdokumentation, die für die zukünftige Zusammenarbeit der Vertragsparteien Konfliktpotential bergen.[54]

IV. Parteien					51

Die Erstellung der Anlagen folgt den Bedürfnissen des konkreten Projekts. Das vorliegende Werk kann daher keine Entwürfe für solche Anlagen liefern. Es gibt jedoch zahlreiche Hinweise für deren Gestaltung.

IV. Parteien

Das Vertragsmuster sieht zwei Parteien vor, nämlich den Kunden, der bestimmte Leistungen auslagert, und den Provider, der diese Leistungen für den Kunden erbringen soll. In der Praxis treten häufig sowohl auf Provider- als auch auf Kundenseite weitere Beteiligte hinzu, wodurch sich die Komplexität des Vertragswerks erhöht. Um die Übersichtlichkeit des Vertragsmusters zu wahren, werden diese möglichen weiteren Beteiligten weitgehend ausgeblendet, an dieser Stelle aber kurz vorgestellt.

1. Beteiligte auf Kundenseite

Häufig decken die Leistungen, die Gegenstand des Service-Vertrages sind, nicht nur den Bedarf des Unternehmens, das auf Kundenseite Vertragspartei ist, sondern zusätzlich noch den Bedarf weiterer Unternehmen (*Service Recipients* oder Service-Empfänger). Hierbei handelt es sich typischerweise um mit dem Kunden im Konzern verbundene Unternehmen oder ehemalige Konzernunternehmen, mitunter aber auch um sonstige Drittkunden. Derartige Drittkunden sind häufig das Ergebnis früherer Bemühungen des auslagernden Unternehmens, die nun auszulagernden Leistungen selbst am Markt anzubieten. Mitunter handelt es sich auch um Kooperationspartner des auslagernden Unternehmens, die zur Erbringung ihrer jeweiligen Leistungen gegenüber dem auslagernden Unternehmen ebenfalls auf die Services angewiesen sind.

Bei Auslagerungsvorhaben eines Konzerns, die mehrere Konzernunternehmen betreffen, muss entschieden werden, welches Konzernunternehmen auf Kundenseite Vertragspartner des Providers wird. Typischerweise handelt es sich dabei um das Unternehmen, das im Konzern bisher für die auszulagernde Aufgabe operativ verantwortlich war. Wird dieses Unternehmen im Zuge des Outsourcing veräußert (siehe oben S. 2), muss ein anderes Konzernunternehmen Vertragspartner des Providers werden. Diese Rolle kann ein bestehendes Konzernunternehmen übernehmen. Denkbar ist aber auch, dass hierzu eine neue Gesellschaft (in der Regel eine GmbH) errichtet wird, die die Interessen der Service-Empfänger im Konzern koordiniert und die den Provider steuert. Abhängig von der finanziellen Ausstattung einer solchen Steuerungsgesellschaft wird der Provider verlangen, dass ein oder mehrere Service-Empfänger die Erfüllung der vertraglichen Verpflichtungen dieser Gesellschaft sicherstellen (etwa durch eine Garantie, Bürgschaft oder Patronatserklärung).

Für die Vertragsgestaltung ist weiterhin zu klären, auf welche Art und Weise die verschiedenen Service-Empfänger auf Kundenseite (gegenwärtige oder aktuelle Konzernunternehmen, Drittkunden) einzubinden sind. Folgende Varianten sind möglich:
- Es besteht eine unmittelbare Vertragsbeziehung zwischen jedem Service-Empfänger und dem Provider, d.h. auf der Kundenseite schließt eine Vielzahl von Parteien den Vertrag.
- Der Provider verpflichtet sich zur Leistung an einen Service-Empfänger (Kunde), der sich wiederum gegenüber den übrigen Service-Empfängern zur Leistung an diese verpflichtet, d.h. auf der Kundenseite schließt nur eine Partei den Vertrag. Dabei wird häufig die Leistung unmittelbar durch den Provider gegenüber den übrigen Service-Empfängern erbracht. In diesen Fällen besteht wiederum die Möglichkeit, den Vertrag als unechten oder echten Vertrag zugunsten Dritter auszugestalten.[55]

Welcher Weg gewählt wird, hängt zunächst von strategischen Erwägungen ab. Eine unmittelbare Vertragsbeteiligung aller Service-Empfänger kann dort sinnvoll sein, wo es den Service-Empfängern im Wesentlichen frei gestellt ist, ob und in welchem Umfang sie bestimmte standardisierte Leistungen bei dem Provider bestellen. Der Service-Vertrag hat in diesem Fall eher den Charakter eines Rahmen-Einkaufsvertrages. Für ein strategisches Outsourcing, bei dem der Kunde und der Provider eine langfristige partnerschaftliche Beziehung eingehen, ist jedoch eher typisch, dass auf Kundenseite ein einziges Unternehmen Vertragspartei wird (zu Besonderheiten bei multi-nationalen Transaktionen siehe S. 54). Soweit sich die Service-Empfänger aus gesetzlichen oder regulatorischen Gründen gegenüber ihrem Auslagerungsunternehmen bestimmte Prüf- und Kontrollrechte vorbehalten müssen (dazu oben S. 4), mag eine Ausgestaltung als echter Vertrag zugunsten Dritter geboten sein.

Neben den erläuterten strategischen Gesichtspunkten können steuerrechtliche Erwägungen für die Art und Weise der Einbeziehung der Service-Empfänger in den Service-Vertrag eine Rolle spielen. Dies gilt insbesondere bei grenzüberschreitenden Transaktionen.[56]

Unabhängig von der konkreten Art der Einbeziehung von Service-Empfängern sollte schon aus Haftungsgründen klar im Vertrag zum Ausdruck kommen, dass der Kunde die betreffenden Leistungen nicht nur zur Deckung des eigenen Bedarfs, sondern auch zur Versorgung der Service-Empfänger beziehen möchte. In diesem Zusammenhang ist bei einem Ausschluss oder einer Begrenzung von mittelbaren Schäden Vorsicht geboten, da insbesondere die Service-Empfänger hiervon betroffen sein können. Vielmehr bietet sich eine Regelung an, nach der der Kunde Schäden, die auf Seiten der Service-Empfänger eintreten, wie eigene Schäden geltend machen kann.

Soweit die vertragsgegenständlichen Leistungen mietvertraglichen Charakter haben, ist zusätzlich § 540 Abs. 1 BGB zu beachten, wonach die Gebrauchsüberlassung der Mietsache an Dritte der Erlaubnis des Vermieters bedarf. Aus Kundensicht empfiehlt es sich, diese Erlaubnis ausdrücklich in den Service-Vertrag aufzunehmen.

2. Beteiligte auf Providerseite

Häufig wird der Provider nicht sämtliche Leistungen, die Gegenstand des Outsourcing sind, mit eigenen Ressourcen erbringen. Es ist eher typisch, dass er für bestimmte Aufgaben Subunternehmer einschaltet. Unter welchen Voraussetzungen der Provider sich eines Subunternehmers bedienen darf, ist im Vertrag zu regeln (siehe S. 82). Aus Sicht des Kunden liegt das Interesse vor allem darin, die ausgelagerten Leistungen aus einer Hand zu erhalten und einen Ansprechpartner auf Providerseite zu haben, der die Gesamtverantwortung trägt. Dem steht die Einschaltung von Subunternehmern grundsätzlich nicht entgegen. Dennoch empfiehlt es sich, diese Punkte im Service-Vertrag klarzustellen.

Der Grundsatz der Gesamtverantwortung und der Leistung aus einer Hand wird aufgeweicht, wenn auf Providerseite ein Konsortium auftritt. Dieses Modell ist dadurch gekennzeichnet, dass die jeweiligen Teilnehmer des Konsortiums für die von ihnen erbrachten Teile der auszulagernden Leistungen (und nur für diese Teile) die unmittelbare vertragliche Verantwortung gegenüber dem Kunden übernehmen. Aus Kundensicht birgt dieses Modell u. a. die Gefahr eines erhöhten Steuerungsaufwands und unklarer Verantwortlichkeitsverhältnisse zwischen den Teilnehmern des Konsortiums. Derartigen Nachteilen kann durch eine entsprechende Vertragsgestaltung nur bedingt begegnet werden.

Sofern der Kunde die Wahl hat, ist für ihn eine Lösung mit einem einzigen Vertragspartner auf Providerseite als Generalunternehmer grundsätzlich vorzugswürdig.

3. Multi-nationale Transaktionen

Bei multi-nationalen Transaktionen möchte der Kunde von dem Provider in einer Mehrzahl von Jurisdiktionen Leistungen beziehen, die jeweils vor Ort erbracht und genutzt werden. Im Regelfall sind sowohl auf Kunden- als auch auf Providerseite von Jurisdiktion zu Jurisdiktion unterschiedliche Unternehmen beteiligt. Für die Vertragsgestaltung bestehen bei dieser Ausgangssituation folgende Möglichkeiten, wobei beispielhaft auf Kundenseite von einem deutschen Unternehmen mit ausländischen Tochtergesellschaften ausgegangen werden soll:

- Der Vertrag wird sowohl auf Kunden- als auch auf Providerseite durch ein inländisches Unternehmen geschlossen. Die ausländischen Tochtergesellschaften auf Kundenseite sind Service-Empfänger, die ihre Leistungen über die deutsche Landesgesellschaft beziehen, während die entsprechenden ausländischen Landesgesellschaften des Providers als Subunternehmer der deutschen Landesgesellschaft des Providers tätig werden. Ein unmittelbares Leistungs- und Abrechnungsverhältnis zwischen den jeweiligen Landesgesellschaften außerhalb Deutschlands bestünde damit nicht.
- Häufiger verbreitet ist, dass zwischen den deutschen Landesgesellschaften ein Rahmenvertrag (*Master Service Agreement*) abgeschlossen wird, unter dem selbst kein unmittelbarer Leistungsaustausch stattfindet. Zusätzlich werden zwischen den jeweiligen Landesgesellschaften einer Jurisdiktion lokale Service-Verträge (*Country Service Agreement* oder *Local Service Agreement*) abgeschlossen. Bei einer derartigen Vertragsstruktur sind die wesentlichen Vertragsinhalte übergreifend für alle Country Service Agreements im Master Service Agreement geregelt. Über die Country Service Agreements wird ein unmittelbares Vertrags- und Leistungsverhältnis zwischen den jeweiligen Landesgesellschaften einer Jurisdiktion hergestellt. Typisch ist dabei, dass unabhängig von der Vielzahl der Vertragsverhältnisse auf der Ebene des Master Service Agreement eine einheitliche und übergreifende Steuerung der Outsourcing-Transaktion stattfindet.

In der Praxis hängt die Entscheidung für eine der beiden Varianten zumeist von steuerlichen Erwägungen ab.[57] Die erste Variante wird dann gewählt, wenn dem auslagernden Unternehmen unabhängig von der steuerrechtlichen Situation an einer starken zentralen Steuerung des Bezugs der Services über alle beteiligten Jurisdiktionen hinweg gelegen ist.

V. Präambel

A. Der Kunde ist [*Kurzbeschreibung des Geschäfts des Kunden*].
B. Der Provider ist ein Anbieter von [*Kurzbeschreibung des hier relevanten Geschäftsfelds des Providers*], der über besondere Ex-

V. Präambel

pertise bei der Erbringung von [*Beschreibung der auszulagernden Leistungen*] verfügt.

C. Der Kunde beabsichtigt, einen externen Dienstleister mit der Erbringung von [*Beschreibung der auszulagernden Leistungen*] zu beauftragen, und verfolgt dabei als wesentliche Ziele, die bestehende Leistungsqualität zu erhalten, operationelle Risiken abzubauen sowie Kostenvorteile zu erzielen.

D. Der Provider ist dazu bereit und in der Lage, die auszulagernden Leistungen zur Zufriedenheit des Kunden nach näherer Maßgabe der Bedingungen dieses Vertrages zu erbringen.

Variante:

E. In Zusammenhang mit der geplanten Auslagerung haben die Parteien mit Datum vom heutigen Tage einen Kauf- und Übertragungsvertrag geschlossen, der den Übergang von Mitarbeitern, Vermögensgegenständen und Verträgen des Kunden, die bislang für die Erbringung der auszulagernden Leistungen eingesetzt werden, auf den Provider regelt.

Erläuterungen

Eine Präambel soll in komprimierter Form eine Einführung in den Vertragsgegenstand und einen Überblick geben. Sie enthält keine Verpflichtungen der Parteien. Der in der Präambel zum Ausdruck kommende Wille der Parteien mag aber Bedeutung erlangen, wenn es um die Auslegung der dann folgenden Vertragsbestimmungen geht. Vor allem erfüllt die Präambel den Zweck, dem Leser zum besseren Verständnis des komplexen Vertragswerks vorab einige wesentliche Informationen zu vermitteln.[58]

Die Präambel beginnt mit einer kurzen Vorstellung der Parteien und ihres für den Vertrag wesentlichen Tätigkeitsfeldes (siehe A. und B.). Ergänzt werden kann an dieser Stelle noch die Konzernzugehörigkeit eines oder beider Beteiligten. Dies bietet sich insbesondere an, wenn eine multi-nationale Transaktion (dazu oben S. 54) vorliegt.

Der Vorstellung der Beteiligten folgt eine Einführung in das Vorhaben (siehe C.). Dort wird beschrieben, welche Leistungen der Kunde auslagern will und welche Ziele er damit verfolgt (z.B. Kostensenkungen, technologische Partnerschaft). An dieser Stelle kann dem Leser des Vertrages auch die Information gegeben werden, ob es sich um die Auslagerung einer bisher intern erledigten Aufgabe oder um die Neuvergabe von bereits durch einen externen Dienstleister erbrachten Leistungen handelt. Üblich ist in diesem Zusammenhang der Hinweis, dass der Provider bereit und in der Lage ist, die Leistungen, die Gegenstand des Service-Vertrages sind, auf der Grundlage der nachfolgenden Bestimmungen zu erbringen (siehe D.).

Findet im Rahmen der Outsourcing-Transaktion die Übernahme von Mitarbeitern, Vermögensgegenständen oder Verträgen durch den Provider statt, so wird dies häufig in separaten Verträgen geregelt (dazu S. 63 ff.). Die Information, dass neben dem Service-Vertrag weitere Verträge zur Vertragsdokumentation gehören, sollte dem Leser des Vertrages bereits in der Präambel gegeben werden (siehe E.).

VI. Vertragsklauseln

§ 1
Definitionen und Auslegung

1.1 Definitionen
Für diesen Vertrag gelten die folgenden Begriffsbestimmungen:

„Folgeanbieter"	ist in Ziff. 19.1.1 definiert.
„IP"	sind die Rechte zur kommerziellen Verwertung (insbesondere durch Vergabe von Nutzungsrechten) eines Computerprogramms, anderer durch das Urheberrecht geschützter Werke oder Leistungen (z.B. Datenbanken) sowie gewerblicher Schutzrechte (z.B. Patent, Gebrauchsmuster, Geschmacksmuster, Marke).
„Kunde"	ist im Vertragsrubrum definiert.
„Messperiode"	ist in Ziff. 4.2.1 definiert.
„Minimum Performance Levels"	ist in Ziff. 4.1.1(d) definiert.
„Parteien"	sind der Kunde und der Provider, „Partei" ist je nach Sachzusammenhang einer von ihnen.
„Policies"	ist in Ziff. 9.1 definiert.
„Provider"	ist im Vertragsrubrum definiert.
„Rechtliche Anforderungen"	ist in Ziff. 9.1 definiert.
„Risikobetrag"	ist in Ziff. 4.3.1(a) definiert.
„Service Level Credit"	ist in Ziff. 4.3.1 definiert.
„Service Level Weighting"	ist in Ziff. 4.3.1(b) definiert.

VI. Vertragsklauseln

„Service Levels"	ist in Ziff. 4.1.1 definiert.
„Services"	ist in Ziff. 3.3.1 definiert.
„Stichtag"	ist in Ziff. 3.1 definiert.
„Transition"	ist in Ziff. 3.2.1 definiert.
„Verbundenes Unternehmen"	ist ein mit einer der Parteien im Sinne von § 15 AktG verbundenes Unternehmen.
„Vertrag"	ist dieser Service-Vertrag, einschließlich sämtlicher Anlagen, in seiner jeweils geltenden Fassung.
„Vertragsdatum"	ist im Vertragsrubrum definiert.
„Vertrauliche Informationen"	ist in Ziff. 14.1.1 definiert.

1.2 Bezugnahmen
Bezugnahmen auf Rechtliche Anforderungen, Anlagen oder sonstige Dokumente betreffen, soweit nicht ausdrücklich etwas anderes bestimmt ist, die jeweils geltende Fassung der entsprechenden Rechtlichen Anforderungen, Anlagen oder sonstigen Dokumente. Bezugnahmen auf diesen Vertrag schließen seine Anlagen ein.

1.3 Rangfolge
Die Anlagen sind integraler Bestandteil dieses Vertrages. Im Falle eines Widerspruchs zwischen diesen Rahmenbedingungen und einer Anlage gehen die Bestimmungen der Rahmenbedingungen vor.

Erläuterungen

1. Definitionen (Erläuterungen zu Ziff. 1.1)
2. Bezugnahmen (Erläuterungen zu Ziff. 1.2)
3. Rangfolge (Erläuterungen zu Ziff. 1.3)

1. Definitionen (Erläuterungen zu Ziff. 1.1)

Bei komplexen Vertragswerken ist es üblich, ein Verzeichnis definierter Begriffe in den Vertrag aufzunehmen. Damit soll erreicht werden, dass bestimmte Begriffe über das gesamte Vertragswerk hinweg einheitlich verwendet und ausgelegt werden. Das Verzeichnis der Definitionen kann entweder in die Rahmenbedingungen selbst integriert und den weiteren Vertragsklauseln vorangestellt oder in eine Anlage zum Service-Vertrag aufgenommen werden. Das vorliegende Vertragsmuster wählt die erste Möglichkeit, weil die Zahl der definierten Begriffe im Vertragsmuster überschaubar ist.

Mit steigender Zahl der definierten Begriffe wird es jedoch zunehmend sinnvoll, die Definitionen in eine gesonderte Anlage aufzunehmen.

Für die Vertragsgestaltung ist weiter zu entscheiden, ob in das Verzeichnis der Definitionen jeweils die vollständigen Begriffsbestimmungen aufgenommen werden oder ob die eigentliche Begriffsbestimmung im Vertragstext erfolgt. In diesem letzten Fall enthält das Definitionenverzeichnis aus Gründen der Übersicht lediglich einen Verweis auf die Stelle des Vertrages, an der die eigentliche Begriffsbestimmung zu finden ist. Für das vorliegende Vertragsmuster wurde diese Variante gewählt, weil sie die Lesefreundlichkeit des Textes erhöht. Lediglich einige allgemeine Begriffe (z.B. „verbundenes Unternehmen" oder „IP") sind ausschließlich im Definitionenverzeichnis beschrieben (siehe Ziff. 1.1).

2. Bezugnahmen (Erläuterungen zu Ziff. 1.2)

Das Vertragsmuster enthält in Ziff. 1.2 neben den Definitionen einige allgemeine Auslegungsgrundsätze. Hier ist z.B. bestimmt, dass Bezugnahmen auf den Service-Vertrag stets die Anlagen mit einschließen.

3. Rangfolge (Erläuterungen zu Ziff. 1.3)

Außerdem klären die in Ziff. 1.3 enthaltenen Auslegungsgrundsätze das Verhältnis der Rahmenbedingungen (d.h. des Hauptteils des Vertrages) zu den Anlagen. Die Rahmenbedingungen werden häufig sorgfältiger ausgehandelt als die Anlagen. Dann ist zu raten, einen Vorrang der Rahmenbedingungen vor den Anlagen festzulegen. Wurde hinreichend Zeit und Sorgfalt in die Ausarbeitung der Anlagen investiert, kann es aber auch sinnvoll sein, dies genau umgekehrt zu regeln und dem Grundsatz zu folgen, dass die spezielleren Regelungen der Anlagen den allgemeinen Bestimmungen der Rahmenbedingungen vorgehen.[59] Besteht darüber hinaus die Gefahr von Widersprüchen zwischen einzelnen Anlagen, so ist das Vertragsmuster noch um eine entsprechende Konfliktregelung zu ergänzen. Unabhängig davon, wie die Frage des Vorrangs zwischen den einzelnen Bestandteilen der Vertragsdokumentation entschieden wird, sollte man sich aber darüber im Klaren sein, dass eine solche Konfliktregelung nur beschränkt geeignet ist, Unzulänglichkeiten und Inkonsistenzen des Vertragswerks zu kompensieren. Ziel sollte es daher sein, eine möglichst einheitliche, in sich schlüssige und umfassende Vertragsdokumentation zu entwickeln.

VI. Vertragsklauseln

§ 2
Vertragsgegenstand

2.1 Vertragsgegenstand
Gegenstand dieses Vertrages ist die Erbringung der Services durch den Provider gegenüber dem Kunden.
2.2 Variante 1: Vertragsstruktur
2.2.1 Dieser Rahmenvertrag enthält allgemeine Bedingungen für die Erbringung der Services durch die Provider-Unternehmen gegenüber den Kunden-Unternehmen. Zur Konkretisierung ihrer wechselseitigen Rechte und Pflichten werden Provider-Unternehmen und Kunden-Unternehmen Einzelverträge auf der Grundlage des in Anlage A (Einzelverträge) beigefügten Vertragsmusters abschließen. Leistungsverpflichtungen hinsichtlich der Services ergeben sich ausschließlich aus den Einzelverträgen, nicht aber aus dem Rahmenvertrag.
2.2.2 Dieser Rahmenvertrag bildet einen integralen Bestandteil jedes Einzelvertrages. Die Bestimmungen des Rahmenvertrages gelten daher auch für die unter den Einzelverträgen zu erbringenden Services, soweit der Einzelvertrag nicht ausdrücklich eine abweichende Regelung trifft. Im Falle von Widersprüchen zwischen diesem Rahmenvertrag und einem Einzelvertrag gehen mangels einer solchen ausdrücklich abweichenden Regelung die Bestimmungen dieses Rahmenvertrages vor.
2.3 Variante 2: Service-Empfänger
Der Kunde bezieht die Services nicht nur zur Deckung des eigenen Bedarfs, sondern auch zur Versorgung der Service-Empfänger mit entsprechenden Leistungen. Die Service-Empfänger haben keine unmittelbare vertragliche Beziehung zu dem Provider; der Provider ist aus der Sicht der Service-Empfänger Subunternehmer des Kunden. Der Kunde bestimmt die Service-Empfänger und wird den Provider über die Zusammensetzung der Service-Empfänger informieren, soweit dies für die Erbringung der Services erforderlich ist.
2.4 Variante 3: Kauf- und Übertragungsvertrag
Der Kunde erbringt die Services bislang selbst. Die Mitarbeiter, Vermögensgegenstände und Verträge, die der Kunde zur Erbringung der Services unmittelbar vor dem Stichtag einsetzt, werden durch den Provider nach Maßgabe der Bestimmungen des parallel zu diesem Vertrag zwischen den Parteien ab-

geschlossenen Kauf- und Übertragungsvertrages übernommen.

2.5 Variante 4: Bestehende Verträge zwischen Provider und Kunde

Mit Wirkung zum Stichtag werden die in Anlage B (Bestehende Verträge) aufgeführten Verträge zwischen dem Kunden und dem Provider bzw. den mit ihnen jeweils verbundenen Unternehmen aufgehoben und deren Inhalte durch die Bestimmungen dieses Vertrages ersetzt. Vorsorglich verzichtet der Provider hiermit ausdrücklich auf etwaige Ansprüche oder Entschädigungen, die ihm aus der vorzeitigen Beendigung dieser Verträge erwachsen mögen. Soweit die Parteien nicht selbst Vertragspartei der in Anlage B (Bestehende Verträge) aufgeführten Verträge sind, werden sie dafür Sorge tragen, dass die mit ihnen jeweils verbundenen Unternehmen entsprechende Aufhebungsvereinbarungen schließen werden.

Erläuterungen

1. Beschreibung des Vertragsgegenstands (Erläuterungen zu Ziff. 2.1)
2. Variante 1: Multi-nationale Struktur (Erläuterungen zu Ziff. 2.2)
3. Variante 2: Einbindung weiterer Service-Empfänger (Erläuterungen zu Ziff. 2.3)
4. Variante 3: Übergang von Mitarbeitern, Vermögensgegenständen und Verträgen (Erläuterungen zu Ziff. 2.4)
5. Variante 4: Bestehende Verträge zwischen Kunde und Provider (Erläuterungen zu Ziff. 2.5)

Die Regelung beschreibt zusammenfassend den Vertragsgegenstand und grenzt diesen gegenüber anderen Vertragsverhältnissen ab, die mit dem Service-Vertrag in Zusammenhang stehen. In der Klausel werden einige Varianten angesprochen, die abhängig von den auf der einen oder anderen Seite an der Transaktion beteiligten Einheiten (siehe oben S. 51 ff.) relevant werden. Diese Varianten werden im weiteren Vertragstext ausgeblendet, um die Komplexität des Vertragsmusters nicht unnötig zu erhöhen. Sollte eine der Varianten zum Tragen kommen, ist das Vertragsmuster jedoch durchgängig an die Besonderheiten dieser Variante anzupassen.

1. Beschreibung des Vertragsgegenstands (Erläuterungen zu Ziff. 2.1)

Die in Ziff. 2.1 enthaltene Klausel beschränkt sich auf eine sehr komprimierte Zusammenfassung des Vertragsgegenstands. Der Pro-

VI. Vertragsklauseln

vider verpflichtet sich, auf der Grundlage der weiteren vertraglichen Bestimmungen die Services gegenüber dem Kunden zu erbringen. Die genauere Beschreibung der Services erfolgt später im Vertragstext (§ 3 Ziff. 3.3).

2. Variante 1: Multi-nationale Struktur (Erläuterungen zu Ziff. 2.2)

Die Klausel in Ziff. 2.2 enthält die Erläuterung der Vertragsstruktur für eine multi-nationale Transaktion, bei der in mehreren Jurisdiktionen Konzernunternehmen des Kunden von Konzernunternehmen des Providers Leistungen beziehen (siehe dazu oben S. 53 f.). Im Klauselbeispiel wäre der Service-Vertrag als ein *Master Service Agreement* auszugestalten, unter dem für jede der relevanten Jurisdiktionen wiederum zwischen den dort ansässigen Konzernunternehmen des Kunden und des Providers separate *Local Service Agreements* geschlossen werden. Bestehen hierfür in zeitlicher Hinsicht bestimmte Vorgaben, so können diese an dieser Stelle hinterlegt werden. In Betracht kommt etwa ein zeitgleicher Abschluss des *Master Service Agreement* sowie der *Local Service Agreements* oder auch ein zeitlich ganz oder teilweise versetzter Abschluss der *Local Service Agreements*. Seitens des Kunden und des Providers besteht dann jeweils die Verpflichtung, auf einen rechtzeitigen Abschluss der *Local Service Agreement*s durch die betreffenden Konzernunternehmen hinzuwirken.

Die Klausel bestimmt sodann das Rangverhältnis zwischen dem *Master Service Agreement* und den *Local Service Agreements* und hält insbesondere fest, dass ein Leistungsaustausch nur auf der Ebene der *Local Service Agreements* stattfindet. Für die Vertragsgestaltung gilt bei dieser Struktur, dass alle Vertragsinhalte, die generell für alle betroffenen Jurisdiktionen gelten sollen, auf der Ebene des *Master Service Agreement* geregelt werden. Die diesbezüglichen Bestimmungen werden durch ausdrücklichen Verweis in das jeweilige *Local Service Agreement* einbezogen. Nur Vertragsinhalte, die tatsächliche oder rechtliche Besonderheiten einzelner Jurisdiktionen betreffen, sind in dem jeweiligen *Local Service Agreement* speziell zu regeln.

3. Variante 2: Einbindung weiterer Service-Empfänger (Erläuterungen zu Ziff. 2.3)

Für Auslagerungsvorhaben von Konzernen ist es typisch, dass die Services im Ergebnis für verschiedene juristische Personen (Service-

Empfänger) bestimmt sind (siehe bereits oben S. 51). Ziff. 2.3 erläutert daher, dass die Services an den Kunden auch erbracht werden, um diesem zu ermöglichen, die Service-Empfänger mit den Services insgesamt oder in dem jeweils benötigten Umfang zu versorgen. Nach dieser Regelung sind die Service-Empfänger also nicht unmittelbare Vertragsparteien des Service-Vertrages; insoweit sind jedoch auch andere Gestaltungsformen denkbar (siehe oben S. 52).

Nach der vorgeschlagenen Klausel benennt der Kunde die jeweiligen Service-Empfänger. Alternativ kann auch daran gedacht werden, dem Vertrag als Anlage eine Liste der Service-Empfänger beizufügen. Dies ist jedoch nicht immer empfehlenswert. Bei Service-Empfängern handelt es sich zumeist um Unternehmen, die mit dem Kunden im Konzern verbunden sind. Durch häufige Umstrukturierungen, Zu- oder Verkäufe verändert sich die Zusammensetzung der Service-Empfänger ständig. Wäre die Liste der Service-Empfänger fester Vertragsbestandteil, müsste bei jeder Änderung der Vertrag entsprechend angepasst werden. Aus der Sicht des Providers sollte es hingegen grundsätzlich akzeptabel sein, dass die Service-Empfänger durch den Kunden vorgegeben werden. Welche technischen Schnittstellen und Prozessschnittstellen für die Anbindung der Service-Empfänger vorzuhalten sind, ist im Vertrag festzulegen. Ändern sich diese Schnittstellen während der Vertragslaufzeit außerhalb des vertraglich vereinbarten Rahmens, so ist ggf. eine Änderungsvereinbarung (siehe § 8 Ziff. 8.5) zu schließen. Ein weiteres Argument des Providers gegen die freie Bestimmbarkeit der Service-Empfänger durch den Kunden mag sein, dass es dem Kunden nicht erlaubt sein soll, die Services in Konkurrenz zu dem Provider am freien Markt anzubieten (sog. *Re-Selling*). Da dies in aller Regel nicht das Interesse des Kunden sein wird, ist eine entsprechende Klarstellung im Vertrag ggf. unschädlich. Für den Kunden ist vor allem wichtig, dass er aktuelle und ehemalige Konzernunternehmen[60] sowie andere bei Vertragsschluss bereits existierende Service-Empfänger bedienen kann.

Darüber hinaus bietet es sich an, eine Regelung über die praktische Durchführung der Neuaufnahme und des Ausscheidens von Service-Empfängern zu treffen. Dabei ist an Folgendes zu denken:
- Die Anbindung eines neuen Service-Empfängers an die Services ist ggf. mit Aufwand verbunden. Es handelt sich um ein Projekt, das gesondert zu vereinbaren und zu vergüten ist (siehe § 3 Ziff. 3.4).
- Soweit die Services, die der neue Service-Empfänger erhält, identisch mit jenen sind, die der Kunde oder andere Service-Empfänger bereits beziehen, besteht für die laufende Leistungsbeziehung kein Änderungsbedarf, wenn die Beteiligten ein variables Vergütungsmodell vereinbart haben und durch die zusätzlichen Men-

VI. Vertragsklauseln

gen nicht etwaige Bandbreiten oder Schwellenwerte überschritten werden, die Neuverhandlungen auslösen. Anderenfalls bedarf es einer Änderungsvereinbarung zwischen Kunde und Provider über die Anpassung der Services und der Vergütung im Hinblick auf die Bedürfnisse des neuen Service-Empfängers.
- Scheidet ein Service-Empfänger aus, z. B. weil er den Konzern des Kunden im Wege des Unternehmensverkaufs verlässt und der Erwerber (in der Regel nach einer Übergangszeit) eine Migration auf eigene Systeme plant, wird für die Überleitung der betroffenen Services auf den neuen Dienstleister des Service-Empfängers die Unterstützung des Providers im Rahmen eines Projektes erforderlich sein.[61] Hierüber ist von Fall zu Fall eine gesonderte Vereinbarung zu treffen; denn bei Abschluss des Service-Vertrages ist nicht absehbar, in welchem Umfang derartige Unterstützungsleistungen über die Vertragslaufzeit benötigt werden.
- Die Vergütung für die Services wird bei dem Ausscheiden eines Service-Empfängers reduziert. Wurde ein variables Vergütungsmodell vereinbart, das den Umgang mit entsprechenden Mindermengen regelt, besteht kein gesonderter Einigungsbedarf. Dies gilt allerdings nur so lange, wie etwa vereinbarte Mindestumsätze oder Mindestmengen nicht unterschritten sind (siehe S. 103).

4. Variante 3: Übergang von Mitarbeitern, Vermögensgegenständen und Verträgen (Erläuterungen zu Ziff. 2.4)

Bei der erstmaligen Auslagerung von Leistungen übergibt das auslagernde Unternehmen dem Provider häufig ganz oder teilweise die Ressourcen, die bisher zur Erbringung der Services eingesetzt werden. Hierbei kann es sich um Mitarbeiter, Vermögensgegenstände und Verträge handeln, die dem auszulagernden Bereich zuzuordnen sind.

Das vorliegende Vertragsmuster enthält selbst keine Regelungen für einen Übergang von Ressourcen im Zusammenhang mit dem Outsourcing. Ziff. 2.4 verweist lediglich darauf, dass insoweit ein paralleler Kauf- und Übertragungsvertrag abgeschlossen wurde (siehe dazu auch oben S. 2). Bei Outsourcing-Transaktionen in den USA ist es nicht unüblich, den Übergang von Vermögensgegenständen, Verträgen oder Mitarbeitern unmittelbar im Service-Vertrag zu regeln. Bei Outsourcing-Transaktionen in Deutschland werden hingegen typischerweise separate Verträge (also ein Service-Vertrag und ein Kauf- und Übertragungsvertrag bzw. – wenn nur Mitarbeiter übergehen – ein Personalüberleitungsvertrag) abgeschlossen. Hierfür sprechen im Wesentlichen folgende Erwägungen:

- Der Übergang von Mitarbeitern, Verträgen und Vermögensgegenständen ist ein einmaliger Vorgang. Wird dieser in den langfristig angelegten Service-Vertrag integriert, erhöht sich dessen Komplexität zusätzlich.
- Sollen im Zusammenhang mit dem Outsourcing Mitarbeiter übergehen, ist allen Beteiligten regelmäßig daran gelegen, dass die Voraussetzungen eines Betriebsübergangs nach § 613a BGB vorliegen. Der Charakter des Betriebsübergangs kann durch einen separaten Unternehmenskaufvertrag bzw. Personalüberleitungsvertrag unterstrichen werden.
- Für die Verhandlung des Service-Vertrages einerseits und des Kaufvertrages andererseits sind häufig unterschiedliche Experten (auf fachlicher wie auf rechtlicher Seite) notwendig. Die Aufteilung der verschiedenen Komponenten der Transaktionen in zwei Vertragswerke unterstützt eine Parallelisierung der Verhandlungen.

Für den Unternehmenskauf im Zusammenhang mit Outsourcing-Transaktionen gelten im Grundsatz die gleichen Regeln wie für den Unternehmenskauf im Allgemeinen. Dies gilt insbesondere bei der Variante des *Share Deal*.[62] Besonderheiten ergeben sich in der Regel im Falle des *Asset Deal*, der – weil nur punktuell Mitarbeiter, Vermögensgegenstände und Verträge übernommen werden – eine deutlich geringere Komplexität als im Falle eines herkömmlichen Unternehmenskaufs aufweist. Die folgenden Ausführungen weisen daher lediglich auf einige Besonderheiten dieser in der Praxis bei Outsourcing-Transaktionen sicherlich am häufigsten anzutreffenden Variante hin.[63]

Zum Übergang von Vermögensgegenständen:
- Welche Vermögensgegenstände (*Assets*) auf den Provider übergehen sollen, ergibt sich im Idealfall aus Listen, die dem Kauf- und Übertragungsvertrag beigefügt werden. In der Praxis ist es häufig schwierig, eine Liste der Vermögensgegenstände aufzustellen, die für die Erbringung der Services genutzt werden. Dabei liegt das größte Problem regelmäßig darin, die einzelnen physischen Vermögensgegenstände entsprechenden Positionen in den Büchern zuzuordnen.[64] Um welche Assets es sich tatsächlich physisch handelt, wird oft erst durch den Provider im Rahmen einer Inventur nach Vollzug der Outsourcing-Transaktion überprüft. Ob und inwieweit im Anschluss an eine Inventur nochmals eine Vertragsanpassung stattfindet, ist Verhandlungssache.
- Der Katalog der Gewährleistungen ist deutlich geringer als bei einem herkömmlichen Unternehmenskauf. In vielen Fällen wird lediglich gewährleistet, dass die verkauften Vermögensgegenstände im Eigentum des Veräußerers stehen. Häufig gefordert wird durch

VI. Vertragsklauseln

den Provider eine Gewährleistung dafür, dass die vorhandenen Ressourcen geeignet sind, die Services zu erbringen. Für eine solche Gewährleistung besteht allerdings im Regelfall kein Anlass. Dies gilt jedenfalls dann, wenn der Provider einen laufenden Betrieb mit den zugehörigen Ressourcen übernimmt. Hier mag er sich in der Due Diligence davon vergewissern, dass es in der Vergangenheit nicht zu wesentlichen Störungen der Leistungserbringung gekommen ist. Zusätzliche Gewährleistungen führen an dieser Stelle nur zu Unklarheiten darüber, wer ab dem Vollzug der Transaktion die Verantwortung für die Erbringung der Services trägt.

- Um eine langwierige Diskussion über die Bewertung zu vermeiden, orientieren sich die Parteien bei der Kaufpreisfindung häufig am Buchwert der übernommenen Vermögensgegenstände. In steuerlicher und bilanzieller Hinsicht ergeben sich insoweit grundsätzlich keine Besonderheiten gegenüber einem herkömmlichen Unternehmenskauf.

Die Übertragung von materiellen (z.B. Computer, Server, Inventar) oder immateriellen Vermögensgegenständen (z.B. Software) kann insbesondere zu einer Aufdeckung stiller Reserven[65] bei dem Kunden führen, mit der Folge, dass bei diesem eine steuerbare Gewinnrealisierung eintritt. Hinsichtlich der materiellen Vermögensgegenstände wird eine solche Gewinnrealisierung allerdings häufig nicht besonders ins Gewicht fallen, da insbesondere Computer-Hardware einem schnellen Werteverfall unterliegt. Anders kann sich dies bei immateriellen Vermögensgegenständen verhalten, deren Buchwert bei dem Kunden durchaus weit unter dem vereinbarten Verkaufspreis liegen kann. Sofern diese Vermögensgegenstände vom Kunden selbst geschaffen und demzufolge nicht bilanziert wurden, ist der darauf erzielte Kaufpreis als Veräußerungsgewinn voll steuerpflichtig.

Ein möglicher Veräußerungsgewinn unterliegt bei dem Veräußerer (Kunden) der Einkommen- oder Körperschaftsteuer sowie ggf. der Gewerbesteuer. Der Kaufpreis bildet bei dem Erwerber (Provider) die Anschaffungskosten für die erworbenen Vermögensgegenstände. Dieser hat die einzelnen Vermögensgegenstände mit dem jeweils auf sie entfallenden Kaufpreis in seiner Bilanz zu aktivieren. Hierbei hat die Aufteilung des Gesamtkaufpreises anhand von objektiven Maßstäben zu erfolgen.[66]

Besonderheiten ergeben sich, wenn der Kunde die Vermögensgegenstände unentgeltlich oder weit unter dem Verkehrswert auf den Provider überträgt. Hierauf könnte sich der Kunde beispielsweise dann einlassen, wenn er in den Folgezeit als „Gegenleistung" von einer entsprechend reduzierten Vergütung profitiert.

Sofern der Kaufpreis wirtschaftlich als unangemessen anzusehen ist, kommt es jedoch seitens der Finanzverwaltung zu einer Korrektur des Veräußerungsvorgangs. Die Finanzverwaltung fingiert dann eine Übertragung der Wirtschaftsgüter zu einem angemessenen Verkehrswert, was eine Besteuerung der stillen Reserven in voller Höhe zur Folge hat,[67] wobei die zivilrechtliche Vereinbarung des niedrigeren Veräußerungspreises jedoch nach wie vor wirksam bleibt. Auf Seiten des Providers findet in der Regel eine Umqualifizierung dahingehend statt, dass die Anschaffungskosten der erworbenen Wirtschaftsgüter erhöht werden.

- Die Übertragung der Vermögensgegenstände ist grundsätzlich gemäß § 1 Abs. 1 Nr. 1 Satz 1 UStG umsatzsteuerbar. Dies gilt auch für die Übertragung auf einen ausländischen Anbieter, sofern sich die betreffenden Vermögensgegenstände im Zeitpunkt der Verschaffung der Verfügungsmacht im Inland befinden. Bemessungsgrundlage ist gemäß § 10 UStG das im Gegenzug erhaltene Entgelt. Grundsätzlich findet der Regelsteuersatz nach § 12 Abs. 1 UStG in Höhe von derzeit 19% Anwendung. Bei der Übertragung von Software und anderen urheberrechtlich geschützten Werken gilt unter Umständen der begünstigte Steuersatz nach § 12 Abs. 2 Nr. 7 lit. c) UStG in Höhe von derzeit 7%.
Eine Ausnahme von der Umsatzsteuerpflicht besteht dann, wenn die Übertragung als sog. Geschäftveräußerung im Ganzen gemäß § 1 Abs. 1a UStG zu qualifizieren ist. Eine solche Geschäftsveräußerung im Ganzen setzt die entgeltliche oder unentgeltliche Übertragung eines Unternehmens oder eines in der Gliederung eines Unternehmens gesondert geführten Betriebs voraus, wobei im vorliegenden Zusammenhang lediglich die zuletzt genannte Alternative denkbar erscheint. Ein in der Gliederung eines Unternehmens gesondert geführter Betrieb ist ein Unternehmensteil, der materielle und ggf. immaterielle Bestandteile umfasst, die einen Unternehmensteil bilden, mit dem eine selbständige wirtschaftliche Tätigkeit fortgeführt werden kann.[68] Ob sich die vom Outsourcing betroffenen Unternehmensteile in diesem Sinne als wirtschaftlich selbständig oder unselbständig darstellen, ist nach der Verkehrsauffassung zu entscheiden; maßgebend hierfür sind die Verhältnisse bei dem Veräußerer.[69]
- Veräußert der Kunde im Rahmen des Outsourcing die bisher zur Erbringung der Services eingesetzten Vermögensgegenstände (insbesondere Hardware), so ist ihm auch daran gelegen, diese Vermögensgegenstände nicht weiter bilanzieren zu müssen. Ob die Bilanzierungspflicht des Kunden auch wirklich entfällt, ist eine Frage des Einzelfalls, deren Beantwortung in der Praxis immer wieder Schwierigkeiten bereitet. Zu beantworten ist die Frage

VI. Vertragsklauseln

anhand der für den Kunden maßgebenden Rechnungslegungsvorschriften, in der Regel HGB, IFRS (*International Financial Reporting Standards*) oder US-GAAP (*United States General Accepted Accounting Principles*). Nach allen genannten Rechnungslegungsvorschriften kommt es zunächst darauf an, ob die Outsourcing-Beziehung als Leasing-Verhältnis einzustufen ist.[70] Liegt kein Leasing-Verhältnis vor, so muss der Kunde die veräußerten oder ihm durch den Provider im Rahmen der Services bereitgestellten Vermögensgegenstände (Hardware) nicht bilanzieren. Ist hingegen von einem Leasing-Verhältnis auszugehen, so kommt es für die Bilanzierung nach US-GAAP und IFRS in einem nächsten Schritt darauf an, ob ein Finanzierungsleasing oder ein sog. Operate Lease vorliegt. Nur im ersten Fall muss der Kunde die im Rahmen des Services bereitgestellte Hardware (z.B. PCs oder Server und diesbezügliche Leistungen) auch weiterhin bilanzieren. Je mehr der wirtschaftliche Nutzen der durch den Provider bereitgestellten Vermögensgegenstände und das damit verbundene wirtschaftliche Risiko nach den Bestimmungen des Outsourcing-Vertrages durch den Kunden getragen wird, desto eher wird von einem Finanzierungsleasing auszugehen sein.[71]

Zur Übernahme von Verträgen:
- Verträge, die im Zuge eines Outsourcing durch den Provider übernommen werden sollen, betreffen typischerweise die Nutzung oder die Pflege von Software, das Leasing oder die Wartung von Hardware sowie die Erbringung sonstiger Beratungs- und Unterstützungsleistungen.
- Häufig sind Verträge über die Nutzung von Software oder die Erbringung von Services nur teilweise dem auszulagernden Bereich zuzuordnen. Hier ist – mit Zustimmung des jeweiligen dritten Vertragspartners – zu entscheiden, ob ein solcher Vertrag übertragen wird, bei dem auslagernden Unternehmen verbleibt oder ggf. in zwei selbständige Verträge aufgespalten wird.[72]
- Die vollständige Übertragung von Verträgen auf den Provider bedarf grundsätzlich der Zustimmung des jeweiligen (dritten) Vertragspartners,[73] die durch diesen nur in den seltensten Fällen in dem jeweiligen Vertrag bereits erteilt wurde. Ohne die Zustimmung des Dritten kommt eine solche Übertragung nicht in Betracht. Bei manchen Verträgen kann der Kunde mit dem Provider vereinbaren, dass beide sich im Innenverhältnis so stellen, als ob die Übertragung vollzogen worden sei. Allerdings hilft dies z.B. bei der Übertragung von Verträgen über die Nutzung von Software häufig nicht weiter. Denn die Nutzung der Software durch den Provider erfordert meist die Zustimmung des jeweiligen Rechteinhabers (§ 69c UrhG). Das Gleiche gilt für die isolierte

Übertragung des Nutzungsrechts an der Software als mögliches „Minus" gegenüber der Übertragung des Gesamtvertrages.[74] In der Regel kann die Zustimmung des Dritten zur Vertragsübertragung jedoch eingeholt werden, ggf. gegen Zahlung eines Geldbetrags. Im Verhältnis der Parteien ist klar zu regeln, wer für die Einholung der Zustimmung verantwortlich ist, wie die Parteien vorgehen, wenn die Zustimmung ausbleibt, und wie das finanzielle Risiko verteilt wird, das sich aus einer fehlenden oder nur unter der Bedingung einer zusätzlichen Zahlung erteilten Zustimmung ergibt. Entsprechende Regelungen können in den Kauf- und Übertragungsvertrag aufgenommen werden. Mitunter wird dieser Punkt auch im Service-Vertrag, z.B. im Zusammenhang mit den Regelungen zur Transition (siehe S. 75 ff.), geregelt.

Zum Übergang von Mitarbeitern:
- Wie bereits angedeutet, erfolgt der Übergang von Mitarbeitern im Rahmen einer Outsourcing-Transaktion meist auf der Grundlage eines Betriebsübergangs nach § 613a BGB. Dies setzt einen rechtsgeschäftlichen Übergang eines Betriebs oder Betriebsteils auf einen anderen Inhaber voraus. Auch insoweit ergeben sich jedoch wieder nur wenige Besonderheiten gegenüber der Personalüberleitung bei herkömmlichen Unternehmenskäufen.
- Besonderheiten ergeben sich zunächst dann, wenn die Mitarbeiter, die bisher zur Erbringung der auszulagernden Leistungen eingesetzt wurden und nun auf den Provider übergeleitet werden sollen, nicht in einem eigenständigen Betriebsteil, d.h. einer organisatorisch, funktionell, personell und ggf. auch räumlich verselbständigten Einheit, zusammengefasst sind.[75] Daran fehlt es häufig bei Unternehmen mit sog. Matrixstrukturen. Hiervon spricht man, wenn die Mitarbeiter, die einen bestimmten Aufgabenbereich wahrnehmen, faktisch unterschiedlichen Unternehmensteilen zugeordnet sind. In diesem Fall ist zunächst eine Reorganisation auf Seiten des Kunden notwendig, an deren Ende ein eigenständiger Betriebsteil steht, dem die betroffenen Mitarbeiter angehören. Bei Unternehmen mit betriebsverfassungsrechtlicher Struktur kann eine solche Reorganisation als Betriebsänderung die Beteiligung des Betriebsrates im Sinne der §§ 111 ff. BetrVG erfordern. Ebenso verhält es sich bei der späteren Überleitung des fraglichen Betriebsteils auf den Provider.[76] Als problematisch erweist sich in diesem Zusammenhang häufig der Umstand, dass sich der Fortschritt der Verhandlungen mit dem Betriebsrat nur bedingt planen lässt. Sind diese bei Abschluss des Outsourcing-Vertragswerks (Service-Vertrag und Kauf- und Übertragungsvertrag bzw. Personalüberleitungsvertrag) noch nicht abgeschlossen, empfiehlt es sich, dessen Vollzug insgesamt unter eine entsprechende aufschiebende Bedingung zu

VI. Vertragsklauseln

stellen (siehe S. 75). Bei einem vorzeitigen Vollzug der Betriebsänderung droht ansonsten nicht nur ein (pauschaler) Nachteilsausgleich zugunsten der betroffenen Mitarbeiter in Form eines Abfindungsanspruchs von bis zu zwölf Monatsgehältern (§ 113 Abs. 3 BetrVG). Manche Arbeitsgerichte bejahen zudem einen Unterlassungsanspruch zugunsten des Betriebsrats, der im Wege des einstweiligen Verfügungsverfahrens durchgesetzt werden und somit zu einer weiteren Verzögerung des Vorhabens führen kann.[77]
- Im Outsourcing-Vertrag sind darüber hinaus Regelungen für den Fall zu treffen, dass aufgrund der nicht disponiblen Regelung in § 613a BGB (wesentlich) mehr oder weniger Mitarbeiter übergehen, als die Parteien geplant haben. Gehen mehr Mitarbeiter auf den Provider über, erhöht dies dessen Kostenbasis. Widersprechen mehr Mitarbeiter (§ 613a Abs. 6 BGB) als geplant dem Übergang ihrer Beschäftigungsverhältnisse, verschlechtert sich der Business Case des Kunden. Denkbar ist auch die Variante, dass Mitarbeiter unter dem Eindruck der bevorstehenden Auslagerung das Unternehmen verlassen. Daraus können sich wiederum positive Effekte für die Kostenbasis des Providers ergeben. Ob und in welchem Umfang in diesen Fällen ein wirtschaftlicher Ausgleich zwischen den Parteien stattfindet, ist Verhandlungssache. Nicht außer Acht gelassen werden darf allerdings die Gefahr, dass wegen des Widerspruchs oder Ausscheidens einer Vielzahl von dem auszulagernden Bereich zuzuordnenden Mitarbeitern der Provider nicht mehr in der Lage ist, die ordnungsgemäße Erbringung der Services zu gewährleisten. Wenn nach Lage der Dinge ein erhöhtes Widerspruchsrisiko besteht, empfiehlt es sich, die Unterrichtungsschreiben (§ 613a Abs. 5 BGB)[78] so rechtzeitig zu versenden, dass die einmonatige Widerspruchsfrist (§ 613a Abs. 6 BGB) vor dem geplanten Stichtag für den Leistungsbeginn (dazu S. 74) abläuft. In diesem Falle verbliebe den Beteiligten noch die Möglichkeit, den Stichtag zu verschieben und alternative Gestaltungsmöglichkeiten zu prüfen, falls in Folge einer hohen Widerspruchsquote der Provider Schwierigkeiten bekommen könnte, die Services wie vereinbart zu erbringen.
- In Fällen, in denen die Durchführung der ausgelagerten Tätigkeit nicht ohnehin durch die Aufgabe selbst und die zu ihrer Verrichtung notwendige Infrastruktur vorbestimmt ist, sollte im Outsourcing-Vertrag zudem festgelegt werden, dass der Provider die übergehende Organisationseinheit jedenfalls für einen gewissen Übergangszeitraum nicht verändern darf (sog. *Frozen Period*). Eine solche Veränderungssperre wird zur Sicherung der Betriebskontinuität häufig bereits aus operativen Gründen vereinbart. In arbeitsrechtlicher Hinsicht ist diese mitunter erforderlich, da ein

Betriebsübergang nach § 613a BGB nach inzwischen gefestigter Rechtsprechung nur vorliegt, wenn die betreffende Einheit unter Wahrung ihrer wirtschaftlichen Identität durch den Erwerber fortgeführt wird. Daran fehlt es, wenn es aufgrund von Änderungen des Konzepts oder der Struktur zu wesentlichen Änderungen der Tätigkeit kommt.[79] Bei einem Outsourcing ist dies z. B. denkbar, wenn der Provider die betreffende Einheit unmittelbar nach deren Übernahme auflöst und die einzelnen Funktionen in die bei ihm bestehende Organisationsstruktur integriert. Dies schließt freilich eine – zur Erzielung der durch das Outsourcing erhofften Kosteneinsparungen oftmals unabdingbare – Umstrukturierung der übernommenen Einheit zu einem späteren Zeitpunkt nicht aus. Das zeigt schon die gesetzliche Regelung des § 613a Abs. 5 Nr. 4 BGB, wonach die betroffenen Mitarbeiter im Zuge des Betriebsübergangs auch über die sie betreffenden, vom Provider in Aussicht genommenen Maßnahmen zu informieren sind. Dazu zählen insbesondere Reorganisationsmaßnahmen, welche zum Zeitpunkt des Betriebsübergangs bereits absehbar sind.[80] Es gilt indessen zu verhindern, dass ein von den Parteien gewollter Betriebsübergang an übereilten Strukturveränderungen scheitert.

- Möglich ist natürlich auch, dass die Voraussetzungen eines Betriebsübergangs nach § 613a BGB wahrscheinlich vorliegen, die Parteien einen solchen aber nicht anstreben. Insoweit ist zu berücksichtigen, dass nach neuerer Rechtsprechung ein Betriebsübergang auch dann in Betracht kommt, wenn die Wertschöpfung der Tätigkeit des Providers zwar aus der Nutzung der ihm vom Kunden überlassenen und für den Betriebszweck prägenden Betriebsmittel resultiert, ohne dass es sich jedoch um eine eigenwirtschaftliche Nutzung dieser Betriebsmittel handeln muss.[81] Bei Vorliegen der weiteren Voraussetzungen des § 613a BGB ergibt sich das Risiko eines ungewollten Betriebsübergangs folglich auch in Konstellationen, in denen die für die Erbringung der Services notwendige Infrastruktur zwar beim Kunden verbleibt, jedoch in Zukunft unter der (operativen) Verantwortung des Providers steht. Dieses Risiko besteht grundsätzlich nicht nur im Fall der erstmaligen Auslagerung der betroffenen Leistungen, sondern auch im Fall der späteren Auftragsneuvergabe (sog. *Second Generation Outsourcing*).[82] Im letztgenannten Fall ist dabei unerheblich, dass es an einer unmittelbaren vertraglichen Beziehung zwischen dem alten und neuen Provider fehlt. Vielmehr kommt es darauf an, ob der Vertrag zwischen dem Kunden und dem neuen Provider darauf gerichtet ist, eine funktionsfähige betriebliche Einheit zu übernehmen.[83] Dem Risiko eines ungewollten Betriebsübergangs wird man jeweils bereits im Vorfeld der Auftrags(neu)vergabe durch geeignete Maßnahmen

VI. Vertragsklauseln

begegnen müssen. Neben der Frage nach dem Vorhandensein eines eigenständigen Betriebs(teils) prüft die Rechtsprechung insoweit regelmäßig, ob nicht eine wesentliche Änderung des Betriebszwecks oder der Betriebsmethoden stattgefunden hat, nur eine bloße Funktions- oder Auftragsnachfolge vorliegt oder eine Stilllegung oder Unterbrechung der Betriebstätigkeit erfolgt ist.[84]

5. Variante 4: Bestehende Verträge zwischen Kunde und Provider (Erläuterungen zu Ziff. 2.5)

Mitunter bestehen in Zusammenhang mit den Services bereits vor dem Stichtag für den Leistungsbeginn Verträge zwischen dem Kunden und dem Provider. Deren Schicksal ist dann zur Vermeidung von unklaren vertraglichen Bindungen, insbesondere in Form sich überschneidender Leistungs- und Zahlungsverpflichtungen, klarzustellen. Insoweit kommen im Wesentlichen zwei Fallkonstellationen in Betracht:
- Wenn der Kunde die auszulagernden Leistungen bisher einem konzerninternen Provider anvertraut hat, den er sodann im Wege eines *Share Deal* (siehe S. 2) veräußert, wird der bestehende Service-Vertrag in aller Regel durch ein anlässlich der Outsourcing-Transaktion neu ausverhandeltes Dokument ersetzt. Grund hierfür ist, dass der bestehende Service-Vertrag regelmäßig auf konzerninterne Bedürfnisse zugeschnitten ist und wesentliche Elemente fehlen, die bei einem langfristigen Outsourcing an einen konzernexternen Dienstleister geregelt werden sollten.
- Insbesondere bei erstmaligen Auslagerungen bestimmter Leistungen kommt es vor, dass ein oder mehrere Anbieter den auszulagernden Bereich bereits in der Vergangenheit durch die Lieferung von Services oder Equipment unterstützt haben. Sofern diese Leistungen zeitlich über den Stichtag für den Leistungsbeginn hinausgehen, ist zu klären, welches Schicksal die zugrunde liegenden Verträge haben sollen. Sie können entweder aufgehoben und durch den Service-Vertrag ersetzt oder unabhängig davon fortgesetzt werden.
Sehen die aufzuhebenden Verträge zwischen Kunde und Provider für den Fall der vorzeitigen Beendigung die Zahlung einer Abstandszahlung durch den Kunden vor, ist in den Service-Vertrag eine Regelung dazu aufzunehmen, wie mit dieser Zahlungsverpflichtung umgegangen wird. Da der Provider mit dem Service-Vertrag einen langfristigen und in der Regel auch umfangreicheren Auftrag erhält, wird die Leistung einer Abstandszahlung häufig nicht interessengerecht sein.

§ 3
Services

3.1 Beginn der Leistungserbringung
Der Provider wird die Services gegenüber dem Kunden ab dem [*Angabe des Datums*] („Stichtag") in eigener Verantwortung erbringen.
3.2 Transition
3.2.1 Zur Vorbereitung und Durchführung der Übernahme der Verantwortung für die Services durch den Provider („Transition") wird jede Partei ab dem Vertragsdatum die ihr in dem als Anlage 1 (Transition) beigefügten Transitionsplan zugewiesenen Aufgaben innerhalb der dort festgelegten zeitlichen Vorgaben erledigen.
3.2.2 Der Provider wird die Federführung bei der Transition übernehmen. Der Provider gewährleistet, dass die Transition ohne Unterbrechung oder Beeinträchtigung des Geschäftsbetriebs des Kunden durchgeführt wird. Ausgenommen sind Unterbrechungen oder Beeinträchtigungen, die die Parteien im Transitionsplan ausdrücklich vorgesehen haben.
3.3 Umfang der Services
3.3.1 Der Provider verpflichtet sich, alle Leistungen zu erbringen und Aufgaben zu erledigen, die in diesem Vertrag, insbesondere in Anlage 2 (Leistungsbeschreibung) oder in einem Projektauftrag (siehe Ziff. 3.4), beschrieben sind („Services").
3.3.2 Die Services umfassen auch alle weiteren Leistungen und Aufgaben, die – auch wenn sie in diesem Vertrag nicht ausdrücklich beschrieben sein mögen – typischerweise Bestandteil der beschriebenen Leistungen und Aufgaben sind.
3.4 Projektleistungen
Der Kunde kann den Provider mit der Durchführung von Projekten beauftragen, die mit den laufenden Services in Zusammenhang stehen. Für die Vereinbarung und Durchführung eines Projekts gelten ergänzend zu den Bestimmungen dieses Vertrages die in Anlage 3 (Projekte) enthaltenen Bestimmungen.
3.5 Standorte
3.5.1 Leistungsort für die Services sind die in Anlage 4 (Standorte) aufgeführten Standorte.
3.5.2 Die – vollständige oder teilweise – Verlegung oder Aufgabe eines Standorts bedarf der schriftlichen Zustimmung des Kunden. Der Kunde darf die Zustimmung nicht unbillig verweigern.

VI. Vertragsklauseln

3.6 Systeme, Prozesse

3.6.1 Der Provider ist dafür verantwortlich, die für die Erbringung der Services notwendigen und geeigneten sachlichen und personellen Ressourcen auf eigene Kosten zu beschaffen und bereitzustellen.

3.6.2 Der Provider trägt die Verantwortung dafür, dass die zur Erbringung der Services eingesetzten Systeme in technischer und funktionaler Hinsicht geeignet sind, die Services wie geschuldet zu erbringen.

3.6.3 Der Provider wird die Services nach dem jeweils aktuellen Stand der Technik und unter Beachtung anerkannter Qualitätsstandards erbringen.

3.6.4 Auswahl und Änderung der durch den Provider oder seine Subunternehmer zur Erbringung der Services eingesetzten Systeme und Prozesse bedürfen in jedem Fall der vorherigen schriftlichen Zustimmung des Kunden, wenn sie

(a) die Prüfungsrechte oder die Steuerungs- und Kontrollmöglichkeiten des Kunden oder seiner Prüfer einschränken,

(b) bestehende Risiken erhöhen oder neue Risiken begründen,

(c) bei dem Kunden zusätzliche Kosten oder Aufwand verursachen oder

(d) negative Auswirkungen auf (i) Preis oder Qualität der Erbringung der Services oder (ii) Geschäftsprozesse oder eigene Systeme des Kunden haben.

3.7 Weiterverlagerung auf Subunternehmer

3.7.1 Die Weiterverlagerung wesentlicher oder kritischer Teile der Services durch den Provider auf einen Subunternehmer bedarf der vorherigen schriftlichen Zustimmung des Kunden, die dieser nicht unbillig verweigern wird.

3.7.2 Plant der Provider eine Weiterverlagerung auf einen Subunternehmer, so hat er dem Kunden ausreichende Informationen zur Verfügung zu stellen, die diesem eine umfassende Bewertung der Leistungsfähigkeit des Subunternehmers ermöglichen. Hierzu gehören Informationen über die fachliche Eignung sowie die sachliche, technische, personelle und finanzielle Ausstattung des Subunternehmers.

3.7.3 Der Provider bleibt für die Erfüllung der auf den Subunternehmer weiterverlagerten Aufgaben in dem gleichen Umfang verantwortlich, als würden diese durch den Provider selbst erbracht. Gegenüber dem Kunden wird der Provider die einzige Schnittstelle zu dem Subunternehmer bilden. Der Provider hat für die Einhaltung der Bestimmungen dieses Vertrages durch den Subunternehmer Sorge zu tragen und diesen entsprechend zu verpflichten.

3.7.4 Der Weiterverlagerung der in Anlage 5 (Genehmigte Subunternehmer) genannten Aufgaben auf die darin genannten Unternehmen stimmt der Kunde hiermit zu.
3.8 Zusammenarbeit mit Drittanbietern
Zur Gewährleistung eines ordnungsgemäßen Geschäftsablaufs auf Seiten des Kunden wird der Provider in angemessenem Umfang mit Dritten zusammenarbeiten, die gegenüber dem Kunden Leistungen erbringen, die mit den jeweiligen Services in Zusammenhang stehen. Soweit nichts anderes vereinbart ist, schließt dies die Teilnahme an gemeinsamen Treffen, die Bereitstellung von Informationen sowie die Mitwirkung bei der Optimierung der Schnittstellen zwischen den jeweiligen Services und Leistungen des Dritten ein.

Erläuterungen

1. Beginn der Leistungserbringung (Erläuterungen zu Ziff. 3.1)
2. Transition (Erläuterungen zu Ziff. 3.2)
3. Umfang der Services (Erläuterungen zu Ziff. 3.3)
4. Projektleistungen (Erläuterungen zu Ziff. 3.4)
5. Standorte (Erläuterungen zu Ziff. 3.5)
6. Systeme, Prozesse (Erläuterungen zu Ziff. 3.6)
7. Weiterverlagerung auf Subunternehmer (Erläuterungen zu Ziff. 3.7)
8. Zusammenarbeit mit Drittanbietern (Erläuterungen zu Ziff. 3.8)

1. Beginn der Leistungserbringung (Erläuterungen zu Ziff. 3.1)

Der Stichtag bezeichnet den Zeitpunkt, ab dem der Provider die Verantwortung für die Services übernimmt. Er ist von dem Vertragsdatum, d.h. dem Zeitpunkt des Vertragsabschlusses, zu unterscheiden. Folgende Varianten sind denkbar:
- Die einfachste Variante ist, dass als Stichtag im Vertrag ein festes Datum vereinbart wird. Hiervon geht das Vertragsmuster aus. Ein festes Datum bietet sich insbesondere an, wenn dieses Datum nah am Vertragsabschluss liegt und bei Vertragsabschluss alle wesentlichen Voraussetzungen für die Übergabe der Verantwortung für die Services an den Provider erfüllt sind.
- Häufig hängt die Übergabe der Verantwortung für die Services noch von dem Eintritt bestimmter Voraussetzungen ab. Erfüllt z.B. die Transaktion den Tatbestand eines kartellrechtlichen Zusammenschlusses, darf sie erst nach Vorliegen der diesbezüglichen Voraussetzungen vollzogen werden.[85] Denkbar ist auch eine

VI. Vertragsklauseln

Vielzahl von tatsächlichen Voraussetzungen, die vor dem Stichtag geschaffen werden müssen (siehe S. 76). Hängt der Stichtag im Rahmen der Transition vom Eintritt solcher rechtlichen oder tatsächlichen Voraussetzungen ab, so werden üblicherweise entsprechende aufschiebende Bedingungen definiert. Gleichzeitig muss im Vertrag eine Regelung für den Fall getroffen werden, dass diese Bedingungen verspätet oder überhaupt nicht eintreten. Zunächst wird, falls eine Verschiebung des Stichtags unumgänglich ist, das Interesse aller Beteiligten gegeben sein, möglichst schnell die Voraussetzungen für die Übergabe der Verantwortung für die Services nachzuholen. Um Unklarheiten hinsichtlich eines endgültigen Bedingungsausfalls zu vermeiden, ist jedoch ein Zeitpunkt zu vereinbaren, ab dem jede Partei berechtigt ist, von dem Vertrag zurückzutreten (sog. *long stop date*). Für diesen Fall ist auch eine Regelung über die finanziellen Konsequenzen zu treffen, wenn die Parteien von den allgemeinen Rechtsfolgen des Rücktritts (siehe §§ 346 ff. BGB) abweichen wollen. Im Falle des parallelen Abschlusses eines Kauf- und Übertragungsvertrages bzw. eines Personalüberleitungsvertrages sollte dieser entsprechend mit dem Service-Vertrag verzahnt werden, sodass er im Falle einer vorzeitigen Beendigung des Service-Vertrages ebenfalls seine Verbindlichkeit verliert.

- Eine weitere Variante ist, dass nicht alle Services gleichzeitig, sondern zeitlich gestaffelt übergeben werden, wobei dies wiederum zu festen Zeitpunkten oder abhängig vom Eintritt einzelner Ereignisse erfolgen kann (siehe die beiden vorstehenden Varianten). Ein zusätzlicher Regelungsbedarf besteht dann für den Fall, dass Teile der Services erfolgreich übergeben werden, bei anderen Teilen die Übergabe aber scheitert. In diesem Fall ist zu entscheiden, ob ungeachtet dessen die bereits übergebenen Services weiterhin durch den Provider erbracht werden sollen.

Der Vertragsabschluss liegt in der Praxis mehrere Wochen bis Monate vor dem Stichtag. In der Zwischenzeit arbeiten die Parteien im Rahmen der Transition (dazu sogleich) daran, die Voraussetzungen für die Übergabe der Services zu schaffen.

2. Transition (Erläuterungen zu Ziff. 3.2)

Als Transition werden die Maßnahmen bezeichnet, die erforderlich sind, um die Services von dem Kunden oder dem bisherigen Dienstleister auf den (neuen) Provider zu überführen. Die in der Transition erforderlichen Maßnahmen sind vielschichtig. Typische Maßnahmen der Transition sind:

- die Integration von Mitarbeitern, die der Provider zusammen mit den Services übernimmt (dazu S. 68);
- die Einholung etwa erforderlicher Zustimmungen Dritter, wenn der Provider gemeinsam mit den Services Verträge von dem Kunden übernehmen soll (dazu S. 67);
- die Maßnahmen des Wissenstransfers, die erforderlich werden, soweit die Erbringung der Services kundenspezifisches Know-how erfordert, die entsprechenden Know-how-Träger jedoch nicht auf den Provider übergehen;
- die Schaffung von technischen Schnittstellen sowie Prozessschnittstellen zwischen dem Kunden und dem Provider;
- die Einführung von Tools, die die Messung und das Reporting der Service Levels erlauben;
- die IT-technische Separierung der die Services bisher erbringenden Organisationseinheit, wenn eine solche Einheit auf den Provider übergeht.

Die vorstehende Aufzählung dient nur der Veranschaulichung und erhebt keinen Anspruch auf Vollständigkeit.

Die Transition wird typischerweise als Projekt organisiert, bei dem ein enges Zusammenwirken der Beteiligten unter Federführung des Providers stattfindet (siehe Ziff. 3.2.2). Hat der Kunde die Services bereits ausgelagert und wird mit dem Abschluss des Service-Vertrages ein Providerwechsel vollzogen, so ist außerdem die Unterstützung des bisherigen Providers erforderlich. Dessen Motivationslage unterscheidet sich allerdings aus nahe liegenden Gründen von der des Kunden und des (neuen) Providers. Deshalb empfiehlt es sich, die Unterstützung der Transition zu einem Folgeanbieter bereits frühzeitig vertraglich zu regeln (siehe dazu § 19).

Grundlage des Transition-Projekts ist typischerweise ein Transitionsplan, der nach Art eines Projektplans genau definiert, wer bis zu welchem Zeitpunkt welche Aktivität erledigen muss (siehe Ziff. 3.2.1). Der Transitionsplan wird ständig fortgeschrieben. Er sollte daher nicht als Bestandteil der Vertragsdokumentation gepflegt werden. Möglich und üblich ist es aber, die bei Vertragsabschluss geltende Fassung des Transitionsplans dem Vertrag als Momentaufnahme beizufügen (ggf. auch nur einen die wesentlichen Meilensteine enthaltenden Auszug).

Zeitlich kann die Transition insgesamt sowohl vor dem Stichtag als auch nach dem Stichtag (siehe S. 75) angesiedelt werden. Ebenso mag sie teilweise vor dem Stichtag und teilweise nach dem Stichtag stattfinden. Übernimmt der Provider die personellen und sachlichen Ressourcen zur Erbringung der Services, so wird der größte Teil der Transition nach dem Stichtag liegen. Der Provider kann, weil er die Ressourcen übernimmt, ab dem Stichtag die ordnungsgemäße Er-

VI. Vertragsklauseln

bringung der Services gewährleisten. Vor dem Stichtag sind dann nur die Aktivitäten durchzuführen, die z.B. aus rechtlichen Gründen zwingend vor dem Stichtag erledigt werden müssen. Anders liegt der Fall, wenn eine Übernahme von Ressourcen durch den neuen Provider nicht stattfindet. Hier muss der Provider während der Transition z.B. durch Wissenstransfer erst in die Lage versetzt werden, die Services wie geschuldet zu erbringen. Übernimmt der Provider die Verantwortung für die Services vor dem Abschluss der Transition, so mag es im Einzelfall gerechtfertigt sein, Sonderregeln über eine Begrenzung seiner Verantwortlichkeit zu treffen, z.B. dass Service Level-Verfehlungen übergangsweise keine Service Level Credits auslösen (dazu § 4 Ziff. 4.3 und S. 90).

Begrifflich ist die Transition von der Transformation zu trennen. Die Transformation betrifft Veränderungen der Art und Weise, wie der Provider die Services erbringt. Insoweit bedarf es einer grundsätzlichen Freiheit des Providers, solche Veränderungen vorzunehmen (dazu und zu den Grenzen dieser Freiheit siehe S. 81). Im Rahmen der Transformation optimiert der Provider die Art und Weise, wie er die Services erbringt. Insbesondere wird er, soweit wie möglich, seine Standardprozesse (und die zugrunde liegenden Tools) einführen, um die Synergien zu schaffen, die es ihm ermöglichen, dem Kunden die Services zu einem attraktiven Preis anzubieten. Ein gesonderter Regelungsbedarf zur Transformation besteht im Normalfall nicht. Die Interessen des Kunden werden durch die Regelung in Ziff. 3.6 (Systeme, Prozesse) ausreichend geschützt. Ausnahmsweise sollten sich im Service-Vertrag jedoch dann besondere Bestimmungen zur Durchführung der Transformation finden, wenn der Kunde bestimmte Transformationsziele vorgibt, z.B. die Einführung einer neuen Technologie oder die Konsolidierung von Standorten.

3. Umfang der Services (Erläuterungen zu Ziff. 3.3)

Welche Services durch den Provider zu erbringen sind, wird im Wesentlichen nicht in den Rahmenbedingungen, sondern in einem als Anlage beigefügten separaten Dokument geregelt, das häufig als „Leistungsschein" oder „Leistungsbeschreibung" (*Statement of Work*) bezeichnet wird. Von dem Provider zu erledigende Aufgaben sind darüber hinaus auch an anderen Stellen des Vertrages geregelt, sodass die Klausel in Ziff. 3.3.1 hinsichtlich der geschuldeten Services nur „insbesondere" auf die in der Anlage enthaltene Leistungsbeschreibung verweist.

Für die Güte des Service-Vertrages ist die Qualität der Leistungsbeschreibung von entscheidender Bedeutung. Im Idealfall ist die Leistungsbeschreibung inhaltlich und sprachlich in sich und mit dem Vertragswerk im Übrigen konsistent. Zu beschreiben ist vor allem, „was" geschuldet wird, nicht aber, „wie" die Services zu erbringen sind (siehe dazu S. 81). Die Praxis zeigt leider, dass eine Leistungsbeschreibung nur in den seltensten Fällen diesen Anforderungen genügt. Häufig werden verschiedene Teile der Leistungsbeschreibung von verschiedenen Personen erstellt, oftmals wiederum unter Verwendung von Vorlagen, die eher schlecht als recht auf den konkreten Fall passen. Die Qualitätskontrolle des Gesamtwerks unterbleibt häufig oder ist wegen des heterogenen Zustands des Gesamtdokuments und des bestehenden Zeitdrucks oft nicht mehr sinnvoll möglich.[86]

Aus der Sicht des Kunden birgt eine unvollständige oder missverständliche Leistungsbeschreibung die Gefahr von Nachverhandlungen. Der Provider wird sich nach Vertragsabschluss im Streitfall auf den Standpunkt stellen, dass eine bestimmte Leistung nicht im vereinbarten Leistungsumfang enthalten und daher zusätzlich zu vergüten sei. Dieses Risiko kann der Kunde durch die Vereinbarung bestimmter Auffangklauseln abfedern. So erstreckt die in Ziff. 3.3.2 enthaltene Klausel den Begriff der Services auch auf solche Aufgaben, die auch ohne ausdrückliche Beschreibung als Bestandteil der beschriebenen Aufgaben objektiv erwartet werden können. Von solchen Auffangklauseln gibt es in der Vertragspraxis zahlreiche Varianten.[87] Wenn im Zuge des Outsourcing durch den Provider Mitarbeiter und weitere Ressourcen des Kunden übernommen werden, wird häufig durch den Kunden eine Regelung angestrebt, nach der der Provider unabhängig vom Inhalt der Leistungsbeschreibung sämtliche Aufgaben zu erledigen hat, die bisher durch den ausgelagerten Bereich erbracht wurden (sog. *sweep clause*). Aus der Sicht des Kunden ist diese Forderung folgerichtig; denn er hat seinen Business Case so berechnet, dass alle bisher durch den ausgelagerten Bereich erledigten Aufgaben in Zukunft durch den Provider gegen die von diesem angebotene Vergütung erledigt werden.

Für den Provider bedeutet eine Auffangklausel hingegen ein Risiko, das er preislich einkalkulieren muss. Seine Erfahrung sowie die vor Vertragsschluss erfolgende Due Diligence (siehe oben S. 11) helfen ihm dabei, dieses Risiko besser einzuschätzen. Hierbei wird ihn der Kunde bestmöglich unterstützen, da dieser ein Interesse daran hat, einen etwaigen Risikoaufschlag möglichst gering zu halten. Lässt sich das Risiko aus Sicht des Providers nicht vollständig eingrenzen, wird er versuchen, den Kunden davon zu überzeugen, dass eine zeitliche Befristung oder wertmäßige Begrenzung des Aufwands für nur von der Auffangklausel erfasste Leistungen eine zielführende Lösung sei. Nachteilig ist an einer derartigen Regelung für den Kunden, dass sie nicht geeignet ist, etwaige Diskussionen über den

VI. Vertragsklauseln 79

Umfang der Services dauerhaft zu vermeiden. Nicht unüblich sind klarstellende Regelungen dahingehend, dass Aufgaben, die in keinem Zusammenhang mit den beschriebenen Services stehen, aus der Auffangregelung ausgenommen werden.

4. Projektleistungen (Erläuterungen zu Ziff. 3.4)

Für Outsourcing-Verträge charakteristisch sind Leistungen, die dauerhaft erbracht werden müssen. Im Zusammenhang mit diesen laufenden Services kommt es jedoch bei vielen Transaktionen immer wieder zu gesonderten Projektaufträgen an den Provider, die mit der Vergütung für die laufenden Services nicht oder nicht vollständig abgegolten sind. Jedenfalls dort, wo eine regelmäßige Erteilung solcher Projektaufträge bei Vertragsschluss absehbar oder sogar ein wesentliches Element der ausgelagerten Leistungen ist, bietet es sich an, im Vertrag einige Grundsätze für die Beauftragung und Durchführung von Projekten festzuhalten. Das Vertragsmuster verweist an dieser Stelle auf eine gesonderte Anlage.[88]

5. Standorte (Erläuterungen zu Ziff. 3.5)

Die Klausel legt fest, dass die in der entsprechenden Anlage zum Vertrag angegebenen Standorte Leistungsort sind (siehe Ziff. 3.5.1). Der Ort der Leistung ist der Ort, an dem der Schuldner die Leistungshandlung vorzunehmen hat (vgl. § 269 Abs. 1 BGB).[89] Bei Services, die im Rahmen eines Outsourcing erbracht werden, besteht typischerweise nicht nur ein einziger Leistungsort. Manche Leistungen müssen vor Ort bei dem Kunden erbracht werden. Bei anderen Leistungen ist dies nicht erforderlich; sie können aus der Ferne (*remote*) erbracht werden. Wesentliche Teile von Rechenzentrumsleistungen müssen entsprechend nicht zwingend am Standort des Rechenzentrums, sondern können von einem anderen Standort aus erbracht werden.

Zu unterscheiden ist der Leistungsort von dem Erfolgsort. Dies ist der Ort, an dem der Leistungserfolg eintritt.[90] Bei Outsourcing-Leistungen können Leistungsort und Erfolgsort zusammenfallen; dies muss aber nicht so sein (siehe die vorstehend genannten Beispiele). Wenn Leistungsort und Erfolgsort auseinanderfallen, empfiehlt es sich, entsprechende Leistungsübergabepunkte zu definieren, an denen die rechtliche Verantwortung für einen zufälligen Untergang der Leistung vom Provider auf den Kunden übergeht.

Ziff. 3.5.2 sieht vor, dass die Verlagerung von Aufgaben an andere Standorte der Zustimmung des Kunden bedarf. Ohne einen solchen

Zustimmungsvorbehalt wäre nach den Auslegungsregeln des § 269 Abs. 1 und 2 BGB der Provider weitgehend frei in der Auswahl des Standorts, von dem er Leistungen erbringt, die nicht der Sache nach vor Ort erbracht werden müssen. Diese Freiheit entspräche zwar dem Grundgedanken, dass der Service-Vertrag bestimmt, „was" der Provider zu leisten hat, diesem jedoch die Entscheidung darüber belässt, „wie" die Leistung erbracht wird (dazu S. 81). Der Kunde hat jedoch durchaus ein berechtigtes Interesse daran, eine Standortverlagerung zu genehmigen, um insoweit nicht vor vollendete Tatsachen gestellt zu werden. Insbesondere bei Kunden, die der Regulierung durch die Finanzdienstleistungsaufsicht unterliegen, bestehen besondere Anforderungen an Prüfungs-, Steuerungs- und Kontrollrechte, die regelmäßig eine bewusste Entscheidung über den Leistungsort voraussetzen.[91] Ähnliche Erwägungen bestehen vor dem Hintergrund der allgemeinen Verpflichtung zur Risikokontrolle (siehe § 91 Abs. 2 AktG, § 43 Abs. 1 GmbHG) auch bei anderen Unternehmen (siehe oben S. 4).[92] Auch die Möglichkeit, die Services wieder zurück ins eigene Unternehmen zu integrieren, kann durch Standortverlagerungen des Providers beeinträchtigt werden. Schließlich mag eine ungewollte Veränderung des Leistungsorts für den Kunden auch solche Nachteile mit sich bringen, die generell mit Prozessveränderungen durch den Provider verbunden sind (dazu S. 81).

Der Provider hat demgegenüber ein Interesse daran, den Leistungsort möglichst frei zu bestimmen, solange er nur die Services wie geschuldet erbringt. Aus den vorstehend genannten Gründen wird sich der Provider dem Wunsch des Kunden aber wohl nicht entziehen können, über eine Standortverlagerung Einvernehmen zu erzielen. Der Hinweis in Ziff. 3.5.2, dass die Zustimmung nicht unbillig verweigert werden kann, schützt den Provider vor einer willkürlichen Entscheidung des Kunden. Außerdem hat der Provider die Möglichkeit, von ihm geplante Standortverlagerungen bereits vor Vertragsabschluss anzusprechen und die diesbezügliche Zustimmung des Kunden vertraglich festzuhalten, sei es in Bezug auf einen bestimmten Standort oder in Bezug auf ein bestimmtes Gebiet (etwa das Inland oder die Europäische Union). In einem solchen Fall ist dann aber auch die Frage zu klären, wie mit etwaigen Mehrkosten, notwendigen Prozessveränderungen oder anderen Nachteilen auf Kundenseite umgegangen wird.

6. Systeme, Prozesse (Erläuterungen zu Ziff. 3.6)

Die Klausel ist Ausdruck des Grundsatzes, dass die Parteien vereinbaren, „was" der Provider zu erbringen hat, es dem Provider jedoch

VI. Vertragsklauseln

überlassen bleibt, „wie" er dies tut. Häufig kann der Kunde dem Provider an dieser Stelle aber keine unbegrenzten Freiheiten gewähren. Daher wird an verschiedenen Stellen im Service-Vertrag die Freiheit des Providers, über das „wie" der Erbringung der Services zu entscheiden, wieder eingeschränkt, z.b. durch die Beschränkung der Möglichkeit zur Verlegung des Leistungsorts (siehe Ziff. 3.5.2). Weitere Einschränkungen sind in Ziff. 3.6 enthalten.

Die in Ziff. 3.6.1 und Ziff. 3.6.2 enthaltenen Regelungen haben in erster Linie klarstellenden Charakter. Für die Services zahlt der Kunden den vereinbarten Preis. Es ist Sache des Providers, sich die Ressourcen zu besorgen, die er benötigt, um die Services zu erbringen (siehe Ziff. 3.6.1). Ebenso ist der Provider dafür verantwortlich, dass die von ihm eingesetzten Systeme zur Erbringung der Services geeignet sind (siehe Ziff. 3.6.2). Werden die Systeme beschädigt oder sind sie nicht mehr geeignet, die Services zu unterstützen, ist es grundsätzlich Sache des Providers, diese auf eigene Kosten durch entsprechend geeignete Systeme zu ersetzen.

Darüber hinaus verpflichtet Ziff. 3.6.3 den Provider, die Services nach dem jeweils aktuellen Stand der Technik sowie unter Beachtung anerkannter Qualitätsstandards zu erbringen. Durch die Bezugnahme auf den jeweils aktuellen Stand der Technik[93] soll gewährleistet werden, dass der Kunde während der Vertragslaufzeit an Fortentwicklungen der für die Erbringung der Services maßgeblichen Systeme und Prozesse teilhat. Ergänzend wird der Provider zur Einhaltung anerkannter Qualitätsstandards und damit zu einem Qualitätsmanagement auf der Grundlage eingeführter Normen und Standards (z.B. ISO 9000ff.) verpflichtet. Beide Vorgaben sind indessen vergleichsweise abstrakt und im Zweifel auslegungsbedürftig.[94] Um insoweit Streitigkeiten über den Umfang der Verpflichtungen des Providers zu vermeiden, ist den Parteien zu raten, die Anforderungen an die zur Erbringung der Services eingesetzten Technologien und Verfahrensweisen möglichst genau im Vertrag festzulegen;[95] Ziff. 3.6.3 dient dann nur noch als Auffangregelung. So werden insbesondere beim IT-Outsourcing häufig detaillierte Regelungen über eine Erneuerung der durch den Provider eingesetzten Systeme getroffen (*Technology Refresh*). Hierdurch kommt der Kunde einerseits in den Genuss der Vorteile neuer Technologien und daraus resultierender Synergien; andererseits schützen ihn derartige Regelungen davor, im Falle einer beabsichtigten Übernahme der Systeme bei Ende der Vertragslaufzeit (durch den Kunden selbst oder eine Folgeanbieter) veraltete Systeme zu erhalten.

Die in Ziff. 3.6.4 enthaltene Regelung erläutert in allgemeiner Weise die Grenzen der Freiheit des Providers, die von ihm zur Erbringung der Services eingesetzten Systeme und Prozesse zu verändern. Allgemein gesprochen muss diese Freiheit des Providers dort enden, wo die Maßnahme zu negativen Auswirkungen jenseits der Schnittstellen zum Kunden führt. Der Katalog erwähnt zunächst die Prüfungs-, Steuerungs- und Kontrollmöglichkeiten des Kunden und seiner Prüfer. Ähnliche Restriktionen gelten für Maßnahmen des Providers, die sich risikoerhöhend auswirken. Offensichtlich ist, dass bei einseitigen Veränderungen der Systeme oder Prozesse, die der Provider zur Leistungserbringung einsetzt, weder der Preis erhöht noch die Qualität der Services beeinträchtigt werden dürfen. Jedoch sind auch Maßnahmen des Providers denkbar, die sich nicht unmittelbar auf die Services oder deren Preis auswirken, dafür aber in sonstiger Weise negative Auswirkungen auf den Kunden haben. Veränderungen der Prozesse oder Systeme des Providers können nämlich zur Folge haben, dass Schnittstellen angepasst werden müssen oder der Kunde seinerseits gezwungen wird, seine Prozesse und Systeme entsprechend zu ändern. Vermieden werden kann diese Problematik, wenn in der Leistungsbeschreibung eindeutige technische Schnittstellen und Prozessschnittstellen beschrieben sind. Dann bedürfen Änderungen derselben – weil sie zugleich Vertragsänderungen sind – der Durchführung eines Change Request-Verfahrens (siehe § 8 Ziff. 8.5).

7. Weiterverlagerung auf Subunternehmer (Erläuterungen zu Ziff. 3.7)

Insbesondere bei komplexeren Outsourcing-Transaktionen ist es die Regel, dass der Provider nicht die Gesamtheit der Services selbst erbringt, sondern für wesentliche Teile Subunternehmer heranzieht. Dies ist häufig dann der Fall, wenn durch den Kunden als Paket ausgeschriebene Leistungen nicht zu den Kernkompetenzen des Providers gehören und/oder durch Dritte besser und billiger erbracht werden können. Der Kunde nimmt dabei bewusst in Kauf, dass der Provider auf die durch ihn von dem Subunternehmer eingekauften Leistungen noch eine Marge aufschlagen wird. Dafür erhält der Kunde den Vorteil einer einheitlichen Steuerung der Gesamtheit der Leistungen über eine einzige Schnittstelle zu dem Provider, der somit als Generalunternehmer auftritt (siehe auch oben S. 53).

Da der Provider durch seine Generalunternehmerschaft für die Gesamtheit der Services die Verantwortung übernimmt, ist es nahe liegend, dass er für sich weitgehende Freiheit bei der Auswahl der Subunternehmer fordert. Abweichend von § 278 BGB, der die Einschaltung von Hilfspersonen zur Erfüllung von Verbindlichkeiten

VI. Vertragsklauseln

grundsätzlich zulässt und für einen solchen Fall lediglich die Einstandspflicht des Schuldners für Pflichtverletzungen der Erfüllungsgehilfen anordnet, sieht das Vertragsmuster für die Einschaltung von Subunternehmern durch den Provider einen Zustimmungsvorbehalt des Kunden vor (Ziff. 3.7.1). Der in verschiedenen rechtlichen Vorschriften zum Ausdruck kommende Grundsatz der Risikovorsorge (dazu oben S. 4)[96] zwingt den Kunden nämlich dazu, sich vor der Auslagerung ein umfassendes Bild von der Leistungsfähigkeit des Providers zu verschaffen. Nichts Anderes kann im Hinblick auf die mögliche Einschaltung von Subunternehmern gelten. Anderenfalls bestünde hier die Gefahr, dass die Bemühungen des Kunden zur Begrenzung von Risiken unterlaufen werden. Der in diesem Zusammenhang verwendete Begriff der Weiterverlagerung soll klarstellen, dass es vorliegend um die Einschaltung Dritter zur Erbringung abgrenzbarer Teile der Services geht, nicht aber um bloße Zulieferer (wie z.B. bei einem Rechenzentrums-Outsourcing die Lieferanten von Hard- oder Software oder Anbieter von Wartungsleistungen).

Um den Provider vor willkürlichen Entscheidungen des Kunden bei der Frage der Erteilung einer Zustimmung zu schützen, ist eine Regelung üblich, nach der der Kunde seine Zustimmung zur Weiterverlagerung nicht unbillig verweigern darf (siehe Ziff. 3.7.1). Unbillig wäre die Zustimmungsverweigerung dann, wenn die Einschaltung des Subunternehmers sich nicht risikoerhöhend auswirkt oder mit sonstigen Nachteilen für den Kunden verbunden ist. Der Sinn des Zustimmungsrechts besteht darin, dem Kunden im Vorfeld der Einschaltung des Subunternehmers eine Prüfung von dessen Leistungsfähigkeit und aller sonstigen relevanten Umstände zu ermöglichen. Ziff. 3.7.2 regelt, dass der Provider dem Kunden die hierfür notwendigen Informationen zur Verfügung stellt.

Die im Vertragsmuster enthaltene Regelung, dass der Provider für die Erfüllung der auf den Subunternehmer verlagerten Aufgaben in gleichem Umfang verantwortlich bleibt, als würde er diese Leistungen selbst erbringen (siehe Ziff. 3.7.3, Satz 1), entspricht der gesetzlichen Regelung des § 278 BGB. Da es aus Kundensicht wichtig ist, dass der Provider den Subunternehmer steuert, ist es zweckmäßig, eine entsprechende Regelung aufzunehmen (siehe Ziff. 3.7.3, Satz 2). Ebenso wichtig ist es, dass auch die Subunternehmer sämtliche Bestimmungen des Vertrages einhalten und vom Provider entsprechend verpflichtet werden (siehe Ziff. 3.7.3, Satz 3).

Welche Subunternehmer der Provider im Zusammenhang mit den Services einschalten möchte, ist ihm häufig bei Vertragsschluss bereits bekannt. Daher bietet es sich an, die erforderliche Genehmigung des Kunden bereits im Vertrag in einer Anlage zu dokumentieren (siehe Ziff. 3.7.4). Der Anwendungsbereich von Ziff. 3.7.1 und

Ziff. 3.7.2 ist damit praktisch auf die Fälle der Einschaltung neuer Subunternehmer oder der Verlagerung neuer Aufgaben auf bestehende Subunternehmer nach Vertragsschluss beschränkt.

8. Zusammenarbeit mit Drittanbietern (Erläuterungen zu Ziff. 3.8)

Viele Unternehmen beziehen Leistungen nicht nur von einem einzigen Anbieter, sondern aus mehreren Quellen. Meist handelt es sich dabei um jeweils auf unterschiedlichen Gebieten spezialisierte Anbieter (*Selective Outsourcing*). Daneben ist jedoch auch ein Trend im Outsourcing-Markt erkennbar, Großaufträge aus Gründen der Risiko- und Kostenkontrolle von vornherein auf verschiedene Anbieter zu verteilen (*Multisourcing*). Das auslagernde Unternehmen steht in diesen Fällen vor der Aufgabe, eine größere Anzahl von Anbietern zu steuern, um seine mit dem Outsourcing verfolgten Ziele zu erreichen. Dies setzt wiederum ein entsprechendes Mit- und Zusammenwirken auf Seiten der beteiligten Anbieter voraus.

Vor diesem Hintergrund sieht das Vertragsmuster die Pflicht des Providers vor, zur Gewährleistung eines ordnungsgemäßen Geschäftsablaufs auf Seiten des Kunden in angemessenem Umfang mit Dritten zusammenarbeiten, welche gegenüber dem Kunden Leistungen erbringen, die mit den Services in Zusammenhang stehen (siehe Ziff. 3.8, Satz 1). Typische Beispiele für eine solche Zusammenarbeit sind die Teilnahme an gemeinsamen Treffen, die Bereitstellung von Informationen sowie die Mitwirkung bei der Optimierung der Schnittstellen zwischen den jeweiligen Services und Leistungen des Dritten (siehe Ziff. 3.8, Satz 2). Bestehen spezifische Anforderungen an Art und Umfang der Zusammenarbeit zwischen dem Provider und Dritten, sollten diese freilich detailliert im Service-Vertrag, insbesondere in der Leistungsbeschreibung, aufgeführt werden.

§ 4
Service Levels

4.1 Allgemeines

4.1.1 Die Parteien vereinbaren die in Anlage 6 (Service Levels) beschriebenen Leistungsparameter („Service Levels"). Anlage 6 (Service Levels) legt für jeden Service Level Folgendes fest:
(a) die Definition des Service Levels;

VI. Vertragsklauseln

(b) die Formel für die Berechnung des Erfüllungsgrads des Service Levels;
(c) die für die Messung des Service Levels eingesetzten Messwerkzeuge und -methoden;
(d) den Erfüllungsgrad des Service Levels, dessen Verfehlung Service Level Credits auslöst („Minimum Performance Levels").

4.1.2 Soweit für die Services keine Minimum Performance Levels vereinbart wurden, wird der Provider zu jeder Zeit zumindest die Qualität sicherstellen, die vor dem Stichtag erreicht wurde.

4.1.3 Die Service Levels stellen eine qualitative Festlegung der Services dar und schränken die Pflicht des Providers zur kontinuierlichen Leistungserbringung nicht ein. Für schuldhafte Pflichtverletzungen im Rahmen der Leistungserbringung hat der Provider unabhängig vom Erreichen oder Nichterreichen des Minimum Performance Levels einzustehen.

4.2 Messung und Reporting

4.2.1 Der Provider wird den Erfüllungsgrad der Service Levels, soweit nicht im Einzelfall eine abweichende Regelung getroffen wird, pro Kalendermonat („Messperiode") messen. Binnen drei Werktagen nach Beginn eines Kalendermonats wird der Provider dem Kunden einen Bericht über den in der vorangegangenen Messperiode tatsächlich erreichten Grad der Erfüllung der Service Levels vorlegen.

4.2.2 Die Implementierung und Inbetriebnahme der Messwerkzeuge hat zu dem in Anlage 6 (Service Levels) genannten Zeitpunkt zu erfolgen, d.h. ab diesem Zeitpunkt müssen die entsprechenden Service Levels gemessen und muss der Grad ihrer Einhaltung berichtet werden (ist kein Zeitpunkt angegeben, ist der Stichtag der maßgebende Zeitpunkt). Für jede Messperiode, in der ein Service Level ab diesem Zeitpunkt nicht ordnungsgemäß gemessen und berichtet wird, gilt der Minimum Performance Level für den betreffenden Service Level als verfehlt und die dafür vorgesehenen Service Level Credits werden fällig.

4.2.3 Die Implementierung und Inbetriebnahme der Messwerkzeuge (soweit erforderlich), die Messung des Erfüllungsgrads der Service Levels sowie alle sonstigen mit der Messung und dem Berichten der Messergebnisse in Zusammenhang stehenden Tätigkeiten sind in der Vergütung für die Services bereits enthalten.

4.3 Service Level Credits

4.3.1 Jede Verfehlung des Minimum Performance Levels in einer Messperiode berechtigt den Kunden zu einer Minderung der

Vergütung („Service Level Credit"). Der Service Level Credit wird wie folgt berechnet:
Service Level Credit = Risikobetrag x Service Level Weighting. Dabei gilt Folgendes:
(a) Der „Risikobetrag" beträgt [xx] % der Vergütung, die der Provider für die in dem Kalendermonat, in den die Verfehlung des Minimum Performance Levels fällt, erbrachten Services insgesamt in Rechnung stellt. Unter keinen Umständen darf die Verpflichtung zur Leistung von Service Level Credits in einem Kalendermonat den Risikobetrag überschreiten.
(b) Das „Service Level Weighting" ist der in Anlage 6 (Service Levels) einem Minimum Perfomance Level zugeteilte prozentuale Anteil des Risikobetrags.

4.3.2 Der Kunde ist berechtigt, die Service Level Weightings zu ändern. Die Änderung ist dem Provider jeweils mit einer Vorlaufzeit von drei Monaten zum Beginn eines Kalenderquartals mitzuteilen. Dabei dürfen die Service Level Weightings insgesamt 100% nicht übersteigen. Anlage 6 (Service Levels) wird im Anschluss an eine Änderung des Service Level Weightings nach dieser Ziff. 4.3.2 aktualisiert.

4.3.3 Der Provider wird binnen eines Monats nach Ablauf der Messperiode, in die eine Verfehlung der Minimum Performance Levels fällt, einen Geldbetrag (in Euro), der den durch die Verfehlung ausgelösten Service Level Credits entspricht, entweder von der nächsten Rechnung für die Services in Abzug bringen oder an den Kunden überweisen.

4.3.4 Die Geltendmachung sonstiger Rechte und Ansprüche durch den Kunden bleibt unberührt. Auf etwaige Schadensersatzansprüche, die auf der gleichen Ursache wie die Verfehlung des Minimum Performance Levels beruhen, wird der Service Level Credit angerechnet.

Erläuterungen

1. Allgemeines (Erläuterungen zu Ziff. 4.1)
2. Messung und Reporting (Erläuterungen zu Ziff. 4.2)
3. Service Level Credits (Erläuterungen zu Ziff. 4.3)

1. Allgemeines (Erläuterungen zu Ziff. 4.1)

Service Levels sind von den Parteien vereinbarte, für die vertragsgegenständlichen Services charakteristische Leistungsparameter, die

VI. Vertragsklauseln

dadurch gekennzeichnet sind, dass sie mit Hilfe elektronischer Mittel oder auf sonstige Weise leicht nachvollziehbar und verlässlich gemessen und berichtet werden können. In der Leistungsbeschreibung (siehe § 3 Ziff. 3.3) wird definiert, welche Leistungen der Provider zu erbringen hat. Die Service Levels definieren punktuell die Qualität dieser Leistungen. Gelegentlich werden die Service Levels auch unmittelbar in die Leistungsbeschreibung mit aufgenommen und gemeinsam mit dieser als „Service Level Agreement" bezeichnet.[97] Einige Beispiele zur Abgrenzung zwischen Leistungsbeschreibung und Service Levels:

Leistung	Service Level
Bereitstellung von Rechnerkapazität bei dem Betrieb eines Rechners während einer definierten Service-Zeit (Rechenzentrums-Outsourcing)	Verfügbarkeit des Rechners von mindestens 99,5% während der Service-Zeit
Bereitstellung eines Helpdesk während definierter Service-Zeiten (alle Formen des Outsourcing)	Reaktion auf 90% aller Anfragen innerhalb definierter Reaktionszeiten
Ausführung von Zahlungen (Business Process Outsourcing in den Bereichen Finance and Accounting oder Zahlungsverkehr)	Ausführung von 100% der bis zu einer bestimmten Uhrzeit eingegangenen Zahlungsaufträge am gleichen Tag

Weil die Service Levels punktuell die Qualität der Services definieren, stellt sich die Frage, welche Qualitätsanforderungen im Übrigen gelten. Nach der gesetzlichen Regelung ist in diesem Fall eine Ausführung mittlerer Art und Güte geschuldet (§ 243 BGB).[98] Damit kann der Kunde aber oft nicht viel anfangen. Eine zusätzliche Absicherung erhält der Kunde daher durch die in Ziff. 4.1.2 vorgeschlagene Regelung, nach der Provider zumindest die Qualität einhalten wird, die vor dem Stichtag (intern oder durch den bisherigen Provider) geleistet wurde. Während der Due Diligence-Phase (siehe oben S. 11) hat der Provider Gelegenheit, sich von dem vor dem Stichtag bestehenden Leistungsniveau ein Bild zu verschaffen.

Die Regelung in Ziff. 4.1.3 stellt klar, dass die Service Levels nur eine qualitative Festlegung der Services sind und die Pflicht des Providers zur kontinuierlichen Leistungserbringung nicht einschränken. Mitunter wird vertreten, dass der Provider mit Erreichen des vereinbarten Service Levels seine Leistungspflicht insgesamt vollständig erfüllt habe. In dem oben genannten Beispiel des Betriebs eines Helpdesk mit der Service Level-Zusage, dass der Provider auf rund 90% der Anrufe innerhalb einer vordefinierten Reaktionszeit zu reagieren hat, würde dies bedeuten, dass der Provider keine weiteren Anfragen mehr beantworten müsste, wenn er in der vereinbarten Messperiode sicher davon ausgehen kann, die vereinbarten 90% zu erreichen. Dies kann schon vom Ergebnis her nicht richtig sein. Daher muss die Verpflichtung zur Leistungserbringung unabhängig davon gelten, ob ein damit zusammenhängender Service Level erfüllt wird. Konsequenz ist, dass selbst wenn ein Service Level erreicht wurde, Schadensersatzansprüche in Betracht kommen, wenn die zugehörige Leistung schuldhaft nicht erbracht wurde. Notwendige Korrekturen sind bei dem für das Vorliegen eines Verschuldens wesentlichen Sorgfaltsmaßstab vorzunehmen. Hierzu ist die im konkreten Fall im Verkehr erforderliche Sorgfalt zu ermitteln (§ 276 Abs. 2 BGB). Welche Vorkehrungen der Provider an dieser Stelle treffen muss, wird ganz entscheidend durch den vereinbarten Minimum Performance Level bestimmt. Um beim gewählten Beispiel zu bleiben, ist bei der Vereinbarung eines Service Levels von 90% für eine bestimmte Reaktionszeit des Helpdesk damit zu rechnen, dass in bestimmten Spitzenzeiten die Reaktionszeit nicht eingehalten wird. Liegt aber ein organisatorisches Verschulden in dem Sinne vor, dass der Provider den Helpdesk nicht in einer Weise ausgestattet hat, die üblicherweise die Erreichung des Service Levels von 90% erwarten lässt, oder liegt ein individuelles Verschulden vor (z. B. ein Mitarbeiter des Helpdesk hält sich nicht an die definierten Prozesse), so kommt ungeachtet eines erreichten Service Levels eine Pflichtverletzung in Betracht, die wiederum Schadensersatzansprüche des Kunden auslösen kann.[99]

Wegen des eigentlichen Inhalts der Service Levels verweist das Vertragsmuster auf eine Anlage. Der Vertragstext (Ziff. 4.1.1) gibt die Mindestinhalte dieser Anlage vor:[100]

- Mit der Beschreibung des Service Levels werden das Service Level selbst sowie die diesbezüglichen Messpunkte festgelegt. Für das Beispiel „Reaktionszeit" bei Helpdesk Services könnte dies wie folgt lauten: Die Reaktionszeit ist die Zeit bis zur qualifizierten Reaktion des Providers auf einen Call (d. h. Bewertung des Calls, Entwicklung eines Lösungsansatzes und Mitteilung desselben an den Auslöser des Calls), und zwar gerechnet ab dem jeweiligen Eintrag in das Tracking System bis zum dokumentierten Ausgang der Reaktion an den Veranlasser des Calls. Ergänzend ist festzulegen, welche Reaktionszeit für welche Art von Calls gilt. Hierbei ist es üblich, nach verschiedenen Dringlichkeitsstufen *(Severity Levels)* zu unterscheiden.

VI. Vertragsklauseln

- Die Berechnung des Leistungsgrads erfolgt typischerweise auf der Grundlage einer Formel. In dem gewählten Beispiel kann sie wie folgt lauten: (Zahl der Calls, die innerhalb der vereinbarten Reaktionszeit beantwortet wurden / Zahl aller Calls) × 100. Ein konkret gerechnetes Beispiel könnte wie folgt aussehen: In einem Monat gibt es 235 Calls. Insgesamt 10 Calls werden nicht innerhalb der vorgegebenen Reaktionszeit beantwortet. Der Erfüllungsgrad berechnet sich dann wie folgt: (225/235) × 100 = 95,74%.
- Eine Vereinbarung über das einzusetzende Messwerkzeug ist nicht zwingend, aber jedenfalls dann hilfreich, wenn dem Kunden an dem Einsatz eines bestimmten Messwerkzeugs gelegen ist. Im Beispiel des Helpdesk wird als Messwerkzeug ein sog. Tracking System eingesetzt, in dem alle Vorgänge (Calls) und die einzelnen Schritte bis zu ihrer endgültigen Lösung registriert werden.
- Der Minimum Performance Level bezeichnet den Erfüllungsgrad, dessen Verfehlung bestimmte Sanktionen auslöst. Im gewählten Beispiel würde dies ein bestimmter Prozentsatz sein. Läge bei dem zuvor dargestellten Zahlenbeispiel der Minimum Performance Level bei 95%, so würden bei dem erreichten Leistungsgrad von 95,74% keine Service Level Credits (siehe S. 90) ausgelöst.

2. Messung und Reporting (Erläuterungen zu Ziff. 4.2)

Service Levels werden periodisch gemessen und der Grad ihrer Erfüllung an den Kunden berichtet. Wenn die Service Levels repräsentativ für die ausgelagerten Leistungen sind, sind sie gleichzeitig das wichtigste Instrument zur Steuerung des Providers.

Üblich ist eine monatliche Messung der Service Levels. Diese ergibt jedoch dann keinen Sinn, wenn die Anzahl die Vorfälle innerhalb eines Monats gering ist und sich daher ein aussagekräftiger Erfüllungsgrad nicht ermitteln lässt. Das Vertragsmuster (siehe Ziff. 4.2.1) weist deshalb darauf hin, dass Messung und Reporting der Service Levels nur im Regelfall monatlich stattfinden.

Üblich ist heute, dem Kunden einen Online-Zugang zu den Service Level-Reports zu gewähren. Häufig wünscht der Kunde hierneben aber auch eine gedruckte Form des Berichts. Dies ist dann entsprechend festzulegen.

Es kommt vor, dass der Provider nicht in der Lage ist, die im Vertrag vereinbarten Service Levels ab dem Beginn der Übernahme der Verantwortung für die Services zu messen und entsprechende Berichte zu erstellen. Besonders häufig geschieht dies in Fällen, in denen der Kunde bisher die Services selbst erbracht hat und der Provider den auszulagernden Bereich zunächst unverändert („as is") übernimmt. Wurden bislang keine Service Levels gemessen und entsprechenden Messwerkzeuge eingesetzt, wird auch der Provider nicht in der Lage sein, dies ab dem ersten Tag der Leistungserbringung sicherzustellen. In diesen Fällen muss eine angemessene Übergangsfrist vereinbart werden (siehe Ziff. 4.2.2, Satz 1). Die notwendigen Maßnahmen sind dann vom Provider im Rahmen der Transition einzuleiten. Als Anreiz dafür, dass Messung und Reporting auch wirklich ab dem vereinbarten Zeitpunkt stattfinden, kann eine Sanktionsregelung getroffen werden (siehe Ziff. 4.2.2, Satz 2). Klarstellend mag ebenfalls festgehalten werden, dass eine etwaige Implementierung und Inbetriebnahme von Messwerkzeugen sowie die Messung selbst und das Reporting der Messergebnisse mit der vereinbarten Vergütung abgegolten sind (Ziff. 4.2.3).

3. Service Level Credits (Erläuterungen zu Ziff. 4.3)

Für den Fall der Verfehlung eines bestimmten Leistungsniveaus (*Minimum Performance Level*) sieht der Service-Vertrag typischerweise besondere Rechtsfolgen vor. Ohne solche vertraglichen Regelungen bliebe die Verfehlung von Minimum Performance Levels in aller Regel sanktionslos. Die Geltendmachung von Schadensersatz scheidet meist deshalb aus, weil der Erfüllungsgrad eines Service Levels im Regelfall das Ergebnis der Durchschnittsbetrachtung einer Vielzahl von Ereignissen ist und es deshalb selten möglich sein wird, einen konkreten Schaden zu identifizieren oder diesen gar der Verfehlung des Minimum Performance Levels kausal zuzuordnen. Auch eine Nacherfüllung kommt nicht in Betracht, da der Service Level die Performance in einem in der Vergangenheit liegenden Zeitraum zum Ausdruck bringt. Dies bedeutet freilich nicht, dass die Leistung als solche nicht ggf. auch noch später nachgeholt werden muss, wenn dies sinnvollerweise möglich ist (§ 16 Ziff. 16.2.2). Nur der Service Level selbst ist als statistische Größe einer Nacherfüllung nicht zugänglich.

Die übliche Sanktion, die im Service-Vertrag für den Fall des Unterschreitens des Minimum Performance Levels festgelegt wird, ist die Zahlung oder Gutschrift eines Geldbetrags. In einem Vertrag, der dem deutschen Recht unterliegt, ist es in der Regel üblich, diese Zahlung oder Gutschrift als pauschalierte Minderung auszugestalten. Gegenüber einer Vertragsstrafe bietet dies in erster Linie den Vorteil, dass die – wenn auch in der Praxis vermutlich nicht sehr relevanten – Unwägbarkeiten vermieden werden können, die sich aus den §§ 340, 341 und 343 BGB ergeben.[101]

VI. Vertragsklauseln

Die Varianten und Modelle an Sanktionen bei Unterschreiten des Minimum Performance Levels sind nahezu unbegrenzt. Das Vertragsmuster schlägt eine Variante vor, bei der die Parteien einen Risikobetrag (*Amount at Risk*) vereinbaren, der sich prozentual an der Vergütung orientiert, die der Provider dem Kunden in der relevanten Messperiode zu zahlen hat. Üblich ist ein Risikobetrag in einer Höhe zwischen 10% und 20%, ggf. aber auch ein Wert außerhalb dieses Rahmens. Dieser Risikobetrag wird wiederum auf die vereinbarten Service Levels aufgeteilt, wenn für diese ein Minimum Performance Level vereinbart wurde. Die Aufteilung bedeutet für den Provider eine Diversifizierung des Risikos und für den Kunden die Möglichkeit, eine seinen Prioritäten bei den Service Levels entsprechende Gewichtung vorzunehmen. Die den einzelnen Service Levels zugeteilten Anteile des Risikobetrags werden als *Service Level Weightings* bezeichnet. Der im Falle der Verfehlung des Minimum Performance Levels zu leistende Service Level Credit ergibt sich sodann aus einer Multiplikation des Risikobetrags mit dem vorgenommenen Service Level Weighting (siehe Ziff. 4.3.1). Wird also beispielsweise bei einer monatlichen Vergütung von € 1 Mio. und einem Risikobetrag von 15% (= € 150.000,–) einem bestimmten Service Level ein Service Level Weighting von 30% zugeordnet, so beträgt die pauschale Minderung bei Unterschreiten des Minimum Performance Levels für diesen Service Level € 45.000,– (30% von € 150.000,–).

Es entspricht dem Interesse des Kunden, die Service Level Weightings von Zeit zu Zeit zu verändern und so seinen geänderten Bedürfnissen und Prioritäten anzupassen. Dies sollte für den Provider akzeptabel sein, solange dies jeweils mit einer angemessenen Vorlaufzeit und in angemessenen Intervallen erfolgt und außerdem die Service Level Weightings insgesamt 100% des Risikobetrags nicht überschreiten (siehe Ziff. 4.3.2).

Der Ausgleich von Service Level Credits kann entweder durch Abzug von einer Rechnung oder davon losgelöste Zahlung erfolgen (Ziff. 4.3.3).

Sollte ausnahmsweise ein einzelnes Ereignis gleichzeitig das Unterschreiten des Minimum Performance Levels sowie Schadenersatzansprüche auslösen, so ist es angemessen, den Service Level Credit auf etwaige Schadensersatzansprüche anzurechnen (Ziff. 4.3.4). Eine mögliche Doppelbestrafung des Providers wird so vermieden. Umgekehrt sind die Service Level Credits in der Regel nicht so bemessen, dass sie Schäden, die auf Kundenseite aufgetreten sein mögen, ausgleichen können. Dem Kunden sollte daher die Geltendmachung solcher Schäden im Rahmen der vertraglich vereinbarten Haftungsgrenzen vorbehalten bleiben.

Das im Vertragsmuster gewählte Beispiel ist von verhältnismäßig geringer Komplexität. Zu den in der Praxis anzutreffenden Varianten an Sanktionsmechanismen für die Nichteinhaltung der vereinbarten Minimum Performance Levels zählen daneben Folgende:

- Bei den Service Levels wird unterschieden zwischen solchen, bei denen die Verfehlung des Minimum Performance Levels Service Level Credits auslöst, und solchen, bei denen dies nicht der Fall ist. Die erste Gruppe der Service Levels wird dann häufig als *Critical Service Levels* bezeichnet. Bei den übrigen Service Levels erfolgt lediglich eine Messung und Berichterstattung.
- Das Vertragsmuster sieht vor, dass der volle Service Level Credit bei Unterschreitung des Minimum Performance Levels fällig wird. Mitunter wird ein gestaffeltes Modell vereinbart, bei dem der Service Level Credit höher ist, je deutlicher der Minimum Performance Level verfehlt wird.
- An Stelle des im Vertragsmuster vorgeschlagenen Modells eines Risikobetrags, der im Wege der Service Level Weightings auf die Service Levels aufgeteilt wird, kann die Komplexität des Service Level Credit-Modells reduziert werden, indem im Vertrag konkrete Geldbeträge für bestimmte Verfehlungen des zugesagten Minimum Performance Levels vereinbart werden.
- Eine Variante des im Vertragsmuster vorgeschlagenen Modells ist die Vereinbarung eines Multiplikators, der den durch die Verteilung des Risikobetrags auf verschiedene Service Levels einsetzenden Verwässerungseffekt relativieren soll. Beträgt z.B. der Multiplikator 3,5 (das ist erfahrungsgemäß die obere Grenze dessen, was in der Praxis vereinbart wird), so stünden für die Service Level Weightings nicht 100%, sondern 350% des Risikobetrags zur Verfügung. Der Risikobetrag als solcher bliebe aber als Obergrenze der in einer Messperiode möglichen Service Level Credits erhalten. Damit würde sich durch den Multiplikator nur die Wahrscheinlichkeit erhöhen, dass diese Obergrenze ausgeschöpft wird.
- Provider schlagen als Gegenstück zu Service Level Credits gerne einen Bonus vor, der ihnen in dem Fall zustehen soll, dass das Minimum Performance Level oder eine höhere Zielgrenze für die Service Levels überschritten wird. In aller Regel haben die Kunden an einer solchen Mehrleistung aber kein derart ausgeprägtes Interesse, dass sie bereit wären, hierfür eine Erhöhung der Vergütung in Kauf zu nehmen.
- Häufiger kommt in der Praxis die Vereinbarung eines „Earn back"-Mechanismus vor, bei dem der Provider die Gelegenheit erhält, einen Service Level Credit auszugleichen. Die Voraussetzungen hierfür sind frei definierbar und in der Vertragspraxis auch

vielfältig. Eine einfache Variante wäre, dass der Service Level Credit entfällt, wenn z.B. in den sechs folgenden Monaten der Minimum Performance Level erreicht wird. Aus Kundensicht kann eine solche Regelung durchaus sinnvoll sein, wenn hierdurch ein Anreiz für den Provider geschaffen wird, die Qualität des Service durch Investitionen in seine Ressourcen dauerhaft zu stabilisieren.
- Als weitere Sanktion für das Unterschreiten des vereinbarten Minimum Performance Levels kommen außerordentliche Kündigungsrechte des Kunden in Betracht, die sich auf den Vertrag insgesamt oder auf den betroffenen Teil der Services beziehen können. Eine entsprechende Vereinbarung sieht häufig vor, dass eine bestimmte Anzahl an Service Level-Verfehlungen von einem bestimmten Gewicht innerhalb eines bestimmten Zeitraums Kündigungsrechte nach sich ziehen.

Die vorstehend skizzierten Varianten treten oft auch kombiniert auf. Bei der Vertragsgestaltung sollte freilich auch bedacht werden, dass das Thema handhabbar bleiben muss.

§ 5
Mitwirkungshandlungen des Kunden

5.1 Allgemeines
Der Kunde wird nach Maßgabe dieses § 5 die Mitwirkungshandlungen vornehmen, die ihm in Zusammenhang mit den Services in Anlage 2 (Leistungsbeschreibung) und an anderen Stellen dieses Vertrages zugewiesen werden. Der Provider kann vom Kunden die Vornahme weiterer Mitwirkungshandlungen verlangen, soweit dies für eine ordnungsgemäße Erbringung der Services erforderlich, für den Kunden zumutbar und die verlangte Mitwirkungshandlung nicht nach diesem Vertrag dem Pflichtenkreis des Providers zuzuordnen ist; insoweit findet das Change Request-Verfahren Anwendung.
5.2 Vornahme von Mitwirkungshandlungen
5.2.1 Der Kunde ist zur Vornahme von Mitwirkungshandlungen nur verpflichtet, wenn der Provider dies vom Kunden mit einem angemessenen zeitlichen Vorlauf und unter Beschreibung der erforderlichen Maßnahmen in Textform verlangt. Dies gilt nicht, wenn die Mitwirkungshandlungen nach Art, Umfang und Zeitpunkt ihrer Vornahme in diesem Vertrag genau beschrieben oder sonst in Textform zwischen den Parteien vereinbart sind.

5.2.2 Der Provider weist den Kunden unverzüglich darauf hin, wenn er erkennt, dass der Kunde seine Mitwirkungshandlungen nicht oder nicht vertragsgemäß vornimmt.
5.3 Ausbleiben von Mitwirkungshandlungen
5.3.1 Falls der Kunde die in diesem Vertrag beschriebenen Mitwirkungshandlungen nicht vornimmt,
   (a) ist der Provider für eine Einschränkung der Services nicht verantwortlich, wenn und soweit die Nichtvornahme der Mitwirkungshandlungen dafür ursächlich war und den Provider kein Mitverschulden trifft (dieser insbesondere seine Verpflichtungen nach Ziff. 5.2 erfüllt hat), und
   (b) wird der Provider alle zumutbaren Anstrengungen unternehmen, um die betroffenen Services ungeachtet der Nichtvornahme der Mitwirkungshandlungen zu erbringen. Wenn hiermit ein zusätzlicher Aufwand verbunden ist und der Provider den Kunden auf diesen Umstand hinweist, so gilt dies nur, wenn der Kunde sich verpflichtet, diesen zusätzlichen Aufwand zu vergüten.
5.3.2 §§ 642, 643 BGB finden keine Anwendung.

Erläuterungen

1. Allgemeines (Erläuterungen zu Ziff. 5.1)
2. Abruf von Mitwirkungshandlungen (Erläuterungen zu Ziff. 5.2)
3. Ausbleiben von Mitwirkungshandlungen (Erläuterungen zu Ziff. 5.3)

1. Allgemeines (Erläuterungen zu Ziff. 5.1)

Im Rahmen von Outsourcing-Projekten bedarf es regelmäßig zahlreicher Mitwirkungshandlungen des Kunden. Typische Beispiele für derartige Mitwirkungshandlungen sind die nachfolgend genannten Tätigkeiten:
– Gewährung des Zugangs zu Räumlichkeiten des Kunden;
– Gewährung des Zugangs zu Systemen des Kunden (wobei regelmäßig besondere Anforderungen an die IT-Sicherheit bestehen);
– Gewährung des Zugangs zu kundenspezifischen Informationen;
– Treffen von Entscheidungen und Konkretisierung von Vorgaben;
– Erbringung bestimmter Vorleistungen (z.B. Lieferung der zu verarbeitenden Daten, Abgabe qualifizierter Fehlermeldungen);
– Koordination der Zusammenarbeit zwischen Provider, Kunde und Dritten, deren Leistungen mit jenen des Providers im Zusammenhang stehen;

VI. Vertragsklauseln

– Gewährung des Zugangs zu Gemeinschaftseinrichtungen wie z. B. Konferenzräumen oder Parkplätzen, wenn der Provider seine Leistungen teilweise in den Räumlichkeiten des Kunden erbringt.

Das Vertragsmuster sieht davon ab, die Mitwirkungshandlungen des Kunden im Einzelnen aufzuführen, da diese stark einzelfallabhängig sind. Sinnvoll und üblich ist es, die Mitwirkungshandlungen des Kunden in der Leistungsbeschreibung im unmittelbaren Zusammenhang mit denjenigen Services festzulegen, auf die sie sich beziehen (siehe Ziff. 5.1, Satz 1). Nicht immer lassen sich jedoch Mitwirkungshandlungen einem bestimmten Teil der Services zuordnen, da diese von eher allgemeiner oder übergreifender Natur sind (z. B. die Überlassung von Büroflächen oder Flächen für die Aufstellung von Equipment). In diesem Fall bietet es sich an, die betreffenden Mitwirkungshandlungen in einer gesonderten Anlage aufzuführen, in der auch etwaige Sonderregelungen für die Mitwirkungshandlungen (z. B. Verwendungsbeschränkungen für die überlassenen Flächen) getroffen werden können. Sachgegenständliche Mitwirkungsleistungen des Kunden (z. B. das Bereitstellen von Hardware) werden zuweilen auch als Beistellungen bezeichnet, ohne dass diesen damit vertragsrechtlich eine andere Qualität zukäme als rein tatsächlichen Mitwirkungsleistungen.[102] Der Begriff der Beistellungen ist jedoch auch steuerrechtlich belegt und bezeichnet insoweit eine Unterstützungshandlung des Kunden gegenüber dem Provider im Rahmen der Leistungen des Providers, die nicht Bestandteil des Leistungsaustausches zwischen den Parteien ist und damit nicht der Umsatzsteuer unterliegt.[103] Die vertragsrechtliche und die steuerrechtliche Betrachtungsweise gehen nicht notwendigerweise konform. Die Frage, wie bestimmte Mitwirkungsleistungen des Kunden steuerrechtlich zu beurteilen sind, ist daher in der Regel gesondert zu prüfen.

In Bezug auf die Sorgfalt und Detailtiefe der Beschreibung von Mitwirkungshandlungen gelten grundsätzlich die gleichen Anforderungen wie bei der Beschreibung der vom Provider zu erbringenden Services. Art und Umfang der Mitwirkungshandlungen sollten demnach möglichst präzise beschrieben werden. Darüber hinaus ist zu regeln, wann und für welche Dauer diese zu erbringen sind. So kommt es bei Transaktionen, bei denen Mitarbeiter des Kunden durch den Provider übernommen werden, häufig vor, dass diese für einen Übergangszeitraum ihren Arbeitsplatz weiterhin in den Geschäftsräumen des Kunden und dementsprechend auch Zugang zu dessen Büroinfrastruktur und Gemeinschaftseinrichtungen haben. In diesen Fällen ist eine klare Regelung erforderlich, wann diese Leistungen enden. Nach diesem Zeitpunkt ist es Sache des Providers, auf eigene Kosten Ersatz zu beschaffen.

Vorsicht ist aus Sicht des Kunden in Bezug auf umfassende, jedoch nicht näher definierte Verpflichtungen zur Erbringung von Mitwirkungshandlungen geboten. Denn diese können zum einen dazu führen, dass sich der Kunde mit immer neuen Forderungen des Providers nach Vornahme von Mitwirkungshandlungen konfrontiert sieht, die für ihn mit zusätzlichen Kosten verbunden sind und die er infolge des Outsourcing aus eigener Kraft vielleicht gar nicht mehr erfüllen kann. Zum anderen können zu weit gefasste Verpflichtungen eine unklare Abgrenzung der Verantwortlichkeiten der Parteien zur Folge haben und damit zumindest die Möglichkeit für den Provider eröffnen, Nicht- oder Schlechtleistungen mit dem Ausbleiben vermeintlich notwendiger Mitwirkungshandlungen des Kunden zu entschuldigen.[104] Diese Problematik besteht naturgemäß auch bei sog. Kooperationsmodellen, d. h. einer gesellschafterähnlichen Zusammenarbeit der Parteien zur Realisierung eines konkreten Vorhabens.[105]

Freilich lassen sich nicht immer alle Mitwirkungshandlungen des Kunden im Voraus festlegen. Wenn und soweit im Rahmen der Vertragsdurchführung die Notwendigkeit zusätzlicher Mitwirkungshandlungen erkennbar wird, sind diese daher im Wege des Change Request-Verfahrens zu vereinbaren (siehe Ziff. 5.1, Satz 2).

2. Abruf von Mitwirkungshandlungen (Erläuterungen zu Ziff. 5.2)

Das Vertragsmuster trägt dem Umstand Rechnung, dass die vom Kunden vorzunehmenden Mitwirkungshandlungen entgegen den vorstehenden Ausführungen oft inhaltlich und zeitlich nicht so genau beschrieben sind, dass der Kunde diese ohne weiteres erbringen kann. Es sieht daher insoweit ein Abrufverfahren vor (siehe Ziff. 5.2.1, Satz 1). Danach hat der Provider dem Kunden die Notwendigkeit der Vornahme seiner Mitwirkungshandlungen grundsätzlich rechtzeitig vorher in Textform anzuzeigen und hierbei auch die Anforderungen zu spezifizieren, die an die jeweiligen Mitwirkungshandlungen bestehen.[106] Ohne einen solchen Abruf scheidet ein möglicher Annahmeverzug des Kunden (§§ 293 ff. BGB) aus.[107] Eines gesonderten Abrufs bedarf es allerdings dort nicht, wo die einzelnen Mitwirkungshandlungen tatsächlich im Vertrag oder an anderer Stelle exakt spezifiziert sind (siehe Ziff. 5.2.1, Satz 2). In diesem Fall würde der Abruf einen bloßen – der Zusammenarbeit der Parteien nur wenig förderlichen – Formalismus darstellen.

Das Vertragsmuster sieht ferner vor, dass der Provider den Kunden unverzüglich darauf hinzuweisen hat, wenn er erkennt, dass der Kunde Mitwirkungshandlungen nicht oder nicht ordnungsgemäß vornimmt (siehe Ziff. 5.2.2). Dies stellt rechtlich gesehen eine Kon-

VI. Vertragsklauseln

kretisierung der allgemeinen Verpflichtung dar, etwaige Hindernisse bei der Vertragserfüllung zu beseitigen,[108] entspricht jedoch gleichzeitig der regelmäßig auf Kundenseite bestehenden Erwartungshaltung, dass der Provider aufgrund seiner Routine bei der Durchführung von Outsourcing-Projekten auch in einem gewissen Umfang die Überwachung der von dem Kunden erforderlichen Zuarbeiten übernimmt.

3. Ausbleiben von Mitwirkungshandlungen (Erläuterungen zu Ziff. 5.3)

Nimmt der Kunde die ihm obliegenden Mitwirkungshandlungen nicht vor, stellt sich die Frage nach den Rechtsfolgen. Eine ausdrückliche, wenn auch nur rudimentäre gesetzliche Regelung zu Mitwirkungshandlungen findet sich im Werkvertragsrecht. Nach § 642 BGB kann der Unternehmer vom Besteller eine angemessene Entschädigung verlangen, wenn bei der Herstellung des Werkes eine Handlung des Bestellers erforderlich ist und der Besteller durch das Unterlassen dieser Handlung in Annahmeverzug gerät. Hierdurch soll der Unternehmer vor den negativen finanziellen Auswirkungen geschützt werden, die sich daraus ergeben, dass er nur im Erfolgsfall vergütet wird, der Besteller aber eine zur Herbeiführung des Erfolges notwendige Handlung unterlässt.[109] Nach § 643 BGB ist der Unternehmer in diesem Fall auch berechtigt, dem Besteller zur Nachholung der Handlung eine angemessene Frist mit der Erklärung zu setzen, dass er den Vertrag kündige, wenn die Handlung nicht bis zum Ablauf der Frist vorgenommen werde. Der Vertrag gilt dann als aufgehoben, wenn nicht die Nachholung bis zum Ablauf der Frist erfolgt. Solange notwendige Mitwirkungshandlungen des Bestellers ausstehen, gerät der Unternehmer auch nicht aufgrund verspäteter Leistungserbringung in Verzug.[110] Kann der Unternehmer seine Leistung nicht mehr nachholen, so behält er nach § 326 Abs. 2 BGB seinen Vergütungsanspruch.[111] Weitergehende Ansprüche bestehen in der Regel nicht. Dies beruht darauf, dass die Mitwirkung des Bestellers im Werkvertragsrecht nicht als Vertragspflicht, sondern als bloße Obliegenheit ausgestaltet ist. Dies schließt insbesondere die Geltendmachung von Schadensersatzansprüchen aus.[112] Vergleichbare Regelungen sind den anderen Vertragstypen des BGB fremd. Mitwirkungspflichten können hier aber als vertragliche Nebenpflichten bestehen, deren Verletzung zur Entstehung von Schadensersatzansprüchen führt und die – falls ihnen neben der jeweiligen Hauptleistungspflicht eine eigenständige Bedeutung zukommt – selbständig einklagbar sind.[113] Diese punktuellen Regelungen werden mit Blick auf die Komplexität von Großprojekten vielfach als unzureichend kritisiert.[114] Hinzu kommt, dass die solchen Projekten zugrunde liegenden Leistungen meist unterschiedlichen Vertragstypen folgen, was zu Abgrenzungsproblemen führt und die Rechtsanwendung erheblich erschwert. So verhält es sich auch beim Outsourcing.[115] Die Vertragspraxis ist daher dazu übergegangen, zumindest die grundlegenden Folgen eines Ausbleibens von Mitwirkungshandlungen des Kunden im Vertrag zu regeln.

Dementsprechend bestimmt das Vertragsmuster zunächst, dass der Provider für etwaige Einschränkungen bei der Leistungserbringung nicht verantwortlich ist, wenn der Kunde die ihm obliegenden Mitwirkungshandlungen nicht vornimmt (siehe Ziff. 5.3.1, lit. (a)). In der Sache schließt dies sowohl den Verzug des Providers als auch das Entstehen von Service Level Credits aus. Um angesichts dieser weit reichenden Folgen einen pauschalen Hinweis des Providers auf die (vermeintliche) Verletzung von Mitwirkungspflichten des Kunden zu vermeiden, knüpft das Vertragsmuster diese Folgen indes an bestimmte Voraussetzungen. So muss das Ausbleiben der Mitwirkungshandlungen für die Nicht- oder Schlechtleistung des Providers ursächlich gewesen sein. Außerdem darf den Provider an dem Ausbleiben der Mitwirkungshandlungen kein Mitverschulden treffen, wobei ein solches Mitverschulden insbesondere dann anzunehmen ist, wenn der Provider – wo dies nach dem Vertrag erforderlich war – die fraglichen Mitwirkungshandlungen nicht ordnungsgemäß abgerufen hat.

Angesichts der Risiken, die typischerweise für den Kunden mit dem Wegfall der Services verbunden sind, verpflichtet das Vertragsmuster den Provider ferner, im Rahmen seiner betrieblichen Möglichkeiten die durch die unzureichende Mitwirkung des Kunden aufgetretenen Probleme zu kompensieren (siehe Ziff. 5.3.1, lit. (b)). Sollte dem Provider hierdurch ein zusätzlicher Aufwand entstehen, versteht es sich aber von selbst, dass dieser ihm durch den Kunden zu erstatten ist. Um insoweit später unnötige Diskussionen zu vermeiden, bietet sich eine Regelung an, nach der der Provider vorab auf den entstehenden Aufwand hinweist und seine weiteren Verpflichtungen dann davon abhängen, ob der Kunde eine entsprechende Kostenübernahmeerklärung abgibt.

Für den Fall, dass einzelne Services dem Werkvertragsrecht unterliegen sollten, sieht das Vertragsmuster schließlich einen Ausschluss der §§ 642, 643 BGB vor (siehe Ziff. 5.3.2). In Bezug auf § 642 BGB ist dabei zu berücksichtigen, dass das zwischen Kunde und Provider vereinbarte Vergütungsmodell zumeist so gestaltet ist, dass die Fixkosten des Providers unabhängig von den tatsächlich anfallenden Umsätzen gedeckt werden (dazu unten S. 103). Eines zusätzlichen Schutzes nach § 642 BGB bedarf es deshalb nicht. In Bezug

VI. Vertragsklauseln 99

auf § 643 BGB liegt dem die Erwägung zugrunde, dass das Ausbleiben einzelner Mitwirkungshandlungen nicht zu einer Beendigung des Gesamtvertrages führen soll. Insoweit weicht die Regelung bewusst von dem am Leitbild des Einzelprojekts orientierten Werkvertragsrecht ab. Unbeschadet bleibt ein etwaiges Recht des Providers zur Kündigung aus wichtigem Grund (siehe § 18).

§ 6
Vergütung

6.1 Vergütung
Für die Erbringung der Services zahlt der Kunde an den Provider die in Anlage 7 (Vergütung) beschriebene Vergütung.
6.2 Rechnungsstellung und Zahlung
6.2.1 Alle korrekt ausgestellten Rechnungen sind binnen 30 Tagen nach Rechnungsempfang zur Zahlung fällig.
6.2.2 Die Zahlung einer Rechnung durch den Kunden hat nicht zur Folge, dass Einwendungen des Kunden gegen die Richtigkeit der Rechnung oder die Ordnungsmäßigkeit der Services ausgeschlossen wären.
6.2.3 Gerät der Kunde mit der Zahlung einer Rechnung in Verzug, so hat er den Betrag, mit dessen Zahlung er in Verzug ist, für die Dauer des Verzugs in Höhe des Basiszinssatzes plus [x] Prozentpunkte zu verzinsen.
6.2.4 Mit jeder Rechnung wird der Provider dem Kunden alle von diesem zumutbarer Weise verlangten Abrechnungsinformationen zur Verfügung stellen.
6.2.5 Soweit die Vergütung des Providers nach Aufwand erfolgt, wird der Provider dem Kunden eine nachvollziehbare Beschreibung der erbrachten Leistungen zur Verfügung stellen, aufgeschlüsselt nach den einzelnen Aufträgen und dem auf diese jeweils entfallenden Aufwand.
6.2.6 Reisekosten und sonstige Kosten, die in Zusammenhang mit der Erbringung der Services entstehen, werden nicht gesondert vergütet.
6.3 Steuern
Alle im Rahmen dieses Vertrages zu zahlenden Honorare, Aufwendungen und Auslagen verstehen sich zuzüglich gesetzlicher Umsatzsteuer.
6.4 Möglichkeiten zur Kosteneinsparung
Der Provider wird den Kunden in jährlichen Treffen auf Möglichkeiten hinweisen, die für den Kunden mit den Services ver-

bundenen Kosten zu reduzieren. Zu jedem dieser Treffen wird der Provider konkrete Vorschläge für Kosteneinsparungen präsentieren, einschließlich einer Schätzung des Einsparungspotentials sowie etwa erforderlicher Investitionen.

6.5 Benchmarking

6.5.1 Der Kunde ist berechtigt, die Vergütung, die der Provider für die Services erhält, ganz oder teilweise zu benchmarken. Das Benchmarking wird erstmals zum Ende des zweiten Vertragsjahres und danach nicht häufiger als einmal jährlich je Element der Vergütung durchgeführt.

6.5.2 Die Parteien werden eine Liste möglicher Benchmarking-Anbieter erstellen und einvernehmlich pflegen. Zunächst umfasst diese Liste folgende Unternehmen: [x]. Aus dieser Liste darf der Kunde einen Benchmarker auswählen.

6.5.3 Die Kosten des Benchmarkers werden durch den Kunden getragen. Im Übrigen trägt jede Partei ihre eigenen Kosten sowie die Kosten etwa von ihr eingeschalteter Berater.

6.5.4 Die Parteien werden uneingeschränkt mit dem Benchmarker kooperieren und diesem unverzüglich alle Informationen bereitstellen, die er zumutbarer Weise anfordert.

6.5.5 Der Benchmarker vergleicht die Vergütung für den von dem Kunden ausgewählten Gegenstand des Benchmarking mit der entsprechenden Vergütung, die bei einer repräsentativen Auswahl vergleichbarer Outsourcing-Transaktionen geleistet wird. Die Auswahl und Normalisierung dieser Referenztransaktionen erfolgt nach den folgenden Kriterien:
(a) inhaltlicher Umfang des betreffenden Service;
(b) Volumen (Menge) des betreffenden Service;
(c) Service Levels, die für den betreffenden Service bestehen.
Der Benchmarker soll die aus den Referenztransaktionen gewonnenen Daten nach den vorstehenden Kriterien und weiteren von ihm als sachgerecht erkannten Kriterien normalisieren, um damit etwaigen Unterschieden in der Leistungserbringung Rechnung zu tragen.

6.5.6 Der Benchmarker legt seine Feststellungen in einem vorläufigen Bericht an beide Parteien dar. Jede Partei hat daraufhin vier Wochen Zeit, den Bericht zu prüfen, zu kommentieren und Änderungen zu verlangen. Es ist mit Ausnahme offenkundiger Fehler und nachweislicher Irrtümer alleine die Entscheidung des Benchmarkers, inwieweit er diese Kommentare oder Änderungswünsche in seinem endgültigen Bericht berücksichtigt.

6.5.7 Wenn der Benchmarker in seinem endgültigen Bericht zu dem Ergebnis gelangt, dass die Vergütung, die Gegenstand des Benchmarking ist, nicht mindestens dem Durchschnitt der

VI. Vertragsklauseln

Vergütung in den normalisierten Referenztransaktionen entspricht, so wird der Provider innerhalb von vier Wochen nach Bekanntgabe des endgültigen Berichts einen Plan zur Nachbesserung entwerfen, der ein besseres Preis-Leistungs-Verhältnis für den betreffenden Service vorsieht sowie den Zeitpunkt der Anpassung enthält und dadurch die Differenz zum Durchschnitt der normalisierten Referenztransaktionen für die Zukunft eliminiert. Der Kunde darf dem Plan die Zustimmung nicht unbillig verweigern. Legt der Provider keinen Plan vor oder verweigert der Kunde berechtigterweise seine Zustimmung zu dem Plan, so wird die Vergütung mit Wirkung zu dem Zeitpunkt, in dem der Benchmarker seinen Bericht vorgelegt hat, so angepasst, dass sie mindestens dem Durchschnitt der entsprechenden Vergütung der normalisierten Referenztransaktionen entspricht.

6.5.8 Eine Erhöhung der Vergütung oder Reduzierung von Service Levels infolge eines Benchmarking findet nicht statt.

Erläuterungen

1. Allgemeines (Erläuterungen zu Ziff. 6.1)
2. Rechnungsstellung und Zahlung (Erläuterungen zu Ziff. 6.2)
3. Steuern (Erläuterungen zu Ziff. 6.3)
4. Kosteneinsparungen (Erläuterungen zu Ziff. 6.4)
5. Benchmarking (Erläuterungen zu Ziff. 6.5)

1. Allgemeines (Erläuterungen zu Ziff. 6.1)

Im Bereich des Outsourcing gibt es eine Vielzahl von Vergütungsmodellen, die teilweise sehr individuell gestaltet sind. Ähnlich wie bei der Leistungsbeschreibung und den Service Levels muss sich die vorliegende Abhandlung darauf beschränken, einen Überblick über einige der in der Praxis üblichen Varianten zu geben. Aus Sicht der Vertragsgestaltung ist auf eine sorgfältige Ausformulierung der Bestimmungen zur Vergütung hinzuweisen. In der Praxis kommt dies häufig zu kurz. Die Absprachen zur Vergütung sind typischerweise in einer gesonderten Anlage zum Service-Vertrag enthalten.

Grob betrachtet lassen sich bei Outsourcing-Verträgen folgende Vergütungsmodelle unterscheiden, die abhängig von den im Service-Vertrag zusammengefassten Leistungen auch miteinander kombiniert werden können:

- Festpreis: Ziel des Outsourcing ist für den Kunden häufig eine Variabilisierung der Kosten, bei der die Höhe der Vergütung von der verbrauchten Menge der Leistungen abhängt. Dies lässt sich nicht immer für alle Elemente der Services erreichen. Daher sind auch bei Outsourcing-Transaktionen Festpreiselemente keine Seltenheit. So werden Leistungen im Bereich User-Helpdesk abhängig von der Anzahl der vom Provider eingesetzten Mitarbeiter oftmals zum Festpreis vergütet. Häufig werden Festpreisvereinbarungen auch für eine Übergangszeit getroffen, weil die für eine variable Berechnung der Vergütung notwendigen Voraussetzungen nicht vorliegen oder die hierfür notwendigen Informationen (noch) nicht ohne weiteres standardmäßig erzeugt werden können. Festpreise kommen darüber hinaus für einmalige Leistungen (z. B. für Transitionsleistungen oder etwaige Restrukturierungsmaßnahmen) in Betracht.

- Variable Vergütung: Vielfach ist die Möglichkeit zur Variabilisierung von Kosten eine der wesentlichen Antriebsfedern des Kunden bei einem Outsourcing (siehe oben S. 7). Bei einer variablen Vergütung vereinbaren die Parteien bestimmte Verrechnungseinheiten, die für die Services charakteristisch sind und für die der Provider Preise stellt (z. B. bei einem Rechenzentrums-Outsourcing sog. MIPS bei Großrechnern, die Zahl der Server bei Unix-Rechnern oder der benötigte Speicherplatz für Speicherleistungen). Bei der Preisstellung erwartet der Kunde grundsätzlich, dass der Preis je Verrechnungseinheit mit zunehmender Menge sinkt. Eine Variante der variablen Vergütung sind transaktionsbasierte Preise, bei denen die Vergütung nicht für bestimmte Arten genutzter Ressourcen, sondern für die Durchführung bestimmter Transaktionen gezahlt wird. Ein transaktionsbasiertes Preismodell findet sich häufig bei BPOs (z. B. die Vergütung von Druckleistungen pro gedruckter Seite oder die Vergütung der Zahlungsverkehrsabwicklung je ausgeführtem Zahlungsvorgang).
- Aufwandsbezogene Vergütung: Der Kunde wird versuchen, eine Abrechnung der Leistungen des Providers nach Aufwand weitgehend zu vermeiden. Denn dieser Abrechnungsmodus erschwert für ihn die Kalkulierbarkeit der Vergütung, was wiederum Voraussetzung für die Stabilität des Business Case ist (siehe oben S. 8). Ganz lässt sich eine aufwandsbezogene Vergütung jedoch selten vermeiden. Häufig wird sie bei stark personallastigen sowie vom Aufwand her schwer kalkulierbaren Services angewendet. Ein typisches Beispiel sind Projektaufträge (siehe § 3 Ziff. 3.4), sofern der Kunde nicht im Einzelfall eine Festpreisvereinbarung wünscht. Daher ist es allgemein üblich, in Outsourcing-Verträgen Tagessätze zu vereinbaren, die für etwaige aufwandsbezogene Tätigkeiten des Providers gelten sollen. In der Praxis kommen sowohl Tagessätze vor, die abhängig vom Standort (*Onshore, Nearshore, Offshore*)

VI. Vertragsklauseln

und der Qualifikation des entsprechenden Mitarbeiters des Providers (*Skill Levels*) unterschiedlich hoch sind, als auch Durchschnittssätze (sog. *Blended Rates*), bei denen ein einheitlicher Tagessatz über alle Qualifikationen und/oder Standorte gebildet wird. Soweit sich die Parteien nicht auf eine Festpreisvergütung verständigen, wird der Provider in der einen oder anderen Form Zusagen fordern, die ihm eine gewisse Mindestvergütung sichern. Dabei wird es dem Provider vor allem darum gehen, die ihm entstehenden Fixkosten zu decken. Für die vertragliche Ausgestaltung von Umsatzzusagen bestehen wiederum unterschiedliche Varianten:

- Die einfachste Variante ist die Erteilung einer Umsatzgarantie, die typischerweise von Jahr zu Jahr abnehmen wird. Umsatzgarantien kommen in der Praxis in zahlreichen Ausprägungen vor. Das Grundmodell besteht darin, dass eine Ausgleichszahlung an den Provider zu leisten ist, wenn der zugesagte Mindestumsatz nicht erreicht wird. Der Kunde wird dabei allerdings versuchen, Kompensationsmöglichkeiten zu finden (z.B. Vortrag von Mehrumsätzen aus dem Vorjahr, Kompensation durch zusätzliches Geschäft, etc.).
- Bei variablen Vergütungsmodellen wird regelmäßig vereinbart, dass die angebotenen Preise nur solange Geltung haben, wie sich die vereinbarten Verrechnungseinheiten innerhalb bestimmter Mengenkorridore halten. Das untere Ende des Korridors kann dabei entweder als Mindestabnahme (vorteilhaft für den Provider) oder als Grenze definiert werden, ab der es zu neuen Preisverhandlungen kommt (vorteilhaft für den Kunden).
- Zu einem ähnlichen Ergebnis wie Mengenkorridore führen Staffelpreise, bei denen der vereinbarte Preis sich über einen bestimmten Zeitraum mit der abgenommenen Menge verändert. Dabei fallen die Preise bei niedriger Abnahmemenge entsprechend hoch aus, um die Umsatzziele des Providers zu erreichen.

Es liegt nicht zwangsläufig im Interesse des Kunden, jegliche Umsatzgarantien oder Mengenkorridore zu vermeiden. Umsatzgarantien oder Mengenkorridore schränken zwar die Flexibilität des Kunden ein. Diese Flexibilität geht erfahrungsgemäß aber zu Lasten der Preise, in die der Provider dann zwangsläufig eine „Versicherungsprämie" einkalkuliert, um zumindest seine Fixkosten bei unerwarteten Mindervolumina decken zu können. Wenn der Kunde mit einem hohen Maß an Sicherheit die von ihm benötigten Mengen vorhersehen kann, mag es sich daher positiv auf die Preise auswirken, wenn er dem Provider bestimmte Mindestumsätze oder -mengen zusagt. Dabei muss der Kunde allerdings bedenken, dass er dem Provider gegenüber schadensersatzpflichtig wird, wenn er diese Mindestumsätze oder -mengen verfehlt.[116]

Weil Outsourcing-Verträge langfristig angelegt sind, stellt sich in Verhandlungen immer wieder die Frage nach der Behandlung des Inflationsrisikos. Wird hierzu vertraglich nichts geregelt, trägt der Provider das Risiko, d.h. die Inflation bleibt ohne Auswirkungen auf die vereinbarten Preise. Der Provider schlägt mitunter vor, mit dem Kunden eine Anpassung der Preise gemäß der Entwicklung eines zu definierenden Index vorzunehmen.[117] Der Wirksamkeit derartiger Vereinbarungen sind durch das Preisklauselgesetz[118] allerdings Grenzen gesetzt. Lässt sich der Kunde auf die Vereinbarung eines Inflationsanpassungsmechanismus ein, so wird er zu überlegen haben, zu welchem Anteil die Leistungen des Providers inflationssensitiv sind, d.h. in welchem Maße die Entwicklung eines Index repräsentativ für Art und Zusammensetzung der Kosten des Providers ist, und eine entsprechende Abgrenzung in der die Vergütung regelnden Anlage des Service-Vertrages vornehmen. Eine besondere Herausforderung stellt das Inflationsrisiko regelmäßig bei Offshoring-Transaktionen dar, wenn der Provider wesentliche Teile der Leistungen aus einem Land heraus erbringt, in dem typischerweise eine stärkere Inflation als in Europa zu finden ist. Die Verteilung dieses Risikos ist Verhandlungssache.

2. Rechnungsstellung und Zahlung (Erläuterungen zu Ziff. 6.2)

Ziff. 6.2 des Vertragsmusters enthält Absprachen, die die Rechnungsstellung sowie den Ausgleich von Rechnungen betreffen. Es handelt sich um exemplarische Vorschriften, die in der Praxis abhängig von den Gepflogenheiten der beteiligten Unternehmen der Präzisierung bedürfen.

Üblich ist eine Regelung des Zahlungsziels. Neben dem Zahlungsziel (siehe Ziff. 6.2.1) muss auch die Fälligkeit geregelt werden. Bei laufenden Leistungen ist sowohl eine monatlich vorschüssige als auch eine monatlich nachträgliche Rechnungsstellung denkbar.

Klarstellenden Charakter hat die Regelung, dass durch den Rechnungsausgleich dem Kunden nicht etwaige Einwände gegen die Richtigkeit der Rechnung oder die Ordnungsmäßigkeit der erbrachten Leistungen abgeschnitten werden. Stellt sich im Nachhinein heraus, dass eine Rechnung nicht richtig ist oder die darin abgerechneten Leistungen tatsächlich nicht erbracht wurden, kann der Kunde dies auch dann noch vorbringen, wenn er die Rechnung bereits bezahlt hat (siehe Ziff. 6.2.2).

Fehlt es an einer Regelung über den anwendbaren Zinssatz bei Zahlungsverzug des Kunden, beträgt dieser nach der gesetzlichen Regelung des § 288 Abs. 2 BGB acht Prozentpunkte über dem Basis-

VI. Vertragsklauseln

zinssatz. Dies wird kundenseitig häufig als zu hoch empfunden, weshalb Verhandlungen über eine abweichende Höhe des Verzugszinses über eine entsprechende Regelung üblich sind (siehe Ziff. 6.2.3). Oftmals besteht kundenseitig die Notwendigkeit, die durch den Provider in Rechnung gestellte Vergütung im Unternehmen oder Konzern des Kunden oder an Dritte, die über den Kunden die vertragsgegenständlichen Leistungen beziehen, weiter zu belasten. Voraussetzung für eine möglichst verursachergerechte Weiterbelastung ist dabei, dass mit der Rechnungsstellung bestimmte Informationen geliefert werden, die eine Allokation der Rechnungsbeträge ermöglichen. Das Vertragsmuster schlägt eine Regelung vor, nach der der Provider die Informationen liefern muss, die der Kunde zumutbarer Weise benötigt. Durch das Kriterium der Zumutbarkeit wird der Provider davor geschützt, dass er wesentliche, für ihn nicht vorhersehbare Investitionen tätigen muss, um die gewünschten Informationen zu generieren. Alternativ dazu besteht die Möglichkeit, Rechnungsmuster beizufügen.

Soweit Teile der Services nach Aufwand abgerechnet werden, benötigt der Kunde eine angemessene Aufschlüsselung des Aufwands, welche die Zuordnung zu einzelnen Aufträgen ermöglicht, und den Kunden in die Lage versetzt, den Aufwand nachzuvollziehen (siehe Ziff. 6.2.5).

Das Vertragsmuster enthält zudem eine klarstellende Regelung, dass eine gesonderte Erstattung von Reisekosten nicht stattfindet (siehe Ziff. 6.2.6). Für die laufend zu erbringenden Services muss der Provider in der Lage sein, etwaigen Reiseaufwand einzukalkulieren. Anders mag der Fall bei Projekten liegen. Da über diese aber ohnehin eine gesonderte Projektvereinbarung zu schließen ist (siehe § 3 Ziff 3.4), mag an jener Stelle eine abweichende Regelung getroffen werden.

3. Steuern (Erläuterungen zu Ziff. 6.3)

Das Vertragsmuster enthält den üblichen Hinweis darauf, dass sich die vereinbarte Vergütung zuzüglich der gesetzlich anfallenden Umsatzsteuer versteht. Aus Sicht des Kunden kann die vom Provider zusätzlich zur Vergütung in Rechnung gestellte Umsatzsteuer einen nicht unerheblichen Kostenfaktor bilden, den es bei der Beurteilung der wirtschaftlichen Vorteile des Outsourcing zu berücksichtigen gilt. Ob und inwieweit der Kunde letztendlich tatsächlich mit Umsatzsteuer belastet wird, ist von verschiedenen Faktoren abhängig (z.B. Art der Services, Ort der Leistungserbringung, Vorsteuerabzugsberechtigung) und entzieht sich einer generalisierenden Betrach-

tung. Praxisrelevant erscheinen jedoch insbesondere folgende Konstellationen:
- Führt das Outsourcing zu Leistungsbeziehungen zwischen inländischen Unternehmen, finden die allgemeinen Regelungen des Umsatzsteuergesetzes Anwendung. Dabei werden die von dem Provider erbrachten Services häufig einheitlich als sonstige Leistungen im Sinne von § 3 Abs. 9 UStG zu qualifizieren sein. Werden Services erbracht, die sowohl eine Lieferung als auch eine sonstige Leistung umfassen (z. B. die Lieferung von Hardware einschließlich deren Installation), kommt es für die umsatzsteuerliche Einordnung darauf an, ob eine einheitliche Leistung oder zwei getrennte Leistungen vorliegen.[119] In beiden Fällen erfolgt die Besteuerung jedoch grundsätzlich mit dem Regelsteuersatz nach § 12 Abs. 1 UStG von derzeit 19%. Bemessungsgrundlage für die Umsatzsteuer ist das jeweils vereinbarte Entgelt. Die durch den Provider auszustellenden Rechnungen müssen den Anforderungen des § 14 UStG genügen.[120]
- Lagert ein inländisches Unternehmen Leistungen auf einen ausländischen Anbieter aus, ist eine Leistungserbringung an den inländischen Kunden in Deutschland umsatzsteuerpflichtig, wenn ein nach § 1 Abs. 1 Nr. 1 UStG im Inland steuerbarer Vorgang gegeben ist. Dies ist aufgrund des Empfängerortsprinzips gemäß § 3a Abs. 3 UStG oftmals der Fall. Eine Besonderheit gegenüber dem rein inländischen Rechtsverkehr ergibt sich dann aus § 13b UStG. Dieser führt praktisch zu einer Verlagerung der Steuerschuldnerschaft von dem Provider auf den Kunden (sog. Reverse Charge-Verfahren). Danach stellt der ausländische Provider seine Rechnung ohne Umsatzsteuer aus, weist jedoch daraufhin, dass der inländische Kunde diese zu leisten hat. Der Kunde hat die Umsatzsteuer daraufhin im Rahmen seiner Vorsteueranmeldung zu berechnen und abzuführen. Dies dient einerseits der Vereinfachung für ausländische Unternehmen, soll jedoch andererseits das Steueraufkommen in Deutschland sichern.[121]
- Nach § 4 Nr. 8 bzw. 10 UStG sind Dienstleistungen von Banken und Versicherungen weitgehend umsatzsteuerbefreit. Fraglich ist daher, inwieweit diese Umsatzsteuerbefreiungen auch im Rahmen des Outsourcing Anwendung finden. Im Bankensektor stellt sich diese Frage regelmäßig bei der Auslagerung von Leistungen im Bereich des Zahlungsverkehrs sowie im Wertpapierhandel. In der Versicherungswirtschaft geht es unterdessen häufig um die Auslagerung von sog. Backoffice-Tätigkeiten, d. h. die im Versicherungsgeschäft anfallende Sacharbeit.[122] Während der EuGH eine Umsatzsteuerbefreiung unter bestimmten Voraussetzungen bejaht,[123] folgen dem das BMF[124] sowie einige nationale Gerichte bislang nur

VI. Vertragsklauseln

eingeschränkt.[125] Eine Klärung dieser Streitfrage wird nunmehr auf europäischer Ebene angestrebt. Kern der Reformbemühungen soll dabei die Kodifizierung der EuGH-Rechtsprechung sein.[126]

- Bei konzerninternen Weiterverlagerungen besteht die Möglichkeit, die Leistungen zwischen den Konzernunternehmen als sog. Innenumsatz nicht umsatzsteuerbar zu stellen. Voraussetzung hierfür ist das Bestehen einer umsatzsteuerlichen Organschaft.[127]

Aus ertragsteuerrechtlicher Sicht sind in diesem Zusammenhang aber die von der Finanzverwaltung aufgestellten Grundsätze zu Verrechnungspreisen zu beachten. Danach muss die Vergütung für konzerninterne Leistungen einem Drittvergleich (*arms length principle*) standhalten können. Zur Unterbindung einer möglichen Gewinnverlagerung ins Ausland bestehen insbesondere bei grenzüberschreitenden Outsourcing-Transaktionen zwischen verbundenen Unternehmen umfangreiche Vorgaben der Finanzverwaltung. Nach diesen hat das steuerpflichtige Unternehmen den Sachverhalt lückenlos zu dokumentieren und die Angemessenheit der vereinbarten Vergütung ausreichend nachzuweisen. Geschieht dies nicht, erfolgt eine Korrektur der Service-Vergütung durch die zuständige Finanzbehörde (vgl. § 1 Abs. 1 AStG).[128]

4. Kosteneinsparungen (Erläuterungen zu Ziff. 6.4)

Der Kunde wird eine Outsourcing-Beziehung insbesondere dann als erfolgreich ansehen, wenn ihn der Provider pro-aktiv auf Möglichkeiten hinweist, weitere Einsparungen zu erzielen. Im Laufe der Outsourcing-Beziehung lernt der Provider das Unternehmen des Kunden immer besser kennen und erhält dadurch die Gelegenheit, zielführende Vorschläge für Maßnahmen zur Kostensenkung auf Seiten des Kunden zu unterbreiten. Dies gilt insbesondere dann, wenn der Kunde nicht alle im Zusammenhang mit den Services stehenden Tätigkeiten auf den Provider ausgelagert hat, sondern einzelne Tätigkeiten oder Prozessschritte nach wie vor selbst erledigt. Entsprechend enthält das Vertragsmuster eine Regelung, nach der der Provider in jährlichen Abständen konkrete Vorschläge unterbreiten soll. Dabei geht es nicht darum, dass der Provider die Preise senkt, sondern darum, dem Kunden z.B. auf Möglichkeiten aufmerksam zu machen, wie er durch interne Veränderungen effizienter werden und damit Kosten einsparen kann. Das Erarbeiten derartiger Vorschläge liegt durchaus auch im Interesse des Providers, für den die Umsetzung derartiger Vorschläge regelmäßig mit zusätzlichen Aufträgen verbunden ist. Darüber hinaus können hierdurch auch Einsparungen auf Seiten des Providers entstehen, die sich positiv auf dessen Marge auswirken.

5. Benchmarking (Erläuterungen zu Ziff. 6.5)

Wenn der Kunde eine Outsourcing-Beziehung eingeht, sind wettbewerbsfähige Preise eines seiner wesentlichen Ziele. Da bei einem mehrjährigen Vertrag die Preise zunächst für die gesamte Laufzeit festgeschrieben werden, bedarf es eines besonderen Instruments, um die Wettbewerbsfähigkeit der Preise langfristig zu sichern. Zu diesem Zweck sind Benchmarking-Klauseln in Outsourcing-Verträgen üblich. Von dem Recht, ein Benchmarking durchzuführen, wird in der Praxis bislang eher zurückhaltend Gebrauch gemacht. Gleichwohl haben Benchmarking-Vereinbarungen in langfristigen Outsourcing-Verträgen ihre Berechtigung. Die bloße Option des Benchmarking kann bewirken, dass sich die Parteien zur Vermeidung eines möglichen Benchmarking auf eine Preisanpassung verständigen, soweit dies aufgrund der Entwicklung des Marktes gerechtfertigt ist. Charakteristisch für das im Vertragsmuster vorgeschlagene Benchmarking ist, dass ein Dritter (*Benchmarker*) beauftragt wird, der anhand vorbestimmter Kriterien Referenztransaktionen identifiziert, die zwischen diesen Referenztransaktionen und dem Vertrag zwischen den Parteien bestehenden Unterschiede normalisiert und aufzeigt, wie sich die vereinbarten Preise zu jenen der Referenztransaktionen verhalten. Das im Vertragsmuster vorgeschlagene Benchmarking ist eine von zahlreichen möglichen Varianten.[129]

Die Benchmarking-Klausel muss zunächst festlegen, ob die Services nur insgesamt oder auch hinsichtlich einzelner Elemente einem Benchmarking unterzogen werden dürfen. Die Möglichkeit des Benchmarking für einzelne Elemente der Services bietet ein höheres Maß an Flexibilität und erlaubt es außerdem, die Komplexität des Benchmarking zu reduzieren (siehe Ziff. 6.5.1). Oftmals wird dem Provider aber daran gelegen sein, ein Benchmarking nur hinsichtlich der Services insgesamt zuzulassen. Dies ist insbesondere dann der Fall, wenn der insgesamt angebotene Preis auf einer Mischkalkulation aus profitablen und weniger profitablen Elementen beruht.

Im Regelfall ist es nicht sinnvoll, innerhalb der ersten zwei Jahre der Vertragslaufzeit ein Benchmarking durchzuführen. Dieser Zeitraum ist bei Vertragsschluss für die Beteiligten überschaubar und das Risiko dramatischer Preisveränderungen begrenzt oder wenigstens kalkulierbar. Auch für die Zeit danach ist es zweckmäßig, sich auf eine bestimmte Höchstfrequenz von Benchmarking-Verfahren zu verständigen. Eine Absprache, wonach ein Benchmarking nur einmal jährlich (je Element der Services) von dem Kunden verlangt werden kann, ist eine übliche Vereinbarung (siehe Ziff. 6.5.1).

VI. Vertragsklauseln

Die Zahl der Unternehmen, die als Benchmarker in Betracht kommen, ist begrenzt. Es muss sich bei dem Benchmarker um eine Person oder ein Unternehmen mit profunden Marktkenntnissen und Zugang zu Informationen über Referenztransaktionen handeln. Im Idealfall einigen sich die Parteien bei Einleitung des Benchmarking-Verfahrens durch den Kunden auf den Benchmarker. Will man der Gefahr vorbeugen, dass eine solche Einigung nicht ohne weiteres zu erzielen ist oder zu Verzögerungen führt, bietet es sich an, bereits im Vertrag eine Liste von Benchmarkern zu vereinbaren, aus der der Kunde – vorbehaltlich einer abweichenden Vereinbarung der Beteiligten – bei Einleitung des Benchmarking-Verfahrens einen bestimmten Benchmarker auswählen darf (siehe Ziff. 6.5.2).

Zur Vermeidung späterer Diskussionen sollte eine Kostenregelung getroffen werden. Das Vertragsmuster schlägt eine Kostenübernahme durch den Kunden vor. Dies ist sachgerecht, weil sich der Kunde in diesem Fall sorgfältig überlegen wird, ob er das Verfahren anstößt, andererseits der Provider aber nicht gezwungen wird, Kosten für ein Benchmarking-Verfahren einzukalkulieren, das möglicherweise nie stattfindet (siehe Ziff. 6.5.3). Alternativ kommt eine Reglung in Betracht, nach der der Provider die Kosten des Benchmarking übernimmt, wenn dieses zu dem Ergebnis führt, dass die Preise im Vergleich zu den Referenztransaktionen überhöht sind. Wer zu seiner Unterstützung im Benchmarking-Verfahren weitere Berater einschaltet, muss deren Kosten freilich selbst tragen. Das Gleiche gilt für den jeweils internen Aufwand der Parteien. Gelegentlich wird aber auch vereinbart, dass die Beteiligten sich die Kosten des Benchmarking-Verfahrens insgesamt oder hinsichtlich einzelner Elemente teilen.

Für ein aussagekräftiges Benchmarking ist die Unterstützung des Benchmarkers durch die Beteiligten, insbesondere auch den Provider, erforderlich. Deshalb bietet sich eine wechselseitige Verpflichtung zur Kooperation und zur Offenlegung von Informationen an (siehe Ziff. 6.5.4).

Das Kernstück des Benchmarking und die aus der Sicht des Benchmarkers und der Beteiligten heikelste Aufgabe ist die Auswahl der zum Vergleich herangezogenen Referenztransaktionen sowie die Normalisierung etwaiger Unterschiede zwischen diesen Referenztransaktionen und dem Gegenstand des Benchmarking (siehe Ziff. 6.5.5). Als Referenztransaktionen sind grundsätzlich Transaktionen geeignet, die hinsichtlich des Umfangs der betroffenen Services, des Volumens der Transaktion sowie der vereinbarten Service Levels vergleichbar sind. Daneben können je nach Lage des Einzelfalls weitere Faktoren wie der geographische Zuschnitt der Transaktion, d.h. in welchem Land oder welchen Ländern die Services zu erbringen sind, eine Rolle spielen. Bei der Vergleichbarkeit kann ein eher großzügiger Maßstab angelegt werden, da die nachfolgende Normalisierung Korrekturen erlaubt. Zu strenge Maßstäbe bei der Vergleichbarkeit werden häufig zur Folge haben, dass es nicht möglich ist, eine repräsentative Anzahl an vergleichbaren Transaktionen zu ermitteln. Überhaupt mag es bei sehr speziellen Leistungen, die durch Unternehmen verhältnismäßig selten ausgelagert werden, schwierig sein, Referenztransaktionen zu identifizieren. Das Benchmarking-Verfahren wird in diesen Fällen nur bedingt sinnvoll eingesetzt werden können.

Im Rahmen der Normalisierung wird der Benchmarker Auf- bzw. Abschläge auf die Vergütung der Referenztransaktionen vornehmen, wie dies durch Unterschiede zwischen den Referenztransaktionen und dem Gegenstand des Benchmarking geboten ist. Auf diese Weise wird eine Vergleichbarkeit zwischen der Vergütung, die Gegenstand des Benchmarking ist, und der Vergütung der Referenztransaktionen hergestellt. Bei der Normalisierung sind auch transaktionsspezifische Faktoren zu berücksichtigen, z.B. die Übernahme von Mitarbeitern und deren Auswirkungen auf die Kosten des Providers. Übernimmt der Provider mit den Services Mitarbeiter des Kunden und damit eine gewisse Restrukturierungslast, so wird er die Restrukturierungskosten üblicherweise über einen bestimmten Zeitraum in die Preise einkalkulieren. Soweit dies der Fall ist, muss dies im Rahmen der Normalisierung berücksichtigt werden. Anders läge der Fall, wenn dem Provider gesonderte Restrukturierungsmittel zur Verfügung gestellt worden wären. Das Beispiel zeigt, dass bei der Normalisierung der Einzelfall genau zu betrachten und der Benchmarker auf genaue Informationen von den Beteiligten angewiesen ist. Als weitere transaktionsspezifische Kosten kommen – je nach den Umständen des Einzelfalls – besondere Aufwände des Providers im Rahmen der Transition oder der Transformation in Betracht.

Weil es sich bei dem Benchmarking um ein komplexes Verfahren handelt, ist es sinnvoll, wenn der Benchmarker den Parteien ein vorläufiges Ergebnis vorstellt und ihnen Gelegenheit zu einer Stellungnahme gibt. Dabei sollte es allerdings Sache des Benchmarkers sein, ob er diese weiteren Hinweise berücksichtigt (siehe Ziff. 6.5.6). Es liegt im Interesse beider Parteien, dem Benchmarker einen weitgehenden Beurteilungsspielraum einzuräumen; denn keiner der Parteien kann daran gelegen sein, im Anschluss an ein Benchmarking-Verfahren lange Auseinandersetzungen darüber zu führen, ob der Benchmarker zu einem zutreffenden Ergebnis gekommen ist. Durch die vorherige Festlegung geeigneter Benchmarker können die Parteien außerdem sicherstellen, einen Anbieter auszuwählen, der sein Handwerk versteht.

VI. Vertragsklauseln

Wie wirkungsvoll das Benchmarking als Druckmittel oder bei tatsächlicher Durchführung ist, hängt ganz wesentlich davon ab, wie die Parteien mit dem Ergebnis des Benchmarking umgehen. Aus verständlichen Gründen ist dem Provider häufig an einer Lösung gelegen, nach der die Ergebnisse des Benchmarking nur informativen Charakter haben und nicht zu einer automatischen Preisanpassung führen. Das Interesse des Kunden liegt demgegenüber darin, dass die Preise angepasst werden, wenn im Rahmen des Benchmarking deren mangelnde Wettbewerbsfähigkeit festgestellt wird. Sollen die Benchmarking-Ergebnisse nicht nur informativen Charakter haben, so müssen sich die Parteien zunächst über eine Schwelle verständigen, ab der Konsequenzen einsetzen. Das Vertragsmuster (siehe Ziff. 6.5.7) schlägt hier einen vergleichsweise großzügigen Maßstab vor, nämlich dass Konsequenzen nur eintreten sollen, wenn die Preise, die Gegenstand des Benchmarking sind, über dem Durchschnitt der Preise der normalisierten Referenztransaktionen liegen. Außerdem soll nach der hier vorgeschlagenen Klausel der Provider zunächst die Gelegenheit haben, einen Plan zu entwickeln, der nicht notwendigerweise zu einer Reduzierung der Preise, sondern ggf. auch zu einer Verbesserung der Leistung führen kann. Durch die Regelung, dass der Kunde dem Plan seine Zustimmung nicht unbillig verweigern darf, ist sichergestellt, dass sich der Kunde mit diesem Plan ernsthaft auseinandersetzt. Nur wenn danach eine Zustimmung nicht in Betracht kommt, ist der Provider verpflichtet, die Vergütung für die Services, die Gegenstand des Benchmarking waren, anzupassen.

Schließlich wurde in das Vertragsmuster aufgenommen, dass ein Benchmarking nicht zu einer Erhöhung der Preise führen kann (siehe Ziff. 6.5.8). Es entspricht dem Wesen des Outsourcing, dass der Provider – von einer etwaigen Inflationsanpassung abgesehen (siehe S. 104) – dem Kunden über die Vertragslaufzeit eine Preissicherheit gewährt. Dieses Prinzip würde unterlaufen, wenn ein Benchmarking eine Erhöhung der Preise zur Folge haben könnte. Umgekehrt ist ein Benchmarking zugunsten des Kunden aber gerechtfertigt, weil ein insgesamt sinkender Marktpreis die Vermutung nahelegt, dass auch der Provider seine Leistungen zu günstigeren Kosten erbringt oder wenigstens erbringen könnte.

§ 7
Mitarbeiter des Providers

7.1 Anforderungen an Mitarbeiter
7.1.1 Die Mitarbeiter des Providers müssen die Ausbildung und Erfahrung besitzen, die zur Erfüllung ihrer jeweiligen Aufgaben erforderlich sind. Der Kunde ist berechtigt, von dem Provider entsprechende Nachweise zu verlangen.
7.1.2 Der Kunde kann von dem Provider verlangen, dass bei Vorliegen eines sachlichen Grundes einzelne Mitarbeiter des Providers ersetzt werden. Ein entsprechendes Verlangen soll durch den Kunden im Einzelfall begründet werden. Der Provider wird den betreffenden Mitarbeiter dann in einer den Umständen des Einzelfalls angemessenen Frist durch einen geeigneten Mitarbeiter ersetzen.
7.2 Schlüsselpositionen
7.2.1 Der Provider ist ohne die vorherige schriftliche Zustimmung des Kunden nicht befugt, Mitarbeiter auszutauschen, denen eine der in Anlage 8 (Schlüsselpositionen) aufgeführten Positionen zugewiesen ist. Dies gilt nicht, wenn hierfür ein wichtiger Grund (z.B. längerfristige Krankheit, Ausscheiden aus dem Unternehmen) besteht oder der Inhaber der betreffenden Schüsselposition diese seit mindestens zwei Jahren innehat. Im Falle des Austauschs hat der Provider durch geeignete Maßnahmen dafür Sorge zu tragen, dass ein reibungsloser Übergang zwischen dem alten und dem neuen Inhaber der Schlüsselposition stattfindet.
7.2.2 Bevor eine Schlüsselposition vergeben wird, ist dem Kunden die Gelegenheit zu geben, sich von der Eignung des Kandidaten in einem Gespräch mit diesem zu überzeugen.

Erläuterungen

1. Anforderungen an Mitarbeiter (Erläuterungen zu Ziff. 7.1)
2. Schlüsselpositionen (Erläuterungen zu Ziff. 7.2)

1. Anforderungen an Mitarbeiter (Erläuterungen zu Ziff. 7.1)

Eigentlich sollte es sich von selbst verstehen, dass der Provider nur Mitarbeiter für die Erbringung der Services einsetzt, die ausreichend qualifiziert sind. Gleichwohl zeigt die Praxis, insbesondere in Bereichen, in denen am Markt immer wieder ein Mangel an Fachkräften besteht, dass es nicht schadet, dies vertraglich festzuhalten. Da die mangelnde Qualifikation von Mitarbeitern des Providers aus der Sicht des Kunden ein operatives Risiko bedeutet, sollte er sich zudem vorbehalten, von dem Provider entsprechende Nachweise zu verlangen (siehe Ziff. 7.1.1).

Im Rahmen einer Outsourcing-Beziehung findet eine enge Zusammenarbeit der Parteien statt. Wichtig ist, dass insbesondere die Mitarbeiter des Providers, die regelmäßig mit dem Kunden in Kontakt kommen, dessen Vertrauen genießen. Wo dieses Vertrauen fehlt, wird der Provider gut daran tun, den entsprechenden Mitarbeiter auszutauschen. Ziff. 7.1.2 enthält eine Regelung, nach der der Kunde seinerseits verlangen kann, dass bestimmte Mitarbeiter des Providers ersetzt werden, wenn ein sachlicher Grund und eine entsprechende Begründung des Kunden vorliegen. Hierdurch wird einem willkürlichen Austauschverlangen des Kunden vorgebeugt, diesem aber zugleich eine Handhabe für den Fall gegeben, dass die Zusammenarbeit durch bestimmte Mitarbeiter des Providers stark belastet wird. Die Interessen des Providers werden außerdem dadurch geschützt, dass der betroffene Mitarbeiter lediglich in einer den Umständen des Einzelfalls angemessenen Frist zu ersetzen ist.

Immer häufiger geben Unternehmen, insbesondere solche mit anglo-amerikanischem Hintergrund, vor, dass der Provider die von ihm für die Erbringung der Services eingesetzten Mitarbeiter vorab einer genauen Prüfung ihrer beruflichen Fähigkeiten, Zuverlässigkeit und Integrität unterzieht (sog. *Background Screening*). Hierzu kann z. B. die Einholung von Auskünften über den Bildungsweg und vorherige Arbeitsverhältnisse, die Einholung von SCHUFA-Auskünften oder die Vorlage von polizeilichen Führungszeugnissen gehören. Derartige Vorgaben sind unter dem Gesichtspunkt der allgemeinen Risikokontrolle einerseits verständlich, unterliegen aber andererseits den hierzulande insoweit geltenden arbeits- und datenschutzrechtlichen Grenzen.[130] In bestimmten Bereichen sind entsprechende Prüfungen indes ausdrücklich gesetzlich vorgeschrieben. So verhält es sich etwa im Bereich der öffentlichen Hand bei sicherheitsrelevanten Vorhaben.[131]

2. Schlüsselpositionen (Erläuterungen zu Ziff. 7.2)

Bei den Schlüsselpositionen (sog. *Key Positions*) handelt es sich um bestimmte Rollen in der Service-Organisation des Providers, die für die Zusammenarbeit mit dem Kunden von herausragender Bedeutung sind. Beispielhaft können insoweit der *Relationship Manager*, der für die Kundenbeziehung unter dem Vertrag insgesamt zuständig ist, und der *Service Delivery Manager,* der für die operative Erbringung der Services verantwortlich ist, genannt werden (siehe S. 118 f.). Typischerweise werden die Schlüsselpositionen in einer Anlage zum Service-Vertrag aufgeführt. Erfahrungsgemäß werden selten mehr als zehn Schlüsselpositionen vereinbart.

Wegen der großen Bedeutung der die Schlüsselpositionen bekleidenden Mitarbeiter des Providers für den Erfolg des Outsourcing-Vorhabens hat der Kunde ein Interesse an einer Kontinuität der Schlüsselpositionen und einem Mitspracherecht bei deren Besetzung. Die Mitarbeiter des Providers, die zu Beginn der Vertragslaufzeit die Schlüsselpositionen bekleiden werden, wird der Provider dem Kunden zumeist bereits im Vorfeld des Vertragsabschlusses vorstellen. Eine Garantie, dass ein Mitarbeiter über die gesamte Vertragslaufzeit in einer Schlüsselposition verbleibt, ist zwar nicht möglich. Allerdings kann von dem Provider verlangt werden, dass er alle zumutbaren Anstrengungen unternimmt, um zumindest über einen gewissen Zeitraum eine Kontinuität zu erreichen. Die im Vertragsmuster vorgeschlagene Regelung sieht daher vor, dass ein Austausch der betreffenden Mitarbeiter grundsätzlich nur bei Vorliegen eines wichtigen Grundes (z. B. längerfristige Krankheit, Ausscheiden aus dem Unternehmen) erfolgen soll (siehe Ziff. 7.2.1, Satz 1 und 2). In einem solchen Fall hat der Provider für einen reibungslosen Übergang zwischen dem bisherigen und dem neuen Inhaber der Schlüsselposition zu sorgen, um negative Auswirkungen auf die Erbringung der Services möglichst zu verhindern (siehe Ziff. 7.2.1, Satz 3). Bei einer Neubesetzung von Schlüsselpositionen entspricht es zudem den Gepflogenheiten, den Kandidaten vorzustellen und dem Kunden Gelegenheit zu geben, sich ein Bild von dem Kandidaten zu verschaffen (siehe Ziff. 7.2.2).

Neben den Bestimmungen über Schlüsselpositionen finden sich in Outsourcing-Verträgen mit einem Mitarbeiterübergang gelegentlich Regelungen über die Festlegung bestimmter Schlüsselmitarbeiter oder *Key Player.* Bei diesen handelt es sich nicht um Rollen, sondern um individuelle Mitarbeiter des Kunden, die auf den Provider übergehen sollen und hinsichtlich derer sich der Provider verpflichtet, sie für einen bestimmten Zeitraum in ihrer bisherigen Funktion zu belassen, um gerade in der Übergangszeit eine möglichst reibungslose Erbringung der Services zu gewährleisten.

VI. Vertragsklauseln

§ 8
Governance

8.1 Relationship Manager
8.1.1 Die Parteien benennen jeweils einen Relationship Manager. Die Relationship Manager sind, soweit nicht im Einzelfall etwas anderes vereinbart ist, die zentralen Ansprechpartner für alle mit diesem Vertrag in Zusammenhang stehenden Angelegenheiten. Die für die Parteien jeweils geltenden Vertretungsregeln bleiben unberührt.
8.1.2 Alle mit diesem Vertrag in Zusammenhang stehenden rechtsgeschäftlichen Erklärungen einer Partei sind an den Relationship Manager der anderen Partei zu richten.
8.1.3 Die Relationship Manager sind berechtigt, einzelne Aufgaben in Zusammenhang mit diesem Vertrag an andere Personen zu delegieren. In diesem Fall haben sie die ordnungsgemäße Aufgabenerledigung durch diese Personen zu überwachen und sicherzustellen. Die Relationship Manager werden einen Plan aufstellen und regelmäßig aktualisieren, der die Kommunikationsschnittstellen zwischen der Organisation des Providers und der Organisation des Kunden beschreibt.
8.1.4 Treffen der Relationship Manager finden statt, wenn eine Partei dies wünscht oder dies im Rahmen des Eskalationsverfahrens erforderlich werden sollte, wenigstens jedoch einmal pro Monat.
8.2 Lenkungsausschuss
8.2.1 Die Parteien benennen jeweils drei Vertreter zur Besetzung des Lenkungsausschusses.
8.2.2 Der Lenkungsausschuss ist, soweit nicht im Einzelfall etwas anderes vereinbart ist, für die Überwachung der ordnungsgemäßen Vertragsdurchführung sowie die mittel- bis langfristige Abstimmung zwischen den Parteien zuständig. Alle Entscheidungen werden einvernehmlich getroffen.
8.2.3 Treffen des Lenkungsausschusses finden statt, wenn eine Partei dies wünscht oder dies im Rahmen des Eskalationsverfahrens erforderlich werden sollte, wenigstens jedoch einmal pro Kalenderhalbjahr.
8.3 Eskalationsverfahren
8.3.1 Die Parteien werden sich bemühen, alle Meinungsverschiedenheiten in Zusammenhang mit diesem Vertrag in konstruktiver Weise im Rahmen des nachfolgend beschriebenen Eskalationsverfahrens beizulegen.

8.3.2 Besteht zwischen den Parteien eine Meinungsverschiedenheit, ist jede Partei berechtigt, das Eskalationsverfahren durch formelle Anzeige der Meinungsverschiedenheit gegenüber dem Relationship Manager der anderen Partei einzuleiten. Die Anzeige muss in Schriftform erfolgen und ausreichende Informationen enthalten, um der anderen Partei ein vollständiges Bild über den Gegenstand der Meinungsverschiedenheit zu verschaffen.

8.3.3 Die Relationship Manager werden sich bemühen, die Meinungsverschiedenheit innerhalb einer Frist von vier Wochen nach Einleitung des Eskalationsverfahrens beizulegen. Gelingt dies nicht, ist jede Partei berechtigt, die Meinungsverschiedenheit an den Lenkungsausschuss zu eskalieren, der sich dann innerhalb von weiteren vier Wochen um eine einvernehmliche Lösung bemühen wird. Die genannten Fristen gelten nicht, wenn eine Partei der anderen mitteilt, dass eine Beilegung der Meinungsverschiedenheit dringend geboten ist. In diesem Fall kann unverzüglich eine Eskalation an den Lenkungsausschuss erfolgen.

8.3.4 Soweit die Parteien eine Meinungsverschiedenheit nach diesem Eskalationsverfahren beilegen, werden sie die gefundene Lösung schriftlich festhalten.

8.3.5 Vor der Einleitung gerichtlicher Schritte ist das Eskalationsverfahren durchzuführen. Die Einleitung gerichtlicher Schritte ist erst nach dessen Scheitern zulässig. Das Eskalationsverfahren gilt als gescheitert, wenn es ergebnislos durchlaufen wurde oder eine der Parteien der anderen schriftlich mitteilt, dass sie das Eskalationsverfahren als gescheitert ansieht; § 203 BGB gilt entsprechend. Es steht den Parteien jedoch frei, auch während der Dauer des Eskalationsverfahrens um einstweiligen Rechtsschutz nachzusuchen.

8.3.6 Zurückbehaltungs- und Leistungsverweigerungsrechte des Providers sind ausgeschlossen, es sei denn, der Kunde bestreitet die zugrunde liegenden Gegenansprüche nicht oder diese sind rechtskräftig festgestellt worden.

8.4 Verfahrenshandbuch

8.4.1 Die Parteien entwickeln spezifische Prozesse und sorgen für die Einhaltung dieser Prozesse während der Vertragslaufzeit. Diese Prozesse werden in dem Verfahrenshandbuch niedergelegt. Der Provider wird bis zum Stichtag einen Entwurf des Verfahrenshandbuchs erstellen und dem Kunden zur Abstimmung vorlegen. Das Verfahrenshandbuch wird durch den Provider laufend aktualisiert und dem Kunden nach jeder Aktualisierung in Papierform und elektronischer Form zur Abstimmung vorgelegt.

VI. Vertragsklauseln

8.4.2 Das Verfahrenshandbuch dient ausschließlich der Erleichterung des Leistungsaustauschs zwischen den Parteien. Durch das Verfahrenshandbuch werden Inhalt und Umfang der Services nicht verändert; insoweit sind allein die Bestimmungen dieses Vertrages maßgeblich.
8.4.3 Das Verfahrenshandbuch muss für den durchschnittlichen Anwender ohne weiteres lesbar und nachvollziehbar sein.
8.5 Change Request-Verfahren
8.5.1 Das Change Request-Verfahren gilt für jede Änderung des Inhalts dieses Vertrages, insbesondere der Services, sowie in allen sonstigen Fällen, in denen dieser Vertrag die Anwendung des Change Request-Verfahrens vorschreibt.
8.5.2 Das Change Request-Verfahren wird dadurch eingeleitet, dass eine Partei ein Änderungsverlangen stellt. Jede Partei wird Änderungsverlangen der anderen Partei unverzüglich bearbeiten. Das Change Request-Verfahren endet im Falle der Einigung der Parteien mit dem Abschluss einer Änderungsvereinbarung.
8.5.3 Keine Partei ist verpflichtet, Leistungen nach Maßgabe eines Änderungsverlangens zu erbringen, bevor eine entsprechende Änderungsvereinbarung geschlossen wurde. Werden solche Leistungen gleichwohl erbracht, trägt die leistende Partei die hierdurch entstehenden Kosten selbst.
8.5.4 Der Provider ist auf Verlangen des Kunden zum Abschluss einer Änderungsvereinbarung verpflichtet, wenn der Kunde ihm eine angemessene Vergütung für die Umsetzung des Änderungsverlangens zusagt, es sei denn, die Umsetzung des Änderungsverlangens ist für den Provider unmöglich oder unzumutbar.
8.5.5 Jede Partei trägt die ihr in Zusammenhang mit einem Change Request-Verfahren entstehenden Kosten selbst.
8.6 Kundenzufriedenheit
Die Parteien werden wenigstens einmal jährlich bei dem Kunden eine Untersuchung durchführen, um das Maß der Zufriedenheit der Nutzer mit den Services und etwaige Erwartungen an eine Verbesserung derselben festzustellen. Jede Partei trägt in diesem Zusammenhang ihre eigenen Kosten; Fremdkosten werden hälftig geteilt. Die Einzelheiten der Kundenzufriedenheitsanalyse werden einvernehmlich festgelegt.

Erläuterungen

1. Allgemeines
2. Relationship Manager (Erläuterungen zu Ziff. 8.1)
3. Lenkungsausschuss (Erläuterungen zu Ziff. 8.2)
4. Eskalationsverfahren (Erläuterungen zu Ziff. 8.3)
5. Verfahrenshandbuch (Erläuterungen zu Ziff. 8.4)
6. Change Request-Verfahren (Erläuterungen zu Ziff. 8.5)
7. Kundenzufriedenheit (Erläuterungen zu Ziff. 8.6)

1. Allgemeines

Unter dem Stichwort „Governance" wird üblicherweise die Organisation der Zusammenarbeit zwischen den Parteien verstanden. Die vertraglichen Regeln zur Governance können beliebig ausführlich sein. Mitunter werden im Vertrag eine Vielzahl von Rollen und Gremien und deren Aufgaben beschrieben. Dies ist nicht immer zielführend. Je ausführlicher die vertraglichen Regelungen zur Governance sind, desto größer ist die Wahrscheinlichkeit, dass sie nicht der späteren Übung entsprechen. Da die Festlegung der Governance typischerweise kein Bereich ist, der übermäßiges Konfliktpotential birgt, können die Parteien in der Regel darauf vertrauen, dass sie auch nach Abschluss des Service-Vertrages einvernehmlich zu geeigneten Governance-Regeln finden. Entsprechend beschränkt sich das Vertragsmuster darauf, punktuell Fragen der Governance zu regeln, nämlich die Rollen der Relationship Manager, den Lenkungsausschuss, das Eskalationsverfahren, die Erstellung eines Verfahrenshandbuchs, das Change Request-Verfahren sowie die Durchführung einer Kundenzufriedenheitsuntersuchung. Nicht alle diese Themen müssen zwangsläufig zum Bereich der Governance gezählt werden – letztlich betreffen sie aber alle die Organisation der Zusammenarbeit zwischen den Parteien. Auch wenn bei Vertragsverhandlungen erfahrungsgemäß schnell Einigung über die Governance-Regeln erzielt wird, so darf dies nicht den Blick darauf verstellen, dass die Passform dieser Regel und vor allem eine funktionierende Governance zu den wesentlichen Erfolgsfaktoren einer Outsourcing-Beziehung gehören.

2. Relationship Manager (Erläuterungen zu Ziff. 8.1)

Als *Relationship Manager* wird bei jeder der Parteien die Rolle bezeichnet, die die primäre Verantwortung für die Vertragsbeziehung trägt. In der Praxis gibt es vielfältige andere Bezeichnungen für diese Rolle. So ist auf Seiten des Providers der Titel des *Account Executive* oder *Account Manager* üblich, auf Seiten des Kunden jener

VI. Vertragsklauseln

des *Head of Sourcing Management* oder *Head of Retained Organisation*, um nur einige Beispiele zu nennen. Weitere Rollen im Rahmen der Governance-Organisation sind z.B. auf Providerseite der *Service Delivery Manager* oder – auf beiden Seiten – die *Contract Manager*, deren Aufgabe die Pflege der Vertragsdokumentation einschließlich der Vorbereitung von Änderungsvereinbarungen ist. Eine vertragliche Definition dieser und ggf. weiterer Rollen ist allerdings – wie bereits ausgeführt – nicht zwingend.

Das Vertragsmuster bestimmt zunächst, dass die Relationship Manager für alle Angelegenheiten, die mit dem Service-Vertrag in Zusammenhang stehen, als zentrale Ansprechpartner fungieren (siehe Ziff. 8.1.1, Satz 1 und 2). Freilich arbeiten die jeweiligen Teams auf Seiten des Providers und des Kunden arbeitsteilig. Entsprechend ist im Vertragsmuster vorgesehen, dass die Relationship Manager berechtigt sind, einzelne Aufgaben in Zusammenhang mit dem Service-Vertrag an andere Rollen und Personen zu delegieren, insbesondere durch die Aufstellung und Pflege eines entsprechenden Organisations- und Kommunikationsplans (siehe Ziff. 8.1.3). Dieser von den Relationship Managern gemeinsam zu entwickelnde Plan ersetzt eine umfassende vertragliche Regelung der Governance und bietet ein Höchstmaß an Flexibilität bei der Organisation der laufenden Zusammenarbeit ohne Notwendigkeit der Vertragsanpassung.

Das Vertragsmuster stellt klar, dass ungeachtet der zentralen Funktion des Relationship Manager die allgemeinen Vertretungsregeln der Parteien unberührt bleiben (siehe Ziff. 8.1.1, Satz 3). Ob Erklärungen, die ein Relationship Manager abgibt, seiner Partei zugerechnet werden können, bestimmt sich damit nach den allgemeinen Vorschriften der §§ 164ff. BGB. Alternativ kommt es auch vor, dass den Relationship Managern im Vertrag die Entscheidungsbefugnis für alle mit dem Service-Vertrag in Zusammenhang stehenden Angelegenheiten eingeräumt wird (Außenvollmacht, § 167 Abs. 1, Alt. 2 BGB). Ohne die Klarstellung, dass die geltenden Vertretungsregeln unberührt bleiben, werden auf die rechtsgeschäftlichen Erklärungen des Relationship Manager häufig die Grundsätze der Duldungs- oder Anscheinsvollmacht Anwendung finden.[132]

In Ziff. 8.1.2 wird eine passive Vertretungsmacht für den Relationship Manager begründet, indem er ermächtigt wird, Erklärungen der anderen Partei, die den Vertrag betreffen, entgegenzunehmen. Für den Zugang nach § 130 Abs. 1 Satz 1 BGB kommt es damit auf den Zugang bei dem Relationship Manager an.[133]

In welchem Umfang Treffen der Relationship Manager stattfinden und welche Themen dabei zu behandeln sind, überlässt das Vertragsmuster im Wesentlichen einer separaten Abstimmung der Parteien. Vorgegeben wird lediglich, dass Treffen auf Wunsch einer

Partei, im Rahmen des Eskalationsverfahrens sowie im Übrigen jeweils monatlich stattfinden (siehe Ziff. 8.1.4).

3. Lenkungsausschuss (Erläuterungen zu Ziff. 8.2)

Neben den Relationship Managern sieht das Vertragsmuster die Einrichtung eines Lenkungsausschusses vor, der im Vergleich zur operativen Rolle der Relationship Manager eine eher strategisch ausgerichtete Funktion hat. Wie im Falle der Relationship Manager ist der Begriff des Lenkungsausschusses beliebig gewählt. In der Praxis sind auch Begriffe wie *Executive Committee* oder *Management Committee* üblich. Der Lenkungsausschuss ist paritätisch durch beide Parteien zu besetzen (siehe Ziff. 8.2.1). Entscheidungen werden einvernehmlich getroffen (siehe Ziff. 8.2.2). Seiner strategischen Zielsetzung folgend ist der Lenkungsausschuss für die Überwachung der laufenden Zusammenarbeit sowie für die mittel- bis langfristige Planung der Zusammenarbeit zuständig. Typischerweise werden dem Lenkungsausschuss Mitglieder höherer Management-Ebenen (bis hin zur Management-Spitze) angehören. Eine weitere Aufgabe des Lenkungsausschusses ist die einer Eskalationsinstanz (dazu Ziff. 8.3).

Treffen des Lenkungsausschusses finden in der Regel weit weniger häufig als die der Relationship Manager statt. Wenn keine besonderen Anlässe bestehen, sind halbjährliche Treffen ein praxisüblicher Turnus.[134]

4. Eskalationsverfahren (Erläuterungen zu Ziff. 8.3)

Das Eskalationsverfahren dient der Lösung etwaiger Meinungsverschiedenheiten zwischen den Parteien. Es ist streng zu unterscheiden von der Eskalation etwaiger technischer Störungen oder Probleme, die mit der Erbringung der Services in Zusammenhang stehen. Diese operativen Probleme werden im Rahmen des Problem Management behandelt, das standardisierten Prozessen folgt und üblicherweise im Verfahrenshandbuch (dazu Ziff. 8.4) näher geregelt wird. Bei dem in Ziff. 8.3 behandelten Eskalationsverfahren geht es demgegenüber um vertragliche Themen, wie z.B. die wechselseitigen Rechte und Pflichten der Parteien oder das Zustandekommen einer Änderungsvereinbarung.

Ziel des Eskalationsverfahrens ist ein formalisiertes Vorgehen, das der Beilegung von Meinungsverschiedenheiten und damit der Vermeidung von gerichtlichen Auseinandersetzungen dienen soll. Un-

VI. Vertragsklauseln

terschiedliche Ansichten über Vertragsbestimmungen oder die Notwendigkeit und den Inhalt von Änderungsvereinbarungen treten während der Laufzeit eines Outsourcing-Vertrages relativ häufig auf. Dass eine Auseinandersetzung zwischen den Parteien über diese Fragen die Gerichte beschäftigt, ist bisher hierzulande die absolute Ausnahme. Der Grund hierfür liegt darin, dass die Zusammenarbeit der Parteien von vornherein langfristig angelegt ist und beide Parteien daher ein Interesse daran haben, konstruktive Lösungen für etwaige Meinungsverschiedenheiten zu finden (siehe Ziff. 8.3.1).

Gelingt es nicht, eine Meinungsverschiedenheit auf andere Weise zu lösen, so ist ein Eskalationsverfahren durch förmliche Anzeige gegenüber dem Relationship Manager der anderen Seite einzuleiten (siehe Ziff. 8.3.2). Die Relationship Manager haben sich sodann um eine Lösung der Meinungsverschiedenheit zu bemühen. Wenn dies nicht innerhalb einer Frist von vier Wochen gelingt, hat jede Seite die Möglichkeit, den Vorgang auf die nächst höhere Stufe zu eskalieren, d.h. nach dem Vertragsmuster an den Lenkungsausschuss (siehe Ziff. 8.3.3). Mitunter wünschen die Parteien, dass eine dritte Eskalationsstufe geschaffen wird, die dann meistens aus Mitgliedern der Geschäftsführung oder des Vorstands der Parteien besteht. Ebenso ist eine Variante denkbar, bei der derartige *Senior Management Sponsors* an Stelle des Lenkungsausschusses als Eskalationsinstanz agieren. Für die Gestaltung der Eskalationswege sind letztlich Praktikabilitätserwägungen maßgeblich. Die Fristen für die Eskalation der Meinungsverschiedenheit auf die nächst höhere Ebene sollten grundsätzlich so bemessen werden, dass einerseits sinnvoll an einer einvernehmlichen Lösung gearbeitet werden kann, unnötige Verzögerungen oder „Hinhaltetaktiken" aber ausgeschlossen sind. In den zuletzt genannten Aspekt spielt auch die im Vertragsmuster vorgesehene Möglichkeit hinein, die Konsultationsfristen in dringenden Fällen abzukürzen.

Soweit die Parteien eine Meinungsverschiedenheit nach dem Eskalationsverfahren beilegen, empfiehlt es sich, dass sie das Ergebnis schriftlich festhalten (siehe Ziff. 8.3.4). Soweit damit eine Änderung oder Ergänzung des Service-Vertrages verbunden ist, wird damit gleichzeitig dem vertraglich vorgesehenen Schriftformerfordernis Genüge getan (§ 20 Ziff. 20.2).

Vor der Einleitung gerichtlicher Schritte sollte grundsätzlich zwingend ein Eskalationsverfahren durchgeführt werden. Die ausdrückliche Vereinbarung der Parteien, erst nach dem erfolglosen Abschluss des Eskalationsverfahrens gerichtliche Schritte einzuleiten, stellt ein Stillhalteabkommen dar.[135] Die Parteien sind somit gezwungen, sich zuerst um eine außergerichtliche und interessengerechte Lösung zu bemühen. Eine Klage ohne vorheriges Durchlaufen des Eskalationsverfahrens ist mangels Klagbarkeit des Anspruchs als unzulässig abzuweisen.[136] Natürlich setzt diese Form der Konfliktlösung auch eine gewisse Kooperationsbereitschaft der Beteiligten voraus. Ohne diese gerät das Eskalationsverfahren schnell zur Farce. Deshalb ist es folgerichtig, jeder Partei das Recht zu geben, das Eskalationsverfahren durch Erklärung gegenüber der anderen Partei vorzeitig für gescheitert zu erklären (siehe Ziff. 8.3.5). Hinsichtlich etwaiger Verjährungsfristen gilt § 203 BGB. Die Möglichkeit, in dringenden Fällen zur Sicherung ihrer Rechte um einstweiligen Rechtsschutz nachzusuchen, soll den Parteien unterdessen nicht genommen werden. Daher empfiehlt sich eine entsprechende Regelung im Vertrag (siehe Ziff. 8.3.5, letzter Satz).

Nach Ziff. 8.3.6 des Vertragsmusters sind etwaige Zurückbehaltungs- und Leistungsverweigerungsrechte des Providers ausgeschlossen, es sei denn, der Kunde bestreitet die zugrunde liegenden Gegenansprüche nicht oder diese sind rechtskräftig festgestellt worden.[137] Diese Regelung soll verhindern, dass der Provider die Erbringung der Services aus Anlass von Meinungsverschiedenheiten einstellt oder einschränkt und dadurch zusätzlich Druck auf den Kunden ausübt. Mit Blick auf die damit verbundenen operativen Risiken auf Kundenseite wäre dies nicht angemessen. Sofern zwischen den Parteien im Rahmen der Vertragsdurchführung Meinungsverschiedenheiten auftreten, mögen diese im Wege des Eskalationsverfahrens und zur Not auch unter Zuhilfenahme der Gerichte geklärt werden. Dies sollte jedoch in jedem Fall ohne Auswirkungen auf den laufenden Betrieb geschehen. Anderenfalls würde das Vertrauensverhältnis zwischen Kunde und Provider erheblich gestört.

5. Verfahrenshandbuch (Erläuterungen zu Ziff. 8.4)

Aufgabe des Verfahrenshandbuchs ist es, die Prozesse zu dokumentieren, die in der täglichen Zusammenarbeit zwischen den Parteien zur Anwendung gelangen. Im Bereich des IT-Outsourcing geht es hierbei in erster Linie um die Konkretisierung standardisierter Verfahren, insbesondere nach dem ITIL-Standard,[138] wie z.B. *Problem Management* (Eskalation von Störungen und Problemen in den Services), *Change Management* (Umsetzung von Veränderungen in den Systemen), etc.[139]

Es ist üblich, dass der Provider einen Entwurf für das Verfahrenshandbuch vorlegt. Der Bedeutung des Werks für die tägliche Zusammenarbeit entsprechend, sollte das Verfahrenshandbuch möglichst vor dem Stichtag vorliegen, an dem die Verantwortung für die Services auf den Provider übergeht (siehe § 3 Ziff. 3.1). Da sich wäh-

VI. Vertragsklauseln

rend der Zusammenarbeit der Parteien die Prozesse weiterentwickeln und verändern, ist eine ständige Aktualisierung des Verfahrenshandbuchs notwendig, die ebenfalls in der Verantwortung des Providers liegt. Das Vertragsmuster sieht demnach vor, dass der Provider das Verfahrenshandbuch erstellt und pflegt sowie dieses dem Kunden dann jeweils zur Abstimmung vorlegt (siehe Ziff. 8.4.1).

Das Verfahrenshandbuch ist nicht Bestandteil der Vertragsdokumentation, sondern wird außerhalb derselben von den Parteien entwickelt und gepflegt. Entsprechend ist es gegenüber dem Service-Vertrag nachrangig. Eine entsprechende Klarstellung im Vertrag ist empfehlenswert (siehe Ziff. 8.4.2).

Das Verfahrenshandbuch muss für den durchschnittlichen Anwender ohne weiteres lesbar und nachvollziehbar sein (siehe Ziff. 8.4.3). Dazu gehört, dass es keiner besonderen Tools oder Kenntnisse bedarf, um sich die Inhalte des Verfahrenshandbuchs zu erschließen.[140]

6. Change Request-Verfahren (Erläuterungen zu Ziff. 8.5)

Das Change Request-Verfahren bildet den Rahmen für die Vereinbarung von Änderungen oder Ergänzungen des Service-Vertrages, einschließlich der Beauftragung zusätzlicher Leistungen (soweit es sich nicht um Projekte handelt, siehe dazu § 3 Ziff. 3.4). Das Change Request-Verfahren wird gelegentlich auch als Change Control-Verfahren oder Änderungsverfahren bezeichnet. Es ist von dem oben angesprochenen Change Management-Verfahren zu unterscheiden, bei dem es sich um einen Verfahrensstandard zur Umsetzung technischer Änderungen handelt.[141] Bei der Vertragsformulierung sollte daher, um begriffliche Verwirrungen zu vermeiden, ausdrücklich geregelt werden, wann das Change Request-Verfahren Anwendung findet. Im Vertragsmuster erstreckt sich der Anwendungsbereich des Change Request-Verfahrens auf jede Änderung des Inhalts des Service-Vertrages sowie auf alle sonstigen Fälle, in denen die Anwendung des Verfahrens vertraglich vorgeschrieben ist (siehe Ziff. 8.5.1). Letzteres erklärt sich dadurch, dass bestimmte Festlegungen erst im laufenden Vertragsverhältnis getroffen werden können. Um den Parteien hierfür ein geordnetes Verfahren an die Hand zu geben, kann auf das Change Request-Verfahren verwiesen werden.

Das Vertragsmuster beschränkt sich darauf, die wesentlichen Eckpunkte des Change Request-Verfahrens festzulegen, nämlich dessen Einleitung durch ein Änderungsverlangen, die Verpflichtung zur unverzüglichen Bearbeitung sowie den Grundsatz, dass im Falle der Einigung der Parteien das Change Request-Verfahren mit dem Abschluss einer Änderungsvereinbarung endet (siehe Ziff. 8.5.2). Im Falle der Nichteinigung steht es beiden Parteien frei, das Eskalationsverfahren einzuleiten. Ähnlich wie im Falle der verschiedenen Rollen innerhalb der Governance bedarf es in dem Vertrag üblicherweise keiner ausführlicheren Regelungen. Mitunter wird jedoch jeder einzelne Schritt des Änderungsverfahrens, einschließlich der zu verwendenden Formulare, bereits im Vertrag festgeschrieben. Notwendig ist diese Regelungstiefe nicht. Vielmehr einigen sich die Parteien in der Praxis recht schnell, wie sie das Change Request-Verfahren im Einzelnen ausgestalten wollen.[142]

Nach Ziff. 8.5.3 kann keine Partei für Leistungen, die Gegenstand eines Change Request-Verfahrens sind, eine Vergütung verlangen, wenn nicht zuvor eine Änderungsvereinbarung getroffen wird. Gegen diese Regelung mag argumentiert werden, dass sie an der Realität vorbeigeht, in der der Provider viele Leistungen „auf Zuruf" erbringt. Gerade diese Leistungen bergen jedoch erfahrungsgemäß ein erhebliches Streitpotential, sodass der in Ziff. 8.5.3 liegende Zwang zum Abschluss einer Änderungsvereinbarung vor Erbringung der entsprechenden Leistungen im Interesse beider Parteien liegen sollte.

Bei vielen Outsourcing-Beziehungen ist eine gewisse Abhängigkeit des Kunden vom Provider zwangsläufig. Die Abhängigkeit drückt sich insbesondere darin aus, dass bestimmte mit den ausgelagerten Services zusammenhängende Aufträge faktisch nur dem Provider erteilt und von diesem ausgeführt werden können. Auf diese Weise wird der Provider bei der Unterbreitung entsprechender Angebote keinen wirklichen Wettbewerbsdruck verspüren. Insoweit soll die Klausel in Ziff. 8.5.4 als Korrektiv wirken. Sie verpflichtet den Provider zum Abschluss einer Änderungsvereinbarung, wenn deren Umsetzung zeitlich und inhaltlich zumutbar ist und der Kunde gleichzeitig eine angemessene Vergütung angeboten hat. Der Begriff der angemessenen Vergütung ist zwar wiederum auslegungsbedürftig; gleichwohl wird er einer willkürlichen Preisstellung des Providers entgegenwirken.

Nach der Regelung in Ziff. 8.5.5 trägt jede Partei die Kosten, die ihr im Zusammenhang mit einem Change Request-Verfahren entstehen, selbst. Es ist allgemeine Praxis, dass für die Erstellung von Angeboten keine Vergütung geleistet wird. Dass die Regelung nicht missbraucht werden darf, ergibt sich bereits aus dem Grundsatz von Treu und Glauben (§ 242 BGB). Setzt die Angebotserstellung umfangreichere Vorarbeiten voraus, wie z. B. die Erstellung von Machbarkeitsstudien oder Feinkonzepten, so kann sich der Provider entsprechend auf den Standpunkt stellen, dass hierfür ein gesonderter Auftrag erforderlich ist.

VI. Vertragsklauseln

7. Kundenzufriedenheit (Erläuterungen zu Ziff. 8.6)

Die Untersuchung der Kundenzufriedenheit ist das Stimmungsbarometer der Outsourcing-Beziehung. Das Vertragsmuster regelt die Untersuchung der Kundenzufriedenheit im Zusammenhang mit der Governance. Es ist aber auch möglich, die Kundenzufriedenheitsuntersuchung ähnlich einem Service Level auszugestalten. In einem solchen Fall würde die gleiche Untersuchung regelmäßig wiederkehrend durchgeführt und ein Sanktionsmechanismus für den Fall vereinbart, dass die Kundenzufriedenheit nicht eine von vornherein festgelegte Entwicklung nimmt. Das Vertragsmuster knüpft keine unmittelbaren Sanktionen an das Ergebnis der Untersuchung der Kundenzufriedenheit. Entsprechend bleibt es den Parteien überlassen, im Laufe der Zusammenarbeit nähere Vereinbarungen über das weitere Vorgehen zu treffen.

§ 9
Rechtliche Anforderungen und Policies

9.1 Einhaltung der Rechtlichen Anforderungen und Policies
Der Provider wird die Services in Einklang mit den Rechtlichen Anforderungen und Policies erbringen und sicherstellen, dass seine Mitarbeiter und Subunternehmer bei der Erfüllung ihrer jeweiligen Pflichten die Rechtlichen Anforderungen und Policies beachten. Die „Rechtlichen Anforderungen" umfassen alle in Zusammenhang mit den Services relevanten (i) Rechtsnormen, (ii) Richtlinien, Rundschreiben, Empfehlungen, Verlautbarungen und Bekanntmachungen einer Behörde oder anderen Stelle sowie (iii) Verwaltungsakte, jeweils einschließlich späterer Änderungen, Ergänzungen oder Folgeregelungen. „Policies" sind die für den Kunden geltenden und in Anlage 9 (Policies) aufgeführten Richtlinien und Standards, einschließlich späterer Änderungen, Ergänzungen oder Folgeregelungen.

9.2 Änderungen der Rechtlichen Anforderungen und Policies
Ändern sich die für die Services maßgebenden Rechtlichen Anforderungen oder Policies (einschließlich der Einführung neuer Rechtlicher Anforderungen oder Policies) nach dem Vertragsdatum, so wird ein Change Request-Verfahren durchgeführt, wenn die Änderung der Rechtlichen Anforderungen oder Policies (i) eine Änderung oder Ergänzung der Services erfordert, (ii)

für den Provider am Vertragsdatum noch nicht absehbar war und (iii) zur Folge hat, dass sich der Aufwand des Providers bei der Erbringung der Services wesentlich erhöht. Synergien, die der Provider dadurch erzielen kann, dass er die entsprechende Änderung der Rechtlichen Anforderungen oder Policies auch für andere (auch potentielle) Kunden umsetzen müsste, werden im Rahmen des Change Request-Verfahrens bei der Festlegung einer etwaigen Vergütung zugunsten des Kunden angemessen berücksichtigt.

Erläuterungen

1. Überblick
2. Rechtliche Anforderungen und Policies (Erläuterungen zu Ziff. 9.1)
3. Änderungen der rechtlichen Anforderungen und Policies (Erläuterungen zu Ziff. 9.2)

1. Überblick

Rechtliche Rahmenbedingungen können Outsourcing-Transaktionen in vielfältiger Weise berühren. Für die Vertragsgestaltung stellt sich dabei die Frage, wer für die Einhaltung der rechtlichen Anforderungen die Verantwortung trägt. Für die Beantwortung dieser Frage ist eine differenzierte Betrachtungsweise anzustellen, bei der nach dem Bezug der rechtlichen Anforderungen zu dem Auslagerungsvorhaben unterschieden wird. Insoweit bietet sich eine Unterscheidung anhand folgender drei Gruppen an:
- rechtliche Anforderungen an die Auslagerung als solche;
- rechtliche Anforderungen an den Inhalt der Services;
- rechtliche Anforderungen an die Art und Weise, wie der Provider die Services erbringt.

Vorschriften, die das Outsourcing als solches betreffen, können Anforderungen an die Ausgestaltung des Vertrages enthalten, z.B. die Vorgabe bestimmter Vertragsinhalte wie Prüfungs- und Kontrollrechte; andererseits können sie aber auch die Frage der Zulässigkeit selbst betreffen (siehe dazu näher S. 4). Betreffen die rechtlichen Anforderungen die Vertragsgestaltung, ist die Angelegenheit vergleichsweise einfach gelagert. Der Vertrag muss den entsprechenden Anforderungen genügen; ändern sich diese Anforderungen zu einem späteren Zeitpunkt, so muss im Rahmen etwa bestehender Übergangsbestimmungen eine Anpassung vorgenommen werden. Soweit demgegenüber rechtliche Vorschriften die Zulässigkeit der Outsourcing-Maßnahme (oder Teile davon) betreffen, müssen beide Seiten sich vorab davon überzeugen, dass die ins Auge gefasste Lösung diesen Anforderungen genügt.

VI. Vertragsklauseln

Die zweite Gruppe rechtlicher Anforderungen umfasst Vorschriften, die sich auf den Inhalt der Services auswirken, d. h. eine Änderung oder Ergänzung des Leistungsumfangs erfordern. Als Beispiel kann hier auf die Einführung der einheitlichen europäischen Wertpapierkennnummer (ISIN) bzw. Kontonummer (IBAN) verwiesen werden, die sowohl Auswirkungen auf das Outsourcing der Pflege und Weiterentwicklung entsprechender Bankanwendungen als auch auf die Auslagerung entsprechender Geschäftsprozesse im Bereich der Wertpapier- bzw. Zahlungsverkehrsabwicklung hatte. Soweit entsprechende Anforderungen bereits bei Vertragsschluss gelten oder der Zeitpunkt ihrer Einführung feststeht, ist es zwangsläufig, dass die durch den Provider angebotenen Services diesen Anforderungen von Beginn an bzw. ab dem dazu vereinbarten Zeitpunkt genügen müssen. Wesentlich schwieriger ist die Frage, wer das Risiko solcher Veränderungen trägt, wenn diese erst nach Vertragsabschluss eintreten. Welche Lösung hier sachgerecht ist, hängt vom Einzelfall ab. Wäre – um beim Beispiel ISIN bzw. IBAN zu bleiben – nur die Betreuung der entsprechenden Anwendungen ausgelagert, so würde es dem Wesen der Services entsprechen, dass entsprechende Entwicklungsaufträge durch den Kunden (d. h. die auslagernde Bank) erteilt und durch den Provider abgearbeitet werden. Anders mag der Fall liegen, wenn der komplette Geschäftsprozess der Wertpapier- bzw. Zahlungsverkehrsabwicklung auf einen entsprechend spezialisierten Dienstleister ausgelagert wurde. Von diesem wird der Kunde häufig erwarten, dass er, gerade weil er ein Spezialanbieter ist, das Risiko rechtlicher Änderungen übernimmt oder sich zumindest wesentlich an diesen beteiligt. Etwaige Veränderungen betreffen schließlich den Kern der Tätigkeit des Providers, und er muss diese regelmäßig für alle Kunden gleichermaßen umsetzen.

Die letzte Gruppe rechtlicher Anforderungen umfasst die Vorschriften, die sich ausschließlich auf die Systeme oder Prozesse auswirken, die der Provider zur Erbringung der Services einsetzt. Für den Zeitpunkt des Vertragsabschlusses gilt auch hier, dass die Systeme und Prozesse den insoweit bestehenden rechtlichen Anforderungen genügen müssen. Treten im Laufe der Vertragsbeziehungen neue rechtliche Anforderungen hinzu, so besteht gegenüber der zuvor behandelten Fallgruppe der Unterschied, dass sich die Services als solche nicht ändern. Die Frage der Risikotragung ist bei dieser Konstellation einfach gelagert, wenn es sich um eine Vorschrift handelt, deren Adressat (auch) der Provider ist. In diesem Fall muss er das Risiko tragen. Nicht ganz so eindeutig ist hingegen die Lage, wenn nur der Kunde Adressat der Regelung ist (z. B. bei einer rechtlichen Vorschrift betreffend die physische Sicherheit von Rechenzentren, in denen Bankanwendungen laufen). In diesem Falle mag die rechtliche Anforderung zwar praktisch gesehen die Systeme und Prozesse des Providers betreffen. Im Ergebnis muss der Kunde jedoch eine neue Anforderung stellen, nach der der Provider bei der Erbringung der Services Systeme und Prozesse einsetzt, die mit der neuen rechtlichen Anforderung konform sind. Damit fiele der Fall letztlich wieder in die zweite Fallgruppe.

Grundlage der Vertragsgestaltung bei der Frage, wer für die Einhaltung welcher rechtlichen Vorschriften verantwortlich ist und wie das Risiko zukünftiger Änderungen verteilt wird, ist demnach zunächst eine eingehende Analyse der bestehenden rechtlichen Anforderungen sowie eine Prognose der über die Vertragslaufzeit erwarteten Veränderungen. Nur auf dieser Grundlage lässt sich eine zielführende Diskussion über eine Risikoverteilung führen.

2. Rechtliche Anforderungen und Policies (Erläuterungen zu Ziff. 9.1)

Das Vertragsmuster enthält zunächst die Anforderung, dass der Provider die Services im Einklang mit allen geltenden rechtlichen Anforderungen zu erbringen hat. Diese Regelung ist für den Provider zumutbar, wenn – wie im Vertragsmuster vorgeschlagen – eine gesonderte Regelung über die Behandlung von Änderungen der rechtlichen Rahmenbedingungen nach Vertragsschluss getroffen wird (siehe dazu Ziff. 9.2). Das Wissen, welche rechtlichen Anforderungen bestehen, kann von einem professionellen Dienstleister erwartet werden. Es besteht auch die Möglichkeit, die rechtlichen Anforderungen gemeinsam mit dem Kunden zu validieren. Der Kunde wiederum wird sich bereits aus Gründen der Risikosteuerung nicht darauf verlassen dürfen, dass der Provider die rechtlichen Anforderungen einhält, sondern muss sich dessen vergewissern. Soweit der Provider die Services „as is" von dem Kunden im Rahmen eines Betriebsübergangs übernimmt, wird er davon ausgehen dürfen, dass bis zum Tag der Übergabe der Verantwortung die geltenden rechtlichen Anforderungen eingehalten werden. Sollte sich diese Annahme später als nicht zutreffend herausstellen, ist es sachgerecht, wenn der Kunde dem Provider einen zusätzlichen Aufwand erstattet, der diesem dadurch entsteht, dass er einen den rechtlichen Anforderungen entsprechenden Zustand herstellt. Für diese Fälle sollte vertraglich die Anwendung des Change Request-Verfahrens vereinbart werden.

In Großunternehmen und insbesondere in Konzernen existieren eine Vielzahl von Richtlinien und Standards, die eine einheitliche Behandlung bestimmter Sachverhalte innerhalb des Unternehmens sicherstellen sollen. Diese hier als „Policies" bezeichneten Richtlinien und Standards enthalten teilweise auch Anforderungen, die

VI. Vertragsklauseln

durch externe Provider zu berücksichtigen sind. Anders als bei den rechtlichen Anforderungen kann von dem Provider jedoch nicht erwartet werden, dass er mit diesen Policies vertraut ist, da sie nicht öffentlich, sondern unternehmensintern sind. Wenn der Kunde den Provider auf die Einhaltung der Policies verpflichten möchte, so muss er zunächst vor dem Vertragsschluss dem Provider die Gelegenheit geben, sich mit diesen Policies auseinander zu setzen. Außerdem müssen diese im Vertrag ausdrücklich aufgeführt sein. Eine Möglichkeit ist, wie im Vertragsmuster eine entsprechende Liste der relevanten Policies mit ihrem jeweiligen Stand als Anlage beizufügen (alternativ kann auch die Policy als solche beigefügt werden). Eine – allerdings deutlich aufwendigere – Alternative ist es, die Policies vor Vertragsabschluss gemeinsam zu sichten und die sich daraus ergebenden Anforderungen unmittelbar im Service-Vertrag, insbesondere in den projektspezifischen Anlagen, umzusetzen.[143]

3. Änderungen der rechtlichen Anforderungen und Policies (Erläuterungen zu Ziff. 9.2)

Es wurde oben dargelegt, dass die Verteilung der Risiken, die sich aus Änderungen der rechtlichen Anforderungen (und entsprechend der Policies) ergeben, ein vielschichtiges Problem ist. Die Eignung der vorgeschlagenen Klausel ist daher im Einzelfall kritisch zu hinterfragen. Ausgehend von dem in Ziff. 9.1 des Vertragsmusters enthaltenen Grundsatz, dass der Provider bei der Erbringung der Services die rechtlichen Anforderungen und Policies beachten muss, wird für den Fall einer Änderung derselben die Durchführung eines Change Request-Verfahrens angeordnet. Allerdings sieht die Klausel insoweit drei Voraussetzungen vor, die kumulativ vorliegen müssen:
- Die Änderung der rechtlichen Anforderungen oder Policies führt zur Notwendigkeit einer Änderung oder Ergänzung der Services und fällt damit in die oben dargestellte zweite Fallgruppe möglicher Anforderungen (siehe oben Ziff. 1 (Überblick)).
- Der Provider konnte zum Zeitpunkt des Vertragsabschlusses noch nicht erkennen, dass sich die rechtlichen Anforderungen ändern würden. Es wäre widersinnig, wenn z. B. eine bereits verabschiedete neue rechtliche Anforderung nur deshalb zu einer ggf. zusätzliche Kosten auslösenden Vertragsanpassung führen sollte, weil sie erst nach dem Vertragsdatum in Kraft tritt oder verpflichtend wird.
- Der Aufwand des Providers bei der Erbringung der Services muss sich infolge der Änderung der rechtlichen Anforderungen oder Policies wesentlich erhöhen.

Unter diesen Voraussetzungen erscheint es angemessen, dass ein Change Request-Verfahren über die Einzelheiten der Umsetzung der rechtlichen Änderung (oder der geänderten Policy) durchgeführt und in diesem Zusammenhang insbesondere auch über die Erstattung des dem Provider entstehenden zusätzlichen Aufwands diskutiert wird. Die einzige Vorgabe, die die vorgeschlagene Klausel für dieses Change Request-Verfahren enthält, ist eine Berücksichtigung von Synergien, die sich auf Seiten des Providers ergeben, bei der Festlegung der Vergütung für die Umsetzung der geänderten rechtlichen Anforderungen oder Policies. Die grundsätzliche Verpflichtung des Providers zur Umsetzung von rechtlichen Anforderungen (oder geänderten Policies) folgt bereits aus Ziff. 9.1.

§ 10
Berichtswesen, Prüfungs- und Weisungsrechte

10.1 Berichtswesen
Um dem Kunden zu ermöglichen, die Erbringung der Services zu steuern und zu kontrollieren, wird der Provider dem Kunden ab dem Stichtag die in Anlage 10 (Berichte) beschriebenen Berichte in den dort festgelegten zeitlichen Abständen zur Verfügung stellen. Alle Berichte sind übersichtlich und gut nachvollziehbar jeweils in gedruckter und elektronischer Form zur Verfügung zu stellen.
10.2 Prüfungsrecht
10.2.1 Der Provider wird dem Kunden (einschließlich dessen Interner Revision, Datenschutzbeauftragten und Compliance-Beauftragten), den aufgrund gesetzlicher Vorschriften bei dem Kunden tätigen Prüfern, den Aufsichtsbehörden sowie den von den Aufsichtsbehörden mit der Prüfung beauftragten Stellen zu jeder Zeit die vollumfängliche und ungehinderte Einsicht und Prüfung des auf den Provider ausgelagerten Bereichs ermöglichen. Der Zugang zu rein kommerziellen Informationen oder zu Daten anderer Kunden des Providers ist ausgeschlossen.
10.2.2 Soweit eine Prüfung ergibt, dass die Services oder das Verhalten des Providers nicht mit den einschlägigen Rechtlichen Anforderungen, den Policies oder dem Inhalt dieses Vertrages in Einklang stehen, werden die Parteien diese Tatsache erörtern. Sodann ist der Provider verpflichtet, unverzüglich sämtliche Maßnahmen zu ergreifen, die erforderlich oder

VI. Vertragsklauseln

zweckmäßig sind, um die betreffende Rechtliche Anforderung, Policy oder Bestimmung dieses Vertrages zu erfüllen.

10.3 Weisungsrecht

10.3.1 Der Kunde ist berechtigt, dem Provider Weisungen zu erteilen, die die Ausführung der Services betreffen. Dies gilt auch dann, wenn die Weisung eine Angelegenheit betrifft, die Gegenstand eines Eskalationsverfahrens oder eines Change Request-Verfahrens ist; das Eskalationsverfahren bzw. Change Request-Verfahren wird dann parallel fortgeführt.

10.3.2 Befürchtet der Provider, dass die Befolgung der Weisung die ordnungsgemäße Erbringung der Services beeinträchtigen könnte, wird der Provider den Kunden unverzüglich in Textform darauf hinweisen. Wenn der Kunde daraufhin seine Weisung bestätigt, ist der Provider nicht für die sich hieraus ergebenden Beeinträchtigungen verantwortlich. Dies gilt jedoch nur, soweit der Provider den Kunden zuvor auf deren möglichen Eintritt hingewiesen hat oder diese für den Provider bei Beachtung der nach den Umständen des Einzelfalls gebotenen Sorgfalt nicht vorhersehbar waren. Dessen ungeachtet hat sich der Provider nach Kräften zu bemühen, den Eintritt derartiger Beeinträchtigungen zu verhindern bzw. ihren Umfang zu reduzieren.

10.3.3 Soweit dem Provider durch die Befolgung einer Weisung, die zu Maßnahmen führt, zu deren Vornahme der Provider gegenüber dem Kunden ohne die Erteilung der Weisung nicht verpflichtet gewesen wäre, Zusatzkosten entstehen, sind ihm diese durch den Kunden in angemessenem Umfang zu ersetzen.

Erläuterungen

1. Überblick
2. Berichtswesen (Erläuterungen zu Ziff. 10.1)
3. Prüfungsrecht (Erläuterungen zu Ziff. 10.2)
4. Weisungsrecht (Erläuterungen zu Ziff. 10.3)

1. Überblick

Bei Berichten, Prüfungsrechten und Weisungen handelt es sich durchgehend um Mittel der Überwachung und Steuerung des Providers. Entsprechende Vorschriften finden sich vor allem in Outsourcing-Verträgen, die aufsichtsrechtlichen Anforderungen (z.B. § 25a Abs. 2 KWG) unterliegen. Sie dürfen aber auch sonst nicht fehlen, wenn eine

Kapitalgesellschaft sich entscheidet, bestimmte Aufgaben nicht mehr selbst zu erledigen, sondern einem Dritten anzuvertrauen. Dies folgt wieder aus der allgemeinen Verpflichtung zur Risikosteuerung, §§ 91 Abs. 2 AktG, 43 Abs. 1 GmbHG (siehe S. 4).

2. Berichtswesen (Erläuterungen zu Ziff. 10.1)

Welche Berichte der Provider zu liefern hat, sollte in einer eigenen Anlage festgehalten werden. Zur Erstellung der Anlage empfiehlt es sich, dass einerseits der Provider darlegt, welche Standard-Berichte er liefert, und andererseits der Kunde vorgibt, welche zusätzlichen Berichte er erwartet. Die wichtigsten Berichte sind die bereits in § 4 Ziff. 4.2 erwähnten Service Level Reports. In der Anlage, in der die Berichte aufgeführt werden, sollte jedenfalls die Frequenz der Berichte angegeben werden. Darüber hinaus empfehlen sich Festlegungen zu den wesentlichen Berichtsinhalten, den Berichtsempfängern sowie zu Art der Übermittlung und Format der Berichte. Gelegentlich werden dem Service-Vertrag auch Musterreports unmittelbar beigefügt. Im Übrigen sieht die Klausel vor, dass alle Berichte übersichtlich und gut nachvollziehbar jeweils in gedruckter und elektronischer Form zur Verfügung zu stellen sind.

3. Prüfungsrecht (Erläuterungen zu Ziff. 10.2)

Die Ausübung von Prüfungsrechten ist ebenfalls eine Maßnahme der Risikosteuerung. Eine wirksame Kontrolle des ausgelagerten Bereichs setzt den Bestand wirksamer Prüfungsrechte voraus. Entsprechend sind in Ziff. 10.2.1 umfassende Prüfungsrechte des Kunden (insbesondere der Internen Revision, des Datenschutzbeauftragten sowie des Compliance-Beauftragten des Kunden), der Abschlussprüfer des Kunden sowie etwaiger Aufsichtsbehörden (z. B. der Bundesanstalt für Finanzdienstleistungsaufsicht im Falle von Kreditinstituten oder Versicherungsunternehmen sowie der Aufsichtsbehörden für den Datenschutz) vorgesehen. Ausgenommen von dem Prüfungsrecht sind kommerzielle Informationen oder Daten anderer Kunden des Providers (siehe Ziff. 10.2.1). Unter dem Gesichtspunkt der Risikosteuerung durch den Kunden, aber auch jenem des Geheimhaltungsinteresses des Providers sowie dessen weiterer Kunden ist ein Zugang zu diesen Informationen nicht geboten.

Ziff. 10.2.2 des Vertragsmusters behandelt den Umgang mit etwaigen Prüfungsergebnissen. Sollte die Prüfung zum Ergebnis haben, dass rechtliche Anforderungen, Policies oder die Vereinbarung des

VI. Vertragsklauseln

Service-Vertrages durch den Provider nicht hinreichend beachtet werden, so muss dies zunächst zwischen den Parteien erörtert werden. Soweit sich hierbei keine neuen Erkenntnisse ergeben, die das Prüfungsergebnis in Frage stellen oder relativieren, besteht die Verpflichtung des Providers, die Maßnahmen einzuleiten, die erforderlich sind, um die in Rede stehende rechtliche Anforderung, Policy oder Bestimmung des Service-Vertrages zukünftig zu erfüllen.

4. Weisungsrecht (Erläuterungen zu Ziff. 10.3)

Zwar soll der Provider in der Art und Weise der Leistungserbringung grundsätzlich frei sein (siehe oben S. 80 f.). Dies darf jedoch nicht den Blick darauf verstellen, dass von den Parteien prinzipiell der Kunde das mit der Vertragsdurchführung verbundene operative Risiko trägt. Um diesem trotz der erfolgten Auslagerung ein Mindestmaß an Einfluss auf die Leistungserbringung zu bewahren, bestimmt das Vertragsmuster, dass der Kunde dem Provider Weisungen erteilen darf, die die Ausführung der Services betreffen (siehe Ziff. 10.3.1, Satz 1).[144] Dies muss auch dann gelten, wenn die Angelegenheit, um die es bei der Weisung geht, bereits von den Parteien im Rahmen des Eskalationsverfahrens oder Change Request-Verfahrens diskutiert wird (siehe Ziff. 10.3.1, Satz 2). Wenn rasches Handeln geboten ist, kann nicht zugewartet werden, bis diese Verfahren abgeschlossen sind. Vielmehr sind etwa laufende Verfahren, die von der Weisung berührt werden, im Nachgang zum Abschluss zu bringen.

Von dem Provider als spezialisiertem Anbieter kann in diesem Zusammenhang erwartet werden, dass er etwaige Bedenken gegen die Weisung, die er in Bezug auf eine ordnungsgemäße Erbringung der Services hat, in angemessener Form äußert (siehe Ziff. 10.3.2, Satz 1). Dies beruht auf der Erkenntnis, dass Weisungen des Kunden nicht zwingend zu einer Verbesserung des Gesamtservice führen müssen, sondern auch für diesen nicht erkennbare negative Folgen haben können.[145] Hält der Kunde dennoch an der Weisung fest, geschieht dies grundsätzlich auf eigene Verantwortung (siehe Ziff. 10.3.2, Satz 2). Um zu gewährleisten, dass der Provider sich tatsächlich mit der Weisung auseinandersetzt und es nicht mit einem pauschalen Hinweis auf mögliche negative Folgen bewenden lässt, soll dies nach der vorgeschlagenen Regelung jedoch nur gelten, soweit der Provider den Kunden zuvor explizit auf den Eintritt solcher Folgen hingewiesen hat oder diese für den Provider vernünftigerweise nicht vorhersehbar waren (siehe Ziff. 10.3.2, Satz 3). Dessen ungeachtet ist der Provider gehalten, etwaige negative Auswirkungen der Weisung auf die Leistungserbringung so weit wie möglich zu vermeiden (siehe Ziff. 10.3.2, Satz 4). Dies ist Ausdruck der allgemeinen Schadensminderungspflicht.

Um zu verhindern, dass der Kunde mit Hilfe des Weisungsrechts die Möglichkeit hat, das Change Request-Verfahren auszuhebeln, bestimmt Ziff. 10.3.3 des Vertragsmusters schließlich, dass der Kunde dem Provider diejenigen Zusatzkosten zu erstatten hat, die diesem durch die Befolgung der Weisung entstehen. Naturgemäß kann dies jedoch nur insoweit gelten, wie die Weisung des Kunden den Provider zur Erbringung einer ansonsten nicht vom Vertrag umfassten und damit nicht bereits durch die Vergütung abgegoltenen Leistung verpflichtet.

§ 11
Datenschutz

11.1 Auftragsdatenverarbeitung
Soweit der Provider bei der Erbringung der Services personenbezogene Daten erhebt, verarbeitet oder nutzt, geschieht dies ausschließlich im Auftrag und im Interesse des Kunden. Der Provider darf die Daten nur insoweit erheben, verarbeiten und nutzen, wie ihm dies durch diesen Vertrag gestattet ist. Eine weitergehende Verwendung der Daten, insbesondere eine solche zu Zwecken des Providers oder eines Dritten, ist ausgeschlossen. Die Daten stehen im Verhältnis der Parteien allein dem Kunden zu. Soweit der Provider der Auffassung ist, dass die Erhebung, Verarbeitung oder Nutzung von Daten nach diesem Vertrag den gesetzlichen Vorschriften über den Datenschutz widerspricht, wird er den Kunden unverzüglich darauf hinweisen.

11.2 Schutzmaßnahmen
Zur Wahrung der Vertraulichkeit, Verfügbarkeit, Integrität und Authentizität der Daten wird der Provider zu jeder Zeit technische und organisatorische Maßnahmen in dem durch diesen Vertrag, insbesondere § 12, sowie die gesetzlichen Vorschriften über den Datenschutz vorgesehenen Umfang treffen. Dies umfasst insbesondere Maßnahmen zur Gewährleistung der Zutrittskontrolle, der Zugangskontrolle, der Zugriffskontrolle, der Weitergabekontrolle, der Eingabekontrolle, der Auftragskontrolle, der Verfügbarkeitskontrolle und der getrennten Verarbeitung von zu unterschiedlichen Zwecken er-

VI. Vertragsklauseln

hobenen Daten. Die durch den Provider getroffenen technischen und organisatorischen Maßnahmen müssen zudem eine klare Trennung zwischen den Daten des Kunden sowie Daten des Providers und anderer Kunden des Providers gewährleisten.

11.3 Geheimnisschutz

Der Provider wird zur Erbringung der Services nur Mitarbeiter einsetzen, die vor der Aufnahme ihrer jeweiligen Tätigkeit durch geeignete Maßnahmen mit den gesetzlichen Vorschriften über den Datenschutz und den speziellen datenschutzrechtlichen Anforderungen dieses Vertrages vertraut gemacht sowie umfassend schriftlich zur Vertraulichkeit, einschließlich der Wahrung des Datengeheimnisses gemäß § 5 BDSG sowie der Wahrung von Geschäfts- und Betriebsgeheimnissen des Kunden, verpflichtet wurden.

11.4 Unterauftragsverhältnisse

Soweit der Provider beabsichtigt, Services, welche die Erhebung, Verarbeitung oder Nutzung von personenbezogenen Daten umfassen, auf einen Subunternehmer weiterzuverlagern, wird er den Kunden gesondert darauf hinweisen. Eine solche Weiterverlagerung bedarf in jedem Fall der vorherigen schriftlichen Zustimmung des Kunden. Wird die Zustimmung erteilt, so hat der Provider den Subunternehmer entsprechend den Anforderungen dieses Vertrages auf die Einhaltung des Datenschutzes zu verpflichten.

11.5 Wahrung der Rechte Dritter

Der Provider wird den Kunden bei der Bearbeitung von Anfragen der Personen, die durch die Datenerhebung, -verarbeitung oder -nutzung nach diesem Vertrag betroffen sind, und der Aufsichtsbehörden für den Datenschutz unterstützen sowie ihm alle in diesem Zusammenhang notwendigen Informationen zur Verfügung stellen. Etwaige Anfragen, die beim Provider eingehen, wird dieser unverzüglich an den Kunden zur Bearbeitung weiterleiten.

11.6 Prüfungshandlungen

Der Provider wird den Kunden bei dem Verdacht von Datenschutzverletzungen oder anderen Unregelmäßigkeiten bei der Erhebung, Verarbeitung oder Nutzung von Daten nach diesem Vertrag jeweils unverzüglich in Textform unterrichten. Die Verpflichtung des Providers zur Vorlage von Datenschutzberichten gemäß § 10 Ziff. 10.1 sowie das Recht des Kunden gemäß § 10 Ziff. 10.2, die Einhaltung des Datenschutzes durch den Provider zu überprüfen, bleiben unberührt.

11.7 Drittstaatentransfer

Unbeschadet der übrigen Regelungen dieses Vertrages, die Anforderungen an die Erbringung der Services durch den Provider enthalten, verpflichtet sich der Provider, ohne die vorherige schriftliche Zustimmung des Kunden personenbezogene Daten nicht in einen Staat außerhalb der Europäischen Union oder des Geltungsbereichs des Abkommens über den Europäischen Wirtschaftsraum zu übermitteln. Die Erteilung der Zustimmung ist ausgeschlossen, wenn in dem Staat nicht ein angemessenes Datenschutzniveau gewährleistet ist oder sonst ausreichende Garantien hinsichtlich des Schutzes des Persönlichkeitsrechts und der Ausübung der damit verbundenen Rechte der Betroffenen bestehen.

Erläuterungen

1. Überblick
2. Auftragsdatenverarbeitung (Erläuterungen zu Ziff. 11.1)
3. Schutzmaßnahmen (Erläuterungen zu Ziff. 11.2)
4. Geheimnisschutz (Erläuterungen zu Ziff. 11.3)
5. Unterauftragsverhältnisse (Erläuterungen zu Ziff. 11.4)
6. Wahrung der Rechte Dritter (Erläuterungen zu Ziff. 11.5)
7. Prüfungshandlungen (Erläuterungen zu Ziff. 11.6)
8. Drittstaatentransfer (Erläuterungen zu Ziff. 11.7)

1. Überblick

Der Datenschutz ist naturgemäß ein wichtiges Thema bei Outsourcing-Projekten. Zum einen erfordert die Erbringung der Services in aller Regel die Erhebung, Verarbeitung oder Nutzung von personenbezogenen Daten, d. h. Einzelangaben über persönliche oder sachliche Verhältnisse einer bestimmten oder bestimmbaren natürlichen Person (Betroffener).[146] Zum anderen kann ein Verstoß gegen die hierbei zu beachtenden datenschutzrechtlichen Vorschriften, die den Einzelnen vor einer Beeinträchtigung seines Persönlichkeitsrechts durch den Umgang mit seinen Daten schützen sollen,[147] erhebliche Sanktionen nach sich ziehen. Neben den im BDSG geregelten Ordnungswidrigkeiten- und Straftatbeständen[148] sind insoweit vor allem Unterlassungs-, Beseitigungs- und Schadensersatzansprüche von Betroffenen zu nennen.[149] Hinzu kommen mögliche Markt- und Reputationsschäden für die beteiligten Unternehmen. Eine datenschutzgerechte Ausgestaltung der Outsourcing-Beziehung liegt daher zweifsohne im Interesse beider Parteien.

Eine Vorschrift, welche die Einschaltung externer Dienstleister beim Umgang mit personenbezogenen Daten ermöglicht, ist § 11

VI. Vertragsklauseln

BDSG. Danach dürfen die Daten auch im Auftrag durch andere Stellen erhoben, verarbeitet oder genutzt werden. Der Auftragnehmer ist, unter besonderer Berücksichtigung der Eignung der von ihm getroffenen technischen und organisatorischen Maßnahmen zum Schutz der Daten, sorgfältig auszuwählen und hat die Einhaltung dieser Maßnahmen zu jeder Zeit zu gewährleisten. Zu diesem Zweck müssen Auftraggeber und Auftragnehmer (hier: Kunde und Provider) einen schriftlichen Vertrag abschließen, in welchem die Datenerhebung, -verarbeitung oder -nutzung sowie die zu ergreifenden technischen und organisatorischen Schutzmaßnahmen genau festzulegen sind. Zu regeln ist ferner, in welchem Umfang der Auftragnehmer zur Weitergabe der Daten an Dritte, einschließlich Subunternehmer, befugt ist. Hierdurch soll sichergestellt werden, dass sich das im Vertrag festgelegte Datenschutzniveau nicht „verflüchtigt".[150] Der Auftragnehmer darf die Daten nur im Rahmen der vom Auftraggeber erteilten Weisungen erheben, verarbeiten oder nutzen. Der Auftraggeber bleibt jederzeit für die Einhaltung des Datenschutzes verantwortlich und hat sich deshalb auch regelmäßig von der datenschutzkonformen Vertragserfüllung durch den Auftragnehmer zu überzeugen.[151] Beim Outsourcing können die danach notwendigen Festlegungen im Rahmen des Auslagerungsvertrages, in den Rahmenbedingungen oder einer Anlage, getroffen werden. Ein gesonderter Datenschutzvertrag kann, muss aber nicht geschlossen werden.[152] Wird mit gesonderten Datenschutzverträgen oder -anlagen[153] gearbeitet, sollten diese mit den übrigen Bestandteilen des Vertrages sauber abgestimmt werden, um mögliche Widersprüche zu vermeiden.

Die Regelungen in § 11 BDSG finden indes nur auf solche Outsourcing-Beziehungen Anwendung, bei denen der Provider quasi als „verlängerter Arm" des Kunden tätig wird, der trotz der Beauftragung die Verfügungsgewalt über die Daten behält und somit „Herr der Daten" bleibt.[154] Nach h. M. scheidet eine Auftragsdatenverarbeitung hingegen aus, wenn der Provider bei der Erbringung der Services nicht an die Vorgaben des Kunden gebunden ist oder er über die praktisch-technische Durchführung der Datenverarbeitung hinaus materielle vertragliche Leistungen erbringt oder ihm sogar vollständige Funktionen zur Erledigung übertragen werden. In diesen Fällen soll eine sog. Funktionsübertragung vorliegen, die einer besonderen datenschutzrechtlichen Rechtfertigung bedarf.[155] Als solche kommt vorliegend § 28 Abs. 1 Satz 1 Nr. 2 BDSG in Betracht. Nach dieser Vorschrift ist die Weitergabe von Daten an den Provider zulässig, soweit dies zur Wahrung berechtigter Interessen des Kunden erforderlich ist und kein Grund zu der Annahme besteht, dass dem überwiegende schutzwürdige Interessen der Betroffenen entgegenstehen. Dies erfordert regelmäßig eine summarische Abwägung der Interessen des Kunden an der Durchführung der Auslagerungsmaßnahme einerseits und der Betroffenen an deren Unterlassung andererseits. Seitens des Kunden kann dabei jeder billigenswerte Zweck, d.h. auch ein wirtschaftlicher oder ideeller, Berücksichtigung finden.[156] Nach h.M. bildet die Bestimmung daher auch eine taugliche Rechtsgrundlage für das zumeist wirtschaftlich motivierte Outsourcing, sofern es die Grenze der Auftragsdatenverarbeitung nach § 11 BDSG überschreitet. Anders als bei der Auftragsdatenverarbeitung obliegt bei der Funktionsübertragung in erster Linie dem Provider die Verantwortung für die Einhaltung des Datenschutzes bei der Vertragsdurchführung.[158]

Die Grenze zwischen Auftragsdatenverarbeitung und Funktionsübertragung ist häufig fließend. Ob eine Auftragsdatenverarbeitung oder eine Funktionsübertragung vorliegt, ist daher stets nach den Gegebenheiten des Einzelfalles zu beurteilen.[159] Grob vereinfachend lässt sich jedoch sagen, dass in den klassischen Fällen des IT-Outsourcing zumeist eine Auftragsdatenverarbeitung vorliegen wird, wenn der Provider bei der Erbringung der Services an die Vorgaben des Kunden gebunden bleibt.[160] Bei BPOs soll es sich nach h.M. dagegen in der Regel um eine Funktionsübertragung handeln.[161] Allerdings bestehen insoweit mitunter auch gewisse Gestaltungsmöglichkeiten in tatsächlicher und rechtlicher Hinsicht.[162]

Das Outsourcing ist außerdem immer dann zulässig, wenn der Betroffene diesem vorab wirksam zugestimmt hat.[163] Dies kann z.B. bei der erstmaligen Begründung eines Vertragsverhältnisses mit dem Kunden erfolgt sein, wenn der fragliche Vertrag eine solche Zustimmung vorsah. Soll die Zustimmung zu einem späteren Zeitpunkt eingeholt werden, stellt dies die Beteiligten in der Regel vor erhebliche praktische Probleme. Denn sie müssen nicht nur mit dem hohen administrativen, finanziellen und zeitlichen Aufwand rechnen, der regelmäßig mit einer nachträglichen Einholung von Einwilligungserklärungen verbunden ist, sondern auch mit der mangelnden Bereitschaft der Betroffenen, der Weitergabe ihrer Daten durch den Kunden an den Provider zuzustimmen. In der Praxis kommt der Einwilligung der Betroffenen zur Durchführung von Auslagerungsvorhaben daher nur eine untergeordnete Bedeutung zu.

Weitergehende Anforderungen an die Zulässigkeit der Outsourcing-Beziehung oder an deren Ausgestaltung, auf die an dieser Stelle nicht näher eingegangen werden kann, können sich aus bereichsspezifischen Vorschriften zum Datenschutz[164] und besonderen Geheimhaltungspflichten[165] ergeben. Aktuell bedeutsam sind insoweit für den Bereich der Sozialverwaltung § 80 SGB X,[166] für den Telekommunikationssektor die §§ 88 TKG, 206 StGB[167] sowie für Unternehmen der privaten Kranken-, Unfall- und Lebensversicherungs-

VI. Vertragsklauseln

branche[168] und für öffentlich-rechtliche Kreditinstitute[169] § 203 StGB (siehe oben S. 4 f.). Indessen steht das Bankgeheimnis nach ganz h. M. der Auslagerung von selbst für die Durchführung von Bankgeschäften wesentlichen Aufgabenbereichen nicht entgegen, falls die Vertraulichkeit von Kundendaten gewahrt bleibt. Hierzu wird es regelmäßig als notwendig, aber auch als ausreichend erachtet, wenn sich der Provider in Bezug auf die ihm zugänglich gemachten Kundendaten gegenüber dem auslagernden Kreditinstitut umfassend zur Verschwiegenheit verpflichtet.[170] Dementsprechend empfiehlt es sich, das Vertragsmuster in einem solchen Fall um eine ausdrückliche Verpflichtung des Providers zur Wahrung des Bankgeheimnisses zu erweitern.

2. Auftragsdatenverarbeitung (Erläuterungen zu Ziff. 11.1)

Das Vertragsmuster orientiert sich insgesamt an den gemäß § 11 BDSG für die Auftragsdatenverarbeitung notwendigen Festlegungen. Vergleichbare Anforderungen an die Vertragsgestaltung enthält das Gesetz in Bezug auf die Funktionsübertragung nicht. Aus Sicht des Kunden empfiehlt es sich jedoch aus operativen, haftungsrechtlichen und – soweit einschlägig – aufsichtsrechtlichen Gründen auch in diesem Fall, die in § 11 BDSG geregelten Punkte bei der Vertragsgestaltung zu berücksichtigen.[171] Offensichtliche Bezugnahmen auf die Auftragsdatenverarbeitung können (und sollten zur Vermeidung von Missverständnissen in Bezug auf Abgrenzung der Verantwortlichkeiten von Kunde und Provider) dann freilich entfallen.

Das Vertragsmuster verdeutlicht zunächst, dass die Parteien des vorliegenden Vertrages von einer Auftragsdatenverarbeitung ausgehen (siehe Ziff. 11.1, Satz 1). Dies hat insoweit nur klarstellende Bedeutung, als dass eine Vereinbarung der Parteien über das anwendbare materielle Datenschutzrecht unzulässig wäre.[172] Dieses bestimmt sich im Einzelfall anhand der zuvor dargestellten Kriterien. Bei einer Funktionsübertragung mag stattdessen an dieser Stelle eine allgemeine, implizit allerdings auch schon in § 9 Ziff. 9.1 des Vertragsmusters enthaltene Verpflichtung des Providers zur Einhaltung der einschlägigen Datenschutzbestimmungen aufgenommen werden.

Inhaltlich knüpft das Vertragsmuster im Übrigen an die Durchführungsbestimmungen für die Auftragsdatenverarbeitung in § 11 Abs. 3 BDSG an (siehe Ziff. 11.1, Satz 2 bis 5). Danach darf der Provider die Daten nur im Rahmen der Weisungen des Kunden, d.h. der im Vertrag getroffenen Festlegungen in Bezug auf die vom Provider zu erbringenden Leistungen,[173] erheben, verarbeiten oder nutzen. Der Kunde bleibt allein an den Daten berechtigt. Sofern sich für den Kunden die Notwendigkeit ergeben sollte, dem Provider im laufenden Vertragsverhältnis weitere Vorgaben in Bezug auf den Umgang mit den Daten zu machen, hat er die Möglichkeit, dem Provider entsprechende Weisungen nach § 10 Ziff. 10.3 des Vertragsmusters zu erteilen. Wenn der Provider der Ansicht ist, dass die Vertragsdurchführung den gesetzlichen Vorschriften über den Datenschutz zuwiderläuft, hat er den Kunden unverzüglich darauf hinzuweisen.

3. Schutzmaßnahmen (Erläuterungen zu Ziff. 11.2)

Nach § 9 BDSG ist jeder, der personenbezogene Daten selbst oder im Auftrag erhebt, verarbeitet oder nutzt, verpflichtet, in einem angemessenen Umfang die zur Ausführung datenschutzrechtlicher Bestimmungen notwendigen technischen und organisatorischen Maßnahmen zu treffen. Es handelt sich hierbei insbesondere um die im Vertragsmuster aufgeführten, der Anlage zu § 9 BDSG entnommenen Maßnahmen. Bei der Auftragsdatenverarbeitung kommt diesen Maßnahmen bereits bei der Auswahl des Providers eine zentrale Bedeutung zu.[174] Sie müssen aber auch zum Vertragsinhalt werden.[175] Entsprechend wird der Provider im Vertragsmuster zur Vornahme solcher Maßnahmen verpflichtet (siehe Ziff. 11.2). Die konkrete Umsetzung erfolgt in dem nach § 12 des Vertragsmusters vorgesehenen Sicherheitskonzept. Der Provider ist nach § 9 BDSG indes auch dann verpflichtet, angemessene technische und organisatorische Maßnahmen zum Schutz personenbezogener Daten zu treffen, wenn solche im Vertrag nicht oder nur in unzureichender Weise beschrieben sein sollten. Er schuldet also in jedem Fall eine Art „Grundschutz".[176] Das Vertragsmuster sieht außerdem noch die Pflicht des Providers zur eindeutigen Trennung der Daten des Kunden von jenen des Providers oder Dritten vor (sog. Mandantenfähigkeit).

4. Geheimnisschutz (Erläuterungen zu Ziff. 11.3)

Die Regelung im Vertragsmuster greift die allgemeine Verpflichtung des Providers auf, die bei der Datenverarbeitung beschäftigten Personen gemäß § 5 BDSG auf das Datengeheimnis zu verpflichten und durch geeignete Schulungsmaßnahmen mit den einschlägigen datenschutzrechtlichen Anforderungen vertraut zu machen (siehe Ziff. 11.3). Aus Sicht des Kunden handelt es sich insoweit um orga-

VI. Vertragsklauseln

nisatorische Maßnahmen, die helfen sollen, die Einhaltung des Datenschutzes gegenüber den Betroffenen zu gewährleisten. Aus nahe liegenden Gründen wurde der Umfang, in dem die Mitarbeiter des Providers zur Geheimhaltung zu verpflichten sind, auf die Wahrung von Geschäfts- und Betriebsgeheimnissen des Kunden erweitert.[177] Dies entspricht der üblichen Praxis und ist häufig bereits standardmäßig Teil der Verpflichtungserklärungen, welche die Provider ihren Mitarbeitern abverlangen.[178]

5. Unterauftragsverhältnisse (Erläuterungen zu Ziff. 11.4)

Im Falle der Auftragsdatenverarbeitung sind nach dem Gesetz etwaige Unterauftragsverhältnisse im Vertrag explizit festzuhalten.[179] Ansonsten bestünde die Gefahr, dass das im Verhältnis zwischen Provider und Kunde begründete Datenschutzniveau faktisch unterlaufen wird.[180] Flankierend zu § 3 Ziff. 3.7 sieht das Vertragsmuster daher an dieser Stelle vor, dass eine Weiterverlagerung von Services, welche die Erhebung, Verarbeitung oder Nutzung von personenbezogenen Daten zum Gegenstand haben, in jedem Fall der vorherigen schriftlichen Zustimmung des Kunden bedarf (siehe Ziff. 11.4). Erteilt der Kunde die Zustimmung, bedarf es keiner näheren Erläuterungen, dass der Provider sicherzustellen hat, dass der Subunternehmer seinerseits sämtliche im Vertrag vorgesehenen Anforderungen an den Datenschutz erfüllt. Dies ist noch einmal eine Klarstellung gegenüber der Regelung in § 3 Ziff. 3.7.3.

6. Wahrung der Rechte Dritter (Erläuterungen zu Ziff. 11.5)

Wie oben dargestellt wurde, bleibt der Kunde bei der Auftragsdatenverarbeitung grundsätzlich allein für die Einhaltung der einschlägigen datenschutzrechtlichen Anforderungen verantwortlich. Dies betrifft auch die Bearbeitung etwaiger Anfragen der Betroffenen und Aufsichtsbehörden nach den §§ 6, 34 und 35 bzw. 38 BDSG. Häufig wird der Kunde ohne die Mitwirkung des Providers jedoch nicht in der Lage sein, solchen Anfragen nachzukommen. Daher sieht das Vertragsmuster vor, dass der Provider den Kunden bei der Bearbeitung von Anfragen der Betroffenen sowie der Aufsichtsbehörden zu unterstützen und ihm alle hierfür notwendigen Informationen zur Verfügung zu stellen hat (siehe Ziff. 11.5, Satz 1). Etwaige Anfragen die beim Provider eingehen, hat dieser unverzüglich an den Kunden weiterzuleiten (siehe Ziff. 11.5, Satz 2). Hintergrund dafür ist die fehlende Berechtigung des Providers, Dritten ohne die Zustimmung des Kunden Auskünfte betreffend das Vertragsverhältnis zu erteilen. Ausgenommen sind zwingende gesetzliche Vorlage- und Offenbarungspflichten etwa nach der ZPO oder StPO.[181]

7. Prüfungshandlungen (Erläuterungen zu Ziff. 11.6)

Es entspricht weiterhin der Verantwortlichkeitsstellung des Kunden, dass er bei einem Verdacht von Datenschutzverletzungen oder anderen Unregelmäßigkeiten bei der Datenverarbeitung unverzüglich informiert wird (siehe Ziff. 11.6, Satz 1) und so die Gelegenheit erhält, angemessen auf die Situation zu reagieren. Nichts Anderes ergibt sich unter operativen Gesichtspunkten. Liegt die Ursache für die Unregelmäßigkeiten beim Provider, hat der Kunde unverzüglich auf die ordnungsgemäße Vertragserfüllung hinzuwirken.[182]

Bei der Auftragsdatenverarbeitung ist der Kunde ferner ausdrücklich verpflichtet, sich von der Einhaltung der beim Provider getroffenen Datenschutzmaßnahmen zu überzeugen.[183] Dies kann beispielsweise durch die Vorlage entsprechender Berichte geschehen. Eigene Prüfungen des Kunden vor Ort sind daneben zwar nicht zwingend erforderlich. Der Kunde sollte sich jedoch ggf. Ergänzungsprüfungen vorbehalten.[184] Das Vertragsmuster verweist insoweit auf die (inhaltlich entsprechend auszugestaltenden) Berichtspflichten des Providers und Prüfungsrechte des Kunden nach § 10 Ziff. 10.1 bzw. 10.2 des Vertragsmusters (siehe Ziff. 11.6, Satz 2).

8. Drittstaatentransfer (Erläuterungen zu Ziff. 11.7)

Das europäische und – ihm folgend – das deutsche Datenschutzrecht sehen bestimmte Regelungen vor, nach denen ein Export personenbezogener Daten in einen Staat außerhalb der Europäischen Union oder des Geltungsbereichs des Abkommens über den Europäischen Wirtschaftsraum grundsätzlich nur dann zulässig ist, wenn ein angemessenes Datenschutzniveau in dem fraglichen Staat besteht.[185] Bedeutung erlangt dies vor allem beim Offshoring, d. h. bei der Aufgabenverlagerung in außereuropäische Niedriglohnländer (siehe S. 3).[186] Um zu gewährleisten, dass entsprechende Datenübermittlungen nur im Einklang mit den gesetzlichen Vorschriften erfolgen, sieht das Vertragsmuster insoweit wieder einen Zustimmungsvorbehalt zugunsten des Kunden vor (siehe Ziff. 11.7, Satz 1). Zugleich wird deutlich gemacht, dass eine Datenübermittlung dann nicht in Betracht kommt, wenn keine ausreichenden Garantien für den Schutz des Persönlichkeitsrechts der Betroffenen bestehen (siehe

VI. Vertragsklauseln

Ziff. 11.7, Satz 2). Dabei ist allerdings zu berücksichtigen, dass derartige Garantien notfalls auch auf vertraglichem Wege geschaffen werden können. Zu diesem Zweck hat die EU-Kommission sog. Standardvertragsklauseln entwickelt.[187] Umfasst das Outsourcing von vornherein Datentransfers in Staaten, in denen kein angemessenes Datenschutzniveau besteht, ist deren Einhaltung bereits bei Vertragsschluss zu vereinbaren. Ist nicht ausgeschlossen, dass ein solcher Datentransfer zu einem späteren Zeitpunkt erfolgt, können die Standardvertragsklauseln als Anlage zum Vertrag genommen werden, verbunden mit der Verpflichtung, diese zu gegebener Zeit in der vorgesehenen Form auszufertigen.

§ 12
Sicherheit

12.1 Angemessene Sicherheitsmaßnahmen
Der Provider wird zu jeder Zeit angemessene und wirksame Sicherheitsmaßnahmen treffen, um eine ordnungsgemäße Erbringung der Services zu gewährleisten. Die Sicherheitsmaßnahmen haben den einschlägigen Policies zu entsprechen. Die vom Provider ab dem Stichtag bei der Erbringung der Services zu treffenden Sicherheitsmaßnahmen ergeben sich aus dem als Anlage 11 (Sicherheitskonzept) beigefügten Sicherheitskonzept.

12.2 Überprüfung des Sicherheitskonzepts
Der Provider hat das Sicherheitskonzept fortlaufend auf seine Zweckmäßigkeit und Verbesserungsfähigkeit zu überprüfen und bei Bedarf zu überarbeiten, um es an Veränderungen der Bedrohungslage, einschließlich etwaiger Veränderungen der zur Erbringung der Services eingesetzten Systeme und Prozesse, anzupassen. Das überarbeitete Sicherheitskonzept ist dem Kunden vor dessen Umsetzung zur Abstimmung vorzulegen. Unbeschadet der Pflicht des Providers zur fortlaufenden Überprüfung und Anpassung des Sicherheitskonzepts kann der Kunde vom Provider zu jeder Zeit eine Änderung des Sicherheitskonzepts aufgrund gesteigerter Sicherheitsbedürfnisse verlangen; insoweit findet das Change Request-Verfahren Anwendung.

12.3 Unterrichtung über Sicherheitsvorfälle
Der Provider wird den Kunden bei dem Verdacht von Verletzungen der vom Provider getroffenen Sicherheitsmaßnahmen

und anderen Vorfällen, die für die Sicherheit bei der Erbringung der Services von Bedeutung sein können, jeweils unverzüglich in Textform unterrichten. Die Verpflichtung des Providers zur Vorlage von Sicherheitsberichten gemäß § 10 Ziff. 10.1 und das Recht des Kunden zur Überprüfung der vom Provider getroffenen Sicherheitsmaßnahmen gemäß § 10 Ziff. 10.2 bleiben unberührt.

Erläuterungen

1. Überblick
2. Angemessene Sicherheitsmaßnahmen (Erläuterungen zu Ziff. 12.1)
3. Überprüfung des Sicherheitskonzepts (Erläuterungen zu Ziff. 12.2)
4. Unterrichtung über Sicherheitsvorfälle (Erläuterungen zu Ziff. 12.3)

1. Überblick

Unternehmen sehen sich bei der Ausübung ihrer Tätigkeit einer Vielzahl von Bedrohungen ausgesetzt, deren Eintritt zum Teil ganz erhebliche Schäden nach sich ziehen kann. Dies gilt vor allem für den unter dem Gesichtspunkt des Risikomanagements noch häufig vernachlässigten IT-Bereich.[188]

Rechtspflichten zur Einrichtung angemessener Sicherheitsvorkehrungen bestehen unter verschiedenen Aspekten. Neben vertraglich begründeten Verpflichtungen wie z.B. Vertraulichkeitsvereinbarungen oder Gewährübernahmen für den Schutz bestimmter Güter, deren Erfüllung in der Regel entsprechende Vorsorgemaßnahmen voraussetzt, sind insoweit vor allem erneut die gesetzlichen Pflichten zu nennen, die sich aus dem Gesetz zur Kontrolle und Transparenz im Unternehmensbereich (KonTraG) ergeben (siehe oben S. 4). Daraus wird auch eine Verpflichtung zur Gewährleistung der IT-Sicherheit abgeleitet.[189] Eine Verpflichtung zur Ergreifung angemessener Schutzmaßnahmen ergibt sich darüber hinaus aus dem bereits an anderer Stelle erwähnten § 9 BDSG (siehe S. 140). Im Finanzdienstleistungssektor verpflichten die einschlägigen aufsichtsrechtlichen Regelungen die in diesem Bereich tätigen Unternehmen ebenfalls zu einem effektiven Risikomanagement. Bei den typischerweise von der IT dominierten Finanzdienstleistern gilt dies wiederum in erster Linie für die Sicherheit der eingesetzten IT-Systeme.[190]

Bei einer Vernachlässigung dieser Pflichten droht nicht nur eine vertragliche oder deliktische Haftung des Unternehmens gegenüber etwa geschädigten Dritten. Unter Umständen machen sich auch die

VI. Vertragsklauseln

handelnden Personen, insbesondere die Unternehmensführung, schadensersatzpflichtig.[191] Darüber hinaus sind je nach Einzelfall weitere juristische und wirtschaftliche Nachteile zu befürchten wie z. B. aufsichtsrechtliche Maßnahmen, die Verweigerung des im Hinblick auf die Entlastung von Vorstand und Aufsichtsrat wichtigen Testats durch die Wirtschaftsprüfer des Unternehmens, der Verlust von Versicherungsschutz, die Herabstufung der Bonität bei der Vergabe von Unternehmenskredite oder Imageschäden.[192]

Die vorstehenden Ausführungen gelten grundsätzlich auch beim Outsourcing von Unternehmensaktivitäten an Dritte. Auch in diesem Fall bleibt das auslagernde Unternehmen primär für die Einrichtung angemessener Sicherheitsvorkehrungen verantwortlich.[193] Tatsächlich werden die diesbezüglichen Anforderungen aufgrund der Einschaltung eines nicht unmittelbar in die eigene Unternehmensorganisation eingebundenen Dritten, d. h. des Providers, sogar tendenziell steigen.

2. Angemessene Sicherheitsmaßnahmen (Erläuterungen zu Ziff. 12.1)

Vor dem zuvor geschilderten Hintergrund sieht das Vertragsmuster zunächst die allgemeine Verpflichtung des Providers vor, zu jeder Zeit angemessene und wirksame Sicherheitsmaßnahmen zu treffen, um eine ordnungsgemäße Erbringung der Services zu gewährleisten (siehe Ziff. 12.1, Satz 1). Die Bezugnahme auf die Angemessenheit der Sicherheitsmaßnahmen soll dabei der Einführung des Verhältnismäßigkeitsprinzips dienen und zugunsten der Providers klarstellen, dass dieser bei der Einrichtung der Sicherheitsmaßnahmen nicht „mit Kanonen auf Spatzen schießen" muss. Die Bezugnahme auf die Wirksamkeit der Sicherheitsmaßnahmen soll jedoch wiederum zugunsten des Kunden klarstellen, dass nicht wegen eines vermeintlich zu hohen Aufwands auf Vorkehrungen verzichtet werden kann, die zur Erreichung des Schutzziels unabdingbar sind.[194]

Hinsichtlich der Ausführung der vom Provider zu treffenden Sicherheitsmaßnahmen verweist das Vertragsmuster sodann auf die einschlägigen Policies und damit auf die seitens des Kunden geltenden Anforderungen (siehe Ziff. 12.1, Satz 2). Die Modellierung der erforderlichen Sicherheitsmaßnahmen und die Schaffung der dafür notwendigen technischen Infrastruktur sind typischerweise sehr komplex und mit einem nicht unerheblichen Aufwand verbunden. In der Sache wird daher häufig auf bewährte Sicherheitsstandards wie z. B. ISO 27001 oder die IT-Grundschutz-Standards des Bundesamts für Sicherheit in der Informationstechnik (BSI) zurückgegriffen. Diese bieten vereinfachte, standardisierte Verfahren, um im Unternehmen geeignete Sicherheitsmaßnahmen zu etablieren.[195]

Welche Maßnahmen vom Provider ab dem Stichtag konkret zur Absicherung einer ordnungsgemäßen Erbringung der Services zu treffen sind, ergibt sich aus dem Sicherheitskonzept, das dem Vertrag als Anlage beizufügen ist (siehe Ziff. 12.1, Satz 3); alternativ können diese Maßnahmen in die Leistungsbeschreibung integriert werden.[196] Das Sicherheitskonzept beschreibt auf der Grundlage einer vorangegangenen Schutzbedarfsanalyse und der dabei identifizierten Risiken die im Einzelnen zu treffenden Sicherheitsmaßnahmen.[197] Abhängig von Art und Umfang der ausgelagerten Tätigkeiten kann es sich etwa um Zugangsbeschränkungen zu den vom Provider genutzten Standorten, Zugriffsbeschränkungen auf die zur Vertragserfüllung eingesetzten Systeme, die Absicherung von Netzen und Telekommunikationsverbindungen, den Einsatz von Verschlüsselungsverfahren, die Durchführung von Backups, den Schutz vor Viren und anderen Schadprogrammen, die Einrichtung von Firewalls und Spam-Filter[198] oder um allgemeine organisatorische Maßnahmen wie die Schaffung verantwortlicher Funktionen, den Erlass von Verhaltensrichtlinien für Mitarbeiter und die Einführung geeigneter Revisions- und Kontrollmechanismen handeln.[199] Bei der Erstellung eines ganzheitlichen, möglichst alle Risiken adressierenden Sicherheitskonzepts helfen wiederum die vorerwähnten Sicherheitsstandards. Verfügt der Provider bereits über ein Sicherheitskonzept, sollte der Kunde dieses vor Vertragsschluss sorgfältig prüfen und bei einem Feststellen von Defiziten entsprechende Nachbesserungen verlangen.

3. Überprüfung des Sicherheitskonzepts (Erläuterungen zu Ziff. 12.2)

Angesichts wechselnder Bedrohungen bedarf es keiner näheren Erläuterung, dass es sich bei dem Sicherheitskonzept nicht um ein statisches Vertragselement handelt, sondern dieses fortlaufend auf seine Zweckmäßigkeit und Verbesserungsfähigkeit zu überprüfen und bei Bedarf zu überarbeiten ist, um es an die aktuelle Sicherheitslage anzupassen (siehe Ziff. 12.2, Satz 1).[200] Ein offensichtlicher Anlass, um über die bestehenden Sicherheitsvorkehrungen nachzudenken, ist die im Vertragsmuster erwähnte Veränderung der zur Erbringung der Services eingesetzten Systeme und Prozesse. Mit Blick auf die Letztverantwortung des Kunden sollte das überarbeitete Sicherheitskonzept vor dessen Umsetzung wieder mit dem Kunden abgestimmt werden (siehe Ziff. 12.2, Satz 2).

Aufgrund der Regelung in Ziff. 12.1 des Vertragsmusters ist der Provider zwar während der Vertragslaufzeit zur Einrichtung ange-

VI. Vertragsklauseln   147

messener und wirksamer Sicherheitsvorkehrungen verpflichtet, die sich an den dort genannten Standards zu orientieren haben. Insoweit sind jedoch sicherlich häufig noch Steigerungen denkbar. Für den Fall, dass der Kunde für sich an bestimmten Stellen ein erhöhtes Schutzbedürfnis erkennt und insoweit die Ergreifung besonderer Sicherheitsmaßnahmen wünscht, sieht das Vertragsmuster vor, dass er vom Provider eine entsprechende Anpassung des Sicherheitskonzepts verlangen kann (Ziff. 12.2, Satz 3). In diesem Fall ist es angemessen, ein Change Request-Verfahren durchzuführen, da die Umsetzung solcher weitergehenden Sicherheitsanforderungen typischerweise mit einem nicht unerheblichen Aufwand für den Provider verbunden ist.

4. Unterrichtung über Sicherheitsvorfälle (Erläuterungen zu Ziff. 12.3)

Die in Ziff. 12.3 des Vertragsmusters vorgeschlagene Regelung entspricht im Wesentlichen der Regelung zu Datenschutzverletzungen oder anderen Unregelmäßigkeiten bei der Datenverarbeitung (siehe § 11 Ziff. 11.6). Die Interessenlagen der Parteien unterscheiden sich insoweit erkennbar nicht, so dass sinngemäß auf die dortigen Ausführungen verwiesen werden kann. Gerade in Sicherheitsfragen bedarf es einer regelmäßigen, praxisnahen Überprüfung der getroffenen Maßnahmen, um gleich bleibend hohe Standards zu gewährleisten. Entsprechende Berichtspflichten des Providers und Auditierungsrechte des Kunden sind daher unumgänglich.[201] Vor einem Übereifer bei der Überprüfung der getroffenen Sicherheitsmaßnahmen ist freilich zu warnen. Dies gilt nicht nur aufgrund der möglichen Risiken und Reibungsverluste, die z. B. mit nicht abgestimmten Penetrationstests verbunden sind,[202] sondern auch aufgrund der rechtlichen Unsicherheiten in Bezug auf die bei solchen Tests verwendeten Werkzeuge und Methoden, die durch die unlängst erfolgten Änderungen des Strafgesetzbuches zur Bekämpfung von Computerkriminalität hervorgerufen wurden.[203]

§ 13
Notfallmanagement

13.1 Angemessene Notfallmaßnahmen
Zwischen den Parteien besteht Einigkeit, dass der Kunde darauf angewiesen ist, im Rahmen des täglichen Geschäftsver-

laufs auf die Services zugreifen zu können. Der Provider wird daher zu jeder Zeit angemessene und wirksame Maßnahmen für Notfälle treffen, die eine zeitnahe Verfügbarkeit von Ersatzlösungen zum Zwecke der Geschäftsfortführung und innerhalb eines angemessenen Zeitraums auch die Rückkehr zum Normalbetrieb gewährleisten. Die Notfallmaßnahmen des Providers haben den einschlägigen Policies zu entsprechen und sind mit den eigenen Notfallplänen des Kunden abzustimmen. Die vom Provider ab dem Stichtag zu treffenden Notfallmaßnahmen ergeben sich aus dem als Anlage 12 (Notfallkonzept) beigefügten Notfallkonzept.

13.2 Überprüfung des Notfallkonzepts
Die Regelungen in § 12 Ziff. 12.2 gelten für das Notfallkonzept entsprechend. Die Angemessenheit und die Wirksamkeit des Notfallkonzepts sind zudem regelmäßig, mindestens jedoch einmal jährlich durch geeignete Notfalltests zu überprüfen. Das Ergebnis der Notfalltests ist vom Provider schriftlich zu dokumentieren und dem Kunden jeweils unverzüglich zuzuleiten.

13.3 Verhalten im Notfall
Der Provider ist verpflichtet, bei Eintritt eines Notfalls das Notfallkonzept in Zusammenarbeit mit dem Kunden auszuführen und den Kunden bei der Ausführung entsprechender eigener Notfallpläne zu unterstützen. Der Provider ist nicht berechtigt, für seine Leistungen im Notfall eine zusätzliche Vergütung zu verlangen oder die bestehende Vergütung zu erhöhen.

Erläuterungen

1. Überblick
2. Angemessene Notfallmaßnahmen (Erläuterungen zu Ziff. 13.1)
3. Überprüfung des Notfallkonzepts (Erläuterungen zu Ziff. 13.2)
4. Verhalten im Notfall (Erläuterungen zu Ziff. 13.3)

1. Überblick

Das Notfallmanagement bildet einen weiteren wichtigen Aspekt der Risikovorsorge von Unternehmen. Ziel des Notfallmanagements ist im Allgemeinen die Fortführung des Betriebs bei einem Auftreten unvorhergesehener Beeinträchtigungen oder Unterbrechungen. Die Ursachen für derartige Beeinträchtigungen oder Unterbrechungen können vielfältig sein. In Betracht kommen das Versagen von Infra-

VI. Vertragsklauseln

struktureinrichtungen (z. B. Gerätedefekte, Stromausfall), menschliches Verhalten (z. B. Arbeitskampfmaßnahmen, Terroranschläge) und Naturkatastrophen (z. B. Brände, Unwetter). Nicht jede Beeinträchtigung oder Unterbrechung des Betriebs stellt jedoch gleich einen Notfall dar. Von einem Notfall spricht man üblicherweise erst dann, wenn ein Zustand erreicht wird, bei dem sich die eingetretene Beeinträchtigung oder Unterbrechung nicht mehr mit herkömmlichen Mitteln (z. B. Ersatzbeschaffung) in einem vertretbaren Zeitrahmen beheben lässt und dadurch ein erheblicher Schaden droht.[204] Im IT-Bereich wird das Notfallmanagement zumeist als eine Frage der Sicherheit angesehen.[205] Grundsätzlich geht es jedoch darüber hinaus, da im Sinne eines umfassenden Risikomanagements auch solche Geschäftsprozesse gegen Ausfälle abgesichert werden müssen, die nicht (nur) IT-gestützt abgewickelt werden.[206] Das Notfallmanagement wird deshalb hier auch als ein eigenständiger Punkt geregelt.

Ungeachtet der Frage nach der vertraglichen Einordnung kann hinsichtlich der rechtlichen Grundlagen auf die Ausführungen in Bezug auf die Verpflichtung zur Einrichtung angemessener Sicherheitsmaßnahmen verwiesen werden (siehe S. 144 f.). Anzufügen ist, dass durch ein umfassendes Notfallmanagement auch Fällen höherer Gewalt (*Force Majeure*) vorgebeugt werden kann, in denen es nach deutschem Rechtsverständnis – vorbehaltlich spezieller Vertragsregelungen[207] – ansonsten häufig zu einem Ausschluss der Leistungspflichten des Providers nach § 275 BGB kommen würde.[208]

2. Angemessene Notfallmaßnahmen (Erläuterungen zu Ziff. 13.1)

Das Vertragsmuster geht davon aus, dass der Kunde im Rahmen des täglichen Geschäftsverlaufs darauf angewiesen ist, auf die Services zugreifen zu können (siehe Ziff. 13.1, Satz 1). Es verpflichtet den Provider dementsprechend, zu jeder Zeit angemessene und wirksame Maßnahmen für Notfälle zu treffen (siehe Ziff. 13.1, Satz 2). Die Einrichtung solcher Notfallmaßnahmen ist jedenfalls stets in Bezug auf die für den Kunden wichtigsten und zeitkritischsten Aktivitäten (*Business Critical Services*) angezeigt. In der Sache kann hierbei zwischen Maßnahmen unterschieden werden, welche die Geschäftsfortführung durch ein zeitnahes Ausweichen auf Ersatzlösungen ermöglichen, und Maßnahmen, welche dem Provider innerhalb eines angemessenen Zeitraums die Rückkehr zum Normalbetrieb erlauben.[209] Dies entspricht der in diesem Bereich üblichen, wenn auch nicht immer trennscharfen Unterscheidung zwischen Kontinuitätsmanagement (*Business Continuity*) einerseits und Notfallwiederherstellung (*Disaster Recovery*) andererseits.

Die Ausführung der vom Provider zu treffenden Notfallmaßnahmen kann (und sollte) sich wieder an den einschlägigen Policies des Kunden orientieren (siehe Ziff. 13.1, Satz 3). Darüber hinaus empfiehlt sich eine Abstimmung der Notfallmaßnahmen des Providers mit den eigenen, angrenzenden Notfallplänen des Kunden, um ein Ineinandergreifen der beiderseitigen Vorkehrungen zu gewährleisten.[210] Die konkrete Beschreibung der vom Provider ab dem Stichtag zu treffenden Notfallmaßnahmen ist dem als Anlage zum Vertrag beizufügenden Notfallkonzept zu entnehmen (siehe Ziff. 13.1, Satz 4).[211] Dieses definiert neben Handlungsanweisungen für den Notfall auch übergreifende Punkte wie Notfall-Verantwortliche, Alarmierungspläne und Kommunikationswege. Zum Notfallkonzept gehört darüber hinaus auch die Dokumentation der zur Erbringung der Services eingesetzten Systeme und Prozesse.

3. Überprüfung des Notfallkonzepts (Erläuterungen zu Ziff. 13.2)

Ebenso wie das Sicherheitskonzept ist das Notfallkonzept regelmäßig auf seine Zweckmäßigkeit und Verbesserungsfähigkeit zu überprüfen und bei Bedarf an eine veränderte Gefährdungslage anzupassen (siehe Ziff. 13.2, Satz 1). Anders als die Sicherheitsmaßnahmen, die in der Regel fortlaufend angewendet werden, kommen die Notfallmaßnahmen im Idealfall jedoch überhaupt nicht zum Tragen. Um die Notfallmaßnahmen für den Ernstfall zu erproben, ist es daher notwendig und auch üblich, zusätzlich entsprechende Notfalltests durchzuführen (siehe Ziff. 13.2, Satz 2).[212] Das Ergebnis der Notfalltests ist vom Provider zu dokumentieren und dem Kunden jeweils unverzüglich mitzuteilen (siehe Ziff. 13.2, Satz 3), da die Letztverantwortung für die getroffenen Maßnahmen auch insoweit beim Kunden verbleibt[213] und er diese Informationen somit zur Steuerung seiner Risiken benötigt.

4. Verhalten im Notfall (Erläuterungen zu Ziff. 13.3)

Bei Eintritt eines Notfalles hat der Provider in Zusammenarbeit mit dem Kunden die im Notfallkonzept beschriebenen Maßnahmen auszuführen (siehe Ziff. 13.3, Satz 1). Das Vertragsmuster enthält darüber hinaus die Verpflichtung des Providers, den Kunden bei der Ausführung entsprechender eigener Notfallpläne zu unterstützen. Dies ist eine logische Folge der Verzahnung der beiderseitigen Notfallpläne (siehe oben Ziff. 13.1) und erlangt dann Bedeutung, wenn der Kunde auch oder vielleicht sogar schwerpunktmäßig vom Notfall betroffen ist und die Mitwirkung des Providers bei der Umset-

VI. Vertragsklauseln 151

zung von Gegenmaßnahmen zur Aufrechterhaltung seines Geschäftsbetriebs benötigt.

Im Hinblick auf den gesteigerten Aufwand, mit dem sich der Provider bei Eintritt eines Notfalls typischerweise konfrontiert sieht, stellt das Vertragsmuster schließlich klar, dass dieser nicht berechtigt ist, für seine Leistungen im Notfall eine zusätzliche Vergütung zu verlangen oder die bestehende Vergütung zu erhöhen (siehe Ziff. 13.3, Satz 2). Hierdurch sollen im Ernstfall mögliche und zeitraubende Diskussionen über die Kostentragung vermieden werden.[214]

§ 14
Vertraulichkeit

14.1 Nutzung Vertraulicher Informationen

14.1.1 Vertrauliche Informationen dürfen von den Parteien ausschließlich zur Erfüllung oder Durchsetzung ihrer wechselseitigen Rechte und Pflichten aus diesem Vertrag verwendet werden. „Vertrauliche Informationen" in diesem Sinne sind dieser Vertrag und alle anderen Unterlagen, Daten und Informationen einer Partei, die der anderen Partei in Zusammenhang mit der Vorbereitung, der Verhandlung, dem Abschluss, der Durchführung oder der Abwicklung dieses Vertrages bekannt werden (unabhängig davon, ob diese Unterlagen, Daten und Informationen einer Partei als vertraulich gekennzeichnet sind), soweit sie nicht (i) allgemein bekannt oder der Öffentlichkeit zugänglich sind oder ohne Mitwirkung der anderen Partei bekannt geworden sind, (ii) durch die andere Partei schriftlich als nicht vertraulich freigegeben worden sind, (iii) eine Partei im Zeitpunkt der Überlassung durch die andere Partei ohne Verpflichtung zur Vertraulichkeit bereits besessen hat oder (iv) eine Partei zu einem späteren Zeitpunkt rechtmäßig von Dritten ohne Verpflichtung zur Vertraulichkeit erhalten hat.

14.1.2 Der Empfänger einer Vertraulichen Information muss sich nach Kräften bemühen, diese vor unbefugter Benutzung oder Veröffentlichung zu schützen, und wird insoweit den gleichen Sorgfaltsmaßstab anwenden, den er für den Schutz eigener Vertraulicher Informationen anzuwenden pflegt, mindestens jedoch die Sorgfalt eines ordentlichen Kaufmanns.

14.2 Zulässige Offenlegung
Unabhängig von den vorstehenden Bestimmungen ist jede Partei berechtigt, Vertrauliche Informationen der anderen

Partei mit deren Zustimmung offen zu legen. Ohne die Zustimmung der anderen Partei ist eine Offenlegung von Vertraulichen Informationen nur zulässig, wenn dies

(a) von einer Aufsichtsbehörde oder anderen zuständigen Stelle im Rahmen von Rechtlichen Anforderungen verlangt wird,

(b) durch zwingendes Recht vorgeschrieben ist oder

(c) gegenüber den Mitarbeitern und Subunternehmern oder solchen Beratern einer Partei erfolgt, die beruflich zur Verschwiegenheit verpflichtet sind.

Die Offenlegung ist auf das im konkreten Fall erforderliche Maß zu beschränken. Außerdem ist die jeweils andere Partei so rechtzeitig über die Offenlegung zu informieren, dass sie sachdienliche zusätzliche Maßnahmen zum Schutz ihrer Vertraulichen Informationen treffen kann.

14.3 Rückgabe und Zerstörung

14.3.1 Bei Beendigung dieses Vertrages wird jede Partei der anderen Partei sämtliche in ihrem Besitz befindlichen Vertraulichen Informationen übergeben, soweit diese verkörpert sind. Im Übrigen sind Vertrauliche Informationen zu löschen. § 19 Ziff. 19.3.1 lit. d) bleibt unberührt.

14.3.2 Jede Partei kann von der anderen Partei eine schriftliche Bestätigung darüber verlangen, dass sämtliche im Besitz der anderen Partei befindlichen Vertraulichen Informationen übergeben bzw. gelöscht wurden. Das Recht bzw. die Pflicht der Parteien, eine Kopie der Vertraulichen Informationen für gesetzlich vorgeschriebene Archivierungszwecke oder sonstige durch diesen Vertrag vorgesehene Zwecke zurückzubehalten, bleibt unberührt.

14.3.3 Unabhängig von der Rückgabe oder Zerstörung Vertraulicher Informationen gilt die Pflicht zur Wahrung der Vertraulichkeit gemäß dieses § 14 über die Beendigung des Vertrages hinaus.

14.4 Unbeschadetheit anderer Bestimmungen zum Schutz von Informationen

Die Behandlung von Daten, die dem Datenschutz unterliegen, richtet sich zusätzlich nach den Bestimmungen von § 11. Die in § 12 enthaltenen Sicherheitsbestimmungen bleiben ebenfalls unberührt.

VI. Vertragsklauseln

Erläuterungen

1. Nutzung vertraulicher Informationen (Erläuterungen zu Ziff. 14.1)
2. Zulässige Offenlegung (Erläuterungen zu Ziff. 14.2)
3. Rückgabe und Zerstörung (Erläuterungen zu Ziff. 14.3)
4. Unbeschadetheit anderer Bestimmungen zum Schutz von Informationen (Erläuterungen zu Ziff. 14.4)

1. Nutzung vertraulicher Informationen (Erläuterungen zu Ziff. 14.1)

Im Rahmen der Outsourcing-Beziehung erhalten die Parteien häufig Zugang zu sensitiven Informationen der jeweils anderen Partei. Daher muss der Service-Vertrag eine Vertraulichkeitsklausel enthalten.[215] Für diese gelten allerdings keine spezifischen Anforderungen. Entsprechend enthält das Vertragsmuster eine allgemeine Vertraulichkeitsregelung. In Ziff. 14.1.1 des Vertragsmusters ist die Verpflichtung zur Vertraulichkeit sowie die Definition des Begriffs „Vertrauliche Informationen" enthalten. Ziff. 14.1.2 legt den Sorgfaltsmaßstab für den Umgang mit vertraulichen Informationen fest.

2. Zulässige Offenlegung (Erläuterungen zu Ziff. 14.2)

Die Klausel enthält allgemein übliche Ausnahmetatbestände, die eine Offenlegung vertraulicher Informationen erlauben.

3. Rückgabe und Zerstörung (Erläuterungen zu Ziff. 14.3)

Die Klausel regelt, wie bei Ende der Vertragslaufzeit mit vertraulichen Informationen der jeweils anderen Partei umzugehen ist (siehe dazu auch § 19 Ziff. 19.3.1 lit. d)).

4. Unbeschadetheit anderer Bestimmungen zum Schutz von Informationen (Erläuterungen zu Ziff. 14.4)

In Ziff. 14.4 ist schließlich zur Vermeidung möglicher Wertungswidersprüche eine Abgrenzungsregelung zu den Bestimmungen über den Datenschutz in § 11 und die Sicherheit in § 12 enthalten. Aufgrund des gesetzlich zwingenden Charakters des Datenschutzes ist dieser unabhängig von den vertraglichen Regelungen über den Umgang mit vertraulichen Informationen zu beachten. Im Hinblick auf

§ 9 BDSG und andere Rechtspflichten zur Einrichtung angemessener Sicherheitsmaßnahmen (siehe S. 144) gilt im Prinzip für den von diesen Sicherheitsmaßnahmen mit umfassten Schutz von Informationen nichts Anderes.

§ 15
Schutzrechte (IP)

15.1   Eigen-IP des Kunden
15.1.1 Das Eigen-IP des Kunden umfasst sämtliches IP, das dem Kunden oder mit ihm verbundenen Unternehmen gehört und das der Provider zur bestimmungsgemäßen Erbringung der Services nutzen muss.
15.1.2 Der Kunde gewährt dem Provider und den durch den Kunden genehmigten Subunternehmern des Providers hiermit ein unentgeltliches, nicht-ausschließliches Recht, das Eigen-IP des Kunden zu nutzen und zu bearbeiten, jedoch nur soweit und solange dies erforderlich ist, um die Services gegenüber dem Kunden vertragsgemäß zu erbringen und nicht die Verantwortung für die Beschaffung des Gegenstands des Eigen-IP bei dem Provider liegt.
15.2   Fremd-IP des Kunden
15.2.1 Das Fremd-IP des Kunden umfasst sämtliches IP, an dem der Kunde von Dritten (bei denen es sich nicht um mit dem Kunden verbundene Unternehmen handelt) Nutzungsrechte erworben hat und das der Provider zur bestimmungsgemäßen Erbringung der Services nutzen muss.
15.2.2 Der Kunde gewährt dem Provider und den durch den Kunden genehmigten Subunternehmern an seinem Fremd-IP die in Ziff. 15.1.2 beschriebenen Rechte, soweit und solange (i) dies nach den mit den Dritten bestehenden Vereinbarungen über die Nutzung des jeweiligen Fremd-IP zulässig ist, (ii) der Provider die in diesen Vereinbarungen enthaltenen allgemeinen Nutzungsbedingungen einhält, vorausgesetzt diese sind dem Provider zuvor bekannt gegeben worden oder für ihn nahe liegend, und (iii) nicht die Verantwortung für die Beschaffung des Gegenstands des Fremd-IP bei dem Provider liegt. Ist die Nutzung des jeweiligen Fremd-IP nach den bestehenden Vereinbarungen über seine Nutzung unzulässig, werden die Parteien im Rahmen des Change Request-Verfahrens eine möglichst kostengünstige Ausweichlösung vereinbaren.

VI. Vertragsklauseln

15.3 Eigen-IP des Providers

15.3.1 Das Eigen-IP des Providers umfasst sämtliches IP, das dem Provider oder mit ihm verbundenen Unternehmen zusteht und das der Kunde zur bestimmungsgemäßen Verwendung der Services nutzen muss.

15.3.2 Der Provider gewährt dem Kunden hiermit ein unentgeltliches und nicht-ausschließliches Recht, das Eigen-IP des Providers zu nutzen, soweit und solange dies für die bestimmungsgemäße Verwendung der Services erforderlich ist. Der Kunde ist außerdem berechtigt, Dritten die Nutzung des Eigen-IP des Providers zu gestatten, soweit diese Dritten (i) die Services ganz oder teilweise mit Wissen des Providers über den Kunden beziehen und die Nutzung des Fremd-IP des Providers dafür erforderlich ist oder (ii) mit den Services in Zusammenhang stehende Leistungen an den Kunden erbringen und die Nutzung des Fremd-IP des Providers erforderlich ist, damit der Kunde die Leistungen des Dritten bestimmungsgemäß nutzen kann.

15.3.3 Der Kunde kann von dem Provider jederzeit eine marktübliche Hinterlegung des Quellcodes etwaiger zum Eigen-IP des Providers gehörender Software auf eigene Kosten des Kunden verlangen.

15.3.4 Bei vollständiger oder teilweiser Beendigung dieses Vertrages bleiben die in Ziff. 15.3.2 eingeräumten Rechte bestehen und gelten auch zugunsten eines Folgeanbieters (§ 19 Ziff. 19.1.1). Soweit es sich bei dem Folgeanbieter nicht um den Kunden selbst oder ein mit dem Kunden verbundenes Unternehmen handelt, gilt dies jedoch nur für zwölf Monate nach dem Ende der Vertragslaufzeit. Eine Vergütung für das Nutzungsrecht an dem nach dieser Ziff. 15.3.4 eingeräumten Eigen-IP des Providers wird nicht geschuldet. Pflegeleistungen wird der Provider auf Verlangen des Kunden zu marktgerechten Konditionen anbieten.

15.4 Fremd-IP des Providers

15.4.1 Das Fremd-IP des Providers umfasst sämtliches IP, an dem der Provider von Dritten (bei denen es sich nicht um mit dem Provider verbundene Unternehmen handelt) Nutzungsrechte erworben hat und das der Kunde zur bestimmungsgemäßen Verwendung der Services nutzen muss.

15.4.2 Der Provider gewährt dem Kunden an seinem Fremd-IP die in Ziff. 15.3.2 beschriebenen Rechte, soweit und solange der Kunde die in den von dem Provider geschlossenen Vereinbarungen über die Nutzung dieses Fremd-IP enthaltenen allgemeinen Nutzungsbedingungen einhält, vorausgesetzt diese sind dem Kunden durch den Provider zuvor bekannt gegeben worden oder für ihn nahe liegend.

15.4.3 Soweit der Provider für die Erbringung der Services Fremd-IP einsetzt, hat er sicherzustellen, dass nach dem Ende der Vertragslaufzeit der Kunde zur Nutzung dieses Fremd-IP in dem in Ziff. 15.4.2 beschriebenen Umfang berechtigt bleibt. Dies gilt nicht, wenn das Fremd-IP in der für die Services eingesetzten Form allgemein gegen Zahlung einer angemessenen Lizenzgebühr am Markt erhältlich ist. Der Provider wird den Kunden jeweils vorab ausführlich informieren, wenn er plant, Fremd-IP einzusetzen.

15.5 Entwicklung von IP

15.5.1 IP, das durch den Provider oder in dessen Auftrag in Zusammenhang mit den Services neu geschaffen wird, steht mangels einer abweichenden Vereinbarung im Einzelfall ausschließlich dem Kunden zu, wenn es das Ergebnis (i) der Bearbeitung oder Weiterentwicklung von Eigen-IP oder – vorbehaltlich etwaiger Rechte Dritter – Fremd-IP des Kunden oder (ii) eines durch den Kunden erteilten Auftrags ist. Im Übrigen steht solches IP – vorbehaltlich etwaiger Rechte Dritter oder abweichender Vereinbarungen der Parteien – dem Provider zu.

15.5.2 Das Recht der Parteien, Ideen, Konzepte oder Verfahrensweisen weiter zu verwenden, die die Services betreffen und im Laufe der Zusammenarbeit zum allgemeinen Know-how ihrer jeweiligen Mitarbeiter werden, bleibt unberührt, soweit hierdurch keine Schutzrechte der anderen Partei oder eines Dritten verletzt oder Vertrauliche Informationen unbefugt offenbart werden.

15.6 Ansprüche Dritter wegen Schutzrechtsverletzungen

15.6.1 Der Provider steht dafür ein, dass die Erbringung der Services durch den Provider und die vertragsgemäße Nutzung der Services durch den Kunden keine Rechte Dritter verletzt. Dies gilt insbesondere im Hinblick auf die Software und sonstigen Systeme, die der Provider zur Erbringung der Services einsetzt. Der Kunde steht dafür ein, dass die vertragsgemäße Nutzung des Eigen-IP sowie des Fremd-IP des Kunden im Rahmen von Ziff. 15.1 und 15.2 zur Erbringung der Services keine Rechte Dritter verletzt.

15.6.2 Werden gegen eine der Parteien in Zusammenhang mit den Services stehende Ansprüche wegen der tatsächlichen oder vermeintlichen Verletzung von Rechten Dritter geltend gemacht, für die die andere Partei einzustehen hat, werden sich die Parteien hierüber unverzüglich wechselseitig unterrichten. Die Parteien werden die Abwehr derartiger Ansprü-

VI. Vertragsklauseln

che in enger Abstimmung koordinieren, wobei diejenige Partei die Federführung übernimmt, die für eine Schutzrechtsverletzung einzustehen hätte. Die andere Partei wird sie in zumutbarem Umfang unterstützen.

15.6.3 Entstehen einer Partei in Zusammenhang mit gegen sie geltend gemachten Ansprüchen, die auf eine Verletzung von Rechten Dritter gestützt werden, für die die andere Partei einzustehen hat, Kosten und/oder Schäden (einschließlich der Kosten für eine angemessene Rechtsverfolgung oder -verteidigung), wird die andere Partei sie von solchen Kosten und Schäden freistellen. Der Freistellungsanspruch setzt nicht voraus, dass ein Vertretenmüssen der zur Freistellung verpflichteten Partei vorliegt. Die Haftungsbeschränkung gemäß § 17 Ziff. 17.2 gilt nur insoweit, wie die betreffenden Kosten und Schäden nicht unmittelbar auf den durch den Dritten geltend gemachten Ansprüchen beruhen.

Erläuterungen

1. Überblick
2. Eigen-IP des Kunden (Erläuterungen zu Ziff. 15.1)
3. Fremd-IP des Kunden (Erläuterungen zu Ziff. 15.2)
4. Eigen-IP des Providers (Erläuterungen zu Ziff. 15.3)
5. Fremd-IP des Providers (Erläuterungen zu Ziff. 15.4)
6. Entwicklung von IP (Erläuterungen zu Ziff. 15.5)
7. Ansprüche Dritter wegen Schutzrechtsverletzungen (Erläuterungen zu Ziff. 15.6)

1. Überblick

Der Begriff der Schutzrechte beschreibt zusammenfassend Rechtspositionen, die aus dem Urheberrecht, anderen nach dem UrhG geschützten Rechten (z.B. das Recht des Datenbankherstellers) oder gewerblichen Schutzrechten (z.B. Patente, Marken, Geschmacksmuster etc.) abgeleitet sind. Im Bereich des Outsourcing sind dabei vor allem die Rechte an Software praktisch relevant.[216]

Unter Software wird üblicherweise ein Computerprogramm nebst der zugehörigen Dokumentation verstanden. Computerprogramme genießen nach §§ 69a ff. UrhG urheberrechtlichen Schutz; für die zugehörige Dokumentation ergibt sich dieser Schutz als Sprachwerk aus § 2 Abs. Nr. 1 UrhG. Hierneben können bei einem Outsourcing noch Rechte an weiteren Unterlagen relevant sein, die ebenso wie die Dokumentation von Computerprogrammen geschützt werden (z.B. das Verfahrenshandbuch). Praktische Bedeutung können auch Rechte an Datenbanken erlangen. Weniger relevant sind im Zusammenhang mit Outsourcing-Transaktionen – wenigstens im deutschen Rechtskreis – hingegen die klassischen gewerblichen Schutzrechte.[217] Wenn im Folgenden von „IP" (Abkürzung für „Intellectual Property") die Rede ist, geht es also im Wesentlichen um die aus dem UrhG resultierenden Rechte an Software, Datenbanken sowie Dokumentation. Die weiteren, nach der im Vertragsmuster enthaltenen Begriffsdefinition noch unter „IP" fallenden Rechte werden im Normalfall keine praktische Relevanz entfalten. Da dies im Einzelfall ausnahmsweise anders sein kann, empfiehlt sich dennoch die Verwendung der weiten Begriffsdefinition. Der Begriff „IP" wird im Vertragsmuster an Stelle jenes der „Schutzrechte" verwendet, weil er eingängiger ist und sich auch hierzulande in der Praxis eingebürgert hat.

Für die vertragliche Regelung des Umgangs mit IP ist danach zu unterscheiden, welche Partei die Rechte hält (Kunden-IP bzw. Provider-IP) und ob insoweit die Nutzungsrechte auf eigenen vermögensrechtlichen Befugnissen beruhen (Kunden-Eigen-IP bzw. Provider-Eigen-IP) oder von Dritten abgeleitet sind (Kunden-Fremd-IP bzw. Provider-Fremd-IP). Nach den beiden zuletzt genannten Begriffspaaren differenzieren Ziff. 15.1 bis 15.4 des Klauselvorschlags. Darüber hinaus wird in der Klausel der Umgang mit schutzrechtsfähigen Ergebnissen geregelt, die im Rahmen der Zusammenarbeit der Parteien entstehen (Ziff. 15.5), sowie der Umgang mit Schutzrechten Dritter behandelt, die im Zusammenhang mit den Services verletzt werden mögen (Ziff. 15.6).

2. Eigen-IP des Kunden (Erläuterungen zu Ziff. 15.1)

Bei Ziff. 15.1 und 15.2 des Vertragsmusters geht es praktisch in erster Linie um Software, die der Kunde selbst entwickelt hat oder die ihm von Dritten überlassen wurde und die der Provider zur Erbringung der Services nutzen muss. So betreibt der Provider z.B. bei einer Auslagerung des Rechenzentrums Anwendungen des Kunden, bei einem Outsourcing von Pflegeleistungen für Anwendungen werden diese durch den Provider weiterentwickelt. In beiden Fällen verbleiben typischerweise die Nutzungsrechte an den Anwendungen bei dem Kunden, der diese – soweit es sich nicht um Eigenentwicklungen handelt – von Dritten erworben hat. In aller Regel wird in beiden Fällen im Zuge der Erbringung der Services eine urheberrechtlich relevante Nutzungshandlung des Providers hinsichtlich der Anwendungen erfolgen.

Für die unter das Eigen-IP des Kunden fallende Eigensoftware des Kunden regelt Ziff. 15.1.2 des Vertragsmusters, dass dem Provider hieran die Rechte eingeräumt werden, die er benötigt, um die Servi-

VI. Vertragsklauseln

ces gegenüber dem Kunden vertragsgemäß zu erbringen. Voraussetzung für die Rechteeinräumung ist aber, dass nach den getroffenen Vereinbarungen die finanzielle Verantwortung für das betroffene IP nicht bei dem Provider liegt. Eine Software, die der Provider zur Erbringung seiner Leistung benötigt, muss er grundsätzlich selbst beschaffen. Nur wenn er Software nutzen muss, für die die Verantwortlichkeit bei dem Kunden verbleibt (z.B. Anwendungen bei einem RZ-Outsourcing), kann er erwarten, dass der Kunde ihm die notwendigen Nutzungsrechte verschafft. In der Praxis gibt es immer wieder Zweifelsfälle; für diese empfiehlt sich eine ausdrückliche Regelung.

Die in Ziff. 15.1.1 des Vertragsmusters enthaltene Begriffsbestimmung des Eigen-IP des Kunden fasst hierunter auch Schutzrechte, die originär nicht dem Kunden selbst, aber mit ihm verbundenen Dritten zustehen. Für das Eigen-IP des Providers regelt Ziff. 15.3.1 dies entsprechend. Streng genommen handelt es sich bei dem IP verbundener Unternehmen einer Partei zwar um Fremd-IP. Es wäre aber nicht sachgerecht, die Schutzrechte verbundener Unternehmen ebenso zu behandeln wie Schutzrechte, die fremden Dritten zustehen. Das Beschaffungsrisiko für IP verbundener Unternehmen sollte eine Partei im Regelfall übernehmen können.

Mitunter werden dem Provider mit der Übernahme der Services die Rechte an Eigensoftware des Kunden übertragen. Diese ist sodann ab dem Stichtag nicht mehr Eigen-IP des Kunden, sondern Eigen-IP des Providers und entsprechend zu behandeln. Ob und in welchem Umfang für die Übertragung von Software durch den Kunden eine Gewährleistung übernommen wird, wäre dann im Kauf- und Übertragungsvertrag (siehe S. 64f.) zu regeln.

3. Fremd-IP des Kunden (Erläuterungen zu Ziff. 15.2)

Bei Fremd-IP des Kunden handelt es sich in erster Linie um Software, an der der Kunde Nutzungsrechte im Rahmen einer Überlassungsvereinbarung (Lizenzvertrag) mit einem Dritten erworben hat. Für die Erbringung der Services mag es erforderlich sein, dass der Provider eine solche Fremdsoftware des Kunden im urheberrechtlichen Sinne nutzt (siehe Ziff. 15.2.1). Hinsichtlich der Rechteeinräumung gilt grundsätzlich der gleiche Umfang wie bei dem Eigen-IP des Kunden.

Aus der Tatsache, dass es sich um Fremd-IP handelt, ergeben sich jedoch zwei Einschränkungen, die in Ziff. 15.2.2 aufgenommen wurden. Zunächst kann der Kunde dem Provider die Nutzung seines Fremd-IP nur gestatten, wenn dies nach dem Inhalt der mit dem

Dritten getroffenen Nutzungsvereinbarung zulässig ist. Diese Frage der Zulässigkeit ist mitunter nicht einfach zu beantworten. Sie setzt zum einen eine genaue Erfassung der Art und Weise der Nutzung des relevanten IP – im Regelfall Software – voraus und sodann eine Prüfung der Frage, ob diese Nutzung nach der mit dem Dritten getroffenen Vereinbarung zulässig ist. In der Praxis ist sowohl die tatsächliche als auch die rechtliche Bewertung häufig schwierig. Die Schwierigkeiten beginnen regelmäßig bereits damit, dass das genaue Einsatzgebiet der relevanten Software nicht ohne weiteres festgestellt oder die vertragliche Grundlage für die Nutzung derselben nicht klar identifiziert werden kann. Für den Fall, dass eine Nutzung von Fremd-IP durch den Provider stattfindet und hierzu eine Zustimmung des Dritten erforderlich ist (etwa nach § 69c UrhG bei Software), muss geregelt werden, wer das Risiko der Zustimmungsverweigerung zu tragen hat. Dieses Risiko ist in erster Linie ein wirtschaftliches Risiko. Zwar ist es denkbar, dass der Dritte die Nutzung des Fremd-IP untersagt und damit auch ein operatives Problem verursacht; in der Praxis finden sich in den Diskussionen mit dem Dritten jedoch in der Regel kommerzielle Lösungen. Wie dann das Kostenrisiko zwischen den Parteien verteilt wird, ist Verhandlungssache. Eine Kostenteilung enthält grundsätzlich die richtige Anreizstruktur, weil dann beide Parteien ein Interesse haben, etwaige Kosten möglichst gering zu halten. Die Bereitschaft des Providers, sich an den Kosten zu beteiligen, die sich im Anschluss an eine notwendige Zustimmung Dritter zur Nutzung von Fremd-IP des Kunden ergeben, wird indes ganz wesentlich davon abhängen, dass ihm vor Vertragsschluss Gelegenheit gegeben wird, diese Kosten abzuschätzen. Dies setzt wiederum voraus, dass der Kunde in der Lage ist, die entsprechenden Informationen zu geben. Das Vertragsmuster sieht eine neutrale Regelung vor, bei der ein Change Request-Verfahren durchgeführt wird, wenn nach den bestehenden Vereinbarungen eine Nutzung des Fremd-IP unzulässig wäre; für das Change Request-Verfahren wird die Verpflichtung zur Kostenminimierung festgeschrieben.

Wenn vorgesehen ist, dass der Provider im Zuge der Übernahme der Services auch Verträge – insbesondere über die Nutzung von Software und diesbezügliche Pflegeleistungen – von dem Kunden übernimmt, handelt es sich hierbei zwar nicht um Fremd-IP des Kunden, sondern – ab der Übertragung – um Fremd-IP des Providers (siehe bereits S. 159). Die Übertragung auf den Provider wird aber in der Regel zustimmungspflichtig sein. Insoweit stellen sich die gleichen Fragen und Schwierigkeiten, wie sie soeben für die Nutzung von Fremd-IP des Kunden beschrieben wurden. Solange eine vorgesehene Übertragung der entsprechenden Verträge nicht stattgefunden

VI. Vertragsklauseln

hat, wird das darunter genutzte IP wie Fremd-IP des Kunden zu behandeln sein (siehe auch S. 67 f.).
Neben dem Vorbehalt der Zustimmung dritter Rechteinhaber enthält die Einräumung des Nutzungsrechts (Ziff. 15.2.2) die weitere Einschränkung, dass der Provider sich im Einklang mit den Bestimmungen verhält, die im Vertrag zwischen dem Rechteinhaber und dem Kunden als Nutzungsbedingungen vereinbart sind. Dies setzt allerdings voraus, dass die entsprechenden Vereinbarungen dem Provider durch den Kunden offen gelegt werden bzw. es sich um allgemein übliche Nutzungsbeschränkungen handelt, von deren Vorliegen der Provider ausgehen muss.[218]

4. Eigen-IP des Providers (Erläuterungen zu Ziff. 15.3)

Für das Eigen-IP des Providers schlägt das Vertragsmuster zunächst eine spiegelbildliche Regelung zu jener über das Eigen-IP des Kunden vor. Ziff. 15.3.1 bestimmt, dass als Eigen-IP des Providers nicht nur das IP des unmittelbaren Vertragspartners gilt, sondern auch jenes der mit ihm verbundenen Unternehmen (siehe S. 159). Der Umfang der dem Kunden gestatteten Nutzung des Eigen-IP des Providers wird durch den Vertragszweck begrenzt. Soweit und solange die Nutzung des Eigen-IP des Providers für die Verwendung der Services erforderlich ist, muss dem Kunden diese Verwendung gestattet sein. Je nach Lage der Dinge mag es aus der Sicht des Kunden für die bestimmungsgemäße Verwendung der Services nicht ausreichend sein, wenn nur ihm die Rechte zur Nutzung des Eigen-IP des Providers eingeräumt werden. Vielmehr mag die Notwendigkeit bestehen, dass Dritte, die die Services über den Kunden beziehen (Service-Empfänger, siehe S. 51), ebenfalls zur Nutzung des Eigen-IP des Providers berechtigt sein müssen. Ebenso können Situationen vorkommen, in denen Dritte, die für den Kunden Leistungen erbringen, die mit den durch den Provider erbrachten Services zusammenwirken müssen, auf die Nutzung des Eigen-IP des Providers angewiesen sind. Zum Beispiel: Der Provider erbringt RZ-Leistungen für den Kunden und setzt dabei Eigen-IP ein. Der Kunde wiederum hat auch die Pflege bestimmter Anwendungen an einen Dritten ausgelagert und stellt diesem dabei die Test- und Entwicklungsumgebung bei, die im Rahmen der RZ-Leistungen durch den Provider betrieben wird. Bei dieser Konstellation wäre zumindest näher zu prüfen, ob es zu einer urheberrechtlich relevante Nutzung seitens des Dritten kommt. Da aus der Sicht des Providers die Nutzung seines Eigen-IP in einer solchen Konstellation unter dem Strich nicht intensiviert wird, ist die einfachste Lösung, dass – wie in Ziff. 15.3.2

vorgeschlagen – eine Rechteeinräumung für diese Fälle unmittelbar im Vertrag stattfindet.

Die in Ziff. 15.3.3 enthaltene Regelung gibt dem Kunden das Recht, eine marktübliche Hinterlegung des Quellcodes etwaiger zum Eigen-IP des Providers gehörender Software zu verlangen. Regelungen über die Hinterlegung von Software sind insbesondere in Lizenzverträgen weithin üblich.[219] Bei Outsourcing-Transaktionen wird die Hinterlegung von Software dagegen nicht die Regel sein. Daher erscheint die vorgeschlagene Klausel zunächst ausreichend. Diese gibt dem Kunden – dann allerdings auf eigene Kosten – das Recht, die Hinterlegung zu fordern. Im Einzelfall mag die Hinterlegung des Quellcodes auch in Outsourcing-Projekten aus der Sicht des Kunden sinnvoll sein, nämlich dann, wenn zum Ende der Vertragsbeziehung die Übertragung der entsprechenden Eigensoftware des Providers an den Kunden (ggf. als Option) vorgesehen ist. Je nach Lage des Einzelfalls mag es dann allerdings auch sinnvoll sein, eine ausführlichere Regelung zur Hinterlegung des Quellcodes zu treffen.[220]

Weil Ziff. 15.3.2 die Einräumung der Nutzungsrechte an dem Eigen-IP des Providers sachlich auf die Nutzung im Zusammenhang mit den Services beschränkt, die Services aber zum Ende der Vertragslaufzeit nicht mehr durch den Provider erbracht werden, empfiehlt sich eine ausdrückliche Regelung dazu, welche Rechte dem Kunden nach Ablauf der Vertragslaufzeit zustehen. Das Vertragsmuster enthält eine solche Regelung in Ziff. 15.3.4. Die Klausel erstreckt zunächst die Nutzungsrechte über das Ende der Vertragslaufzeit hinaus. Der Kunde ist damit berechtigt, das Eigen-IP des Providers auch nach dem Ende der Zusammenarbeit selbst zu nutzen oder durch einen Folgeanbieter nutzen zu lassen. Sachlich ist das Nutzungsrecht auf die Leistungen beschränkt, die den durch den Provider erbrachten Services entsprechen. Solange der Kunde nach dem Ende der Zusammenarbeit mit dem Provider die Services wieder intern erbringt, wird der Provider mit einer solchen Regelung häufig keine Schwierigkeiten haben, weil auf diese Weise eine Kundenbeziehung erhalten bleibt und keine Offenlegung gegenüber dem Wettbewerb droht. Anders sieht die Situation aus, wenn der Kunde einen Wettbewerber des bisherigen Providers mit der weiteren Erbringung der Services beauftragt. Hier mag der Provider ein anerkennenswertes Interesse daran haben, den Zugang eines Wettbewerbers zu dem jeweiligen IP zu verhindern. Bei Software ist dies vor allem dann denkbar, wenn es sich z. B. um Tools handelt, die der Überwachung und Leistungssteigerung von Systemen dienen und nicht allgemein am Markt erhältlich sind, sondern ein besonderes Know-how des Providers enthalten. Auf der anderen Seite mag das

VI. Vertragsklauseln 163

Interesse des Folgeanbieters daran, die Tools des bisherigen Providers zu nutzen, begrenzt sein. Vielmehr wird er ein Interesse daran haben, möglichst schnell seine eigenen Standardprozesse und damit auch seine eigenen Tools einzuführen. Für den Kunden ist unterdessen wesentlich, dass die Frage der Berechtigung zur Nutzung von Eigen-IP des Providers nicht eine mögliche Transition auf einen Folgeanbieter unnötig erschwert. Für den Fall der Beauftragung eines konzernfremden Folgeanbieters durch den Kunden schlägt das Vertragsmuster als Interessenausgleich eine zeitliche Begrenzung der Nutzungsberechtigung auf zwölf Monate nach Ende der Vertragslaufzeit vor.

Hinsichtlich der Kosten sieht das Vertragsmuster vor, dass für die Einräumung des Nutzungsrechts für die Zeit ab dem Ende der Vertragslaufzeit keine Zahlung geleistet wird. Dabei wird unterstellt, dass das Nutzungsrecht mit der Vergütung für die Services abgegolten wurde. Anders sieht es hinsichtlich etwaiger Pflegeleistungen aus. Hier ist es sachgerecht, dass der Provider eine Vergütung erhält, wenn solche Pflegeleistungen durch den Kunden nach dem Ende der Vertragslaufzeit weiter benötigt werden.

5. Fremd-IP des Providers (Erläuterungen zu Ziff. 15.4)

Der Provider setzt zur Erbringung der Services typischerweise nicht nur Eigen-IP, sondern auch Fremd-IP ein. Die Nutzungsrechte erwirbt er durch Abschluss entsprechender Vereinbarungen mit den jeweiligen Rechteinhabern (siehe Ziff. 15.4.1). Für den Umfang der Rechteeinräumung an den Kunden kann nichts Anderes gelten als für das Eigen-IP des Providers (siehe Ziff. 15.4.2 und Ziff. 15.3.2). Aus der Sicht des Kunden gibt es hier keinen Unterschied und ist es auch häufig nicht nachvollziehbar, ob der Provider Eigen-IP oder Fremd-IP einsetzt. Es ist Sache des Providers, sich bei dem jeweiligen Rechteinhaber die entsprechenden Rechte zu sichern.

Hinsichtlich der Einräumung von Nutzungsrechten ab dem Ende der Vertragslaufzeit muss das Fremd-IP des Providers indes anders als dessen Eigen-IP behandelt werden. Häufig wird der Provider mit dem Rechteinhaber eine Rahmenvereinbarung über die Nutzung von dessen IP treffen. Aus diesem Grund wird etwa die Möglichkeit der Übertragung der Vereinbarung über die Nutzung des IP auf den Kunden oder den Folgeanbieter praktisch kaum durchsetzbar sein. Entsprechendes gilt mitunter auch für die Forderung des Kunden, die benötigten Nutzungsrechte auch über das Ende der Zusammenarbeit mit dem Provider hinaus zu erhalten. Vor diesem Hintergrund schlägt das Vertragsmuster eine Regelung vor, bei der der Provider entweder das Nutzungsrecht nach Ende der Vertragslaufzeit sicherstellt oder nur solches IP einsetzt, das in der für die Erbringung der Services eingesetzten Form durch den Kunden auch anderweitig am Markt erworben werden kann. Auf diese Weise wird das für den Kunden wesentliche Ziel erreicht, nämlich eine Abhängigkeit vom Provider zu vermeiden. Im Einzelfall kann es freilich sein, dass der Provider keine der beiden Alternativen umsetzen kann. In diesem Fall muss er, wenn er entsprechendes Fremd-IP einsetzen will, eine gesonderte Vereinbarung mit dem Kunden treffen. Dieser wird dann – insbesondere im Hinblick auf einen späteren Providerwechsel – zu bewerten haben, welche Vor- und Nachteile der Einsatz eines solchen IP für ihn bedeutet (siehe Ziff. 15.4.3).

6. Entwicklung von IP (Erläuterungen zu Ziff. 15.5)

Während Ziff. 15.1 bis 15.4 regeln, welche Partei der anderen welche Rechte an bestehendem IP einräumt, regelt Ziff. 15.5 die Zuordnung von IP, das im Zusammenhang mit den Services neu geschaffen wird. Praktisch relevant ist hierbei in erster Linie die Schaffung von IP durch den Provider (oder durch von diesem beauftragte Subunternehmer oder sonstige Dritte).

Die Klausel geht von dem Grundsatz aus, dass dem Provider das von ihm geschaffene IP selbst zusteht. Von diesem Grundsatz werden zwei Ausnahmen vorgenommen. Zum einen sollen dem Kunden die Rechte an einer Bearbeitung (Weiterentwicklung) seines IP zustehen, wobei dies im Falle von Fremd-IP des Kunden wiederum unter dem Vorbehalt etwaiger Rechte des jeweiligen Rechteinhabers steht. Zum anderen ist eine Zuordnung des IP an den Kunden gerechtfertigt, wenn der Kunde für die Entwicklung des IP einen gesonderten Auftrag (z.B. in einer Projektvereinbarung, siehe S. 79) erteilt hat. Zu beachten ist, dass die in Ziff. 15.5.1 vorgeschlagene Zuordnung von Rechten an neu entstehendem IP nur den Normalfall regelt, von dem die Parteien im konkreten Einzelfall abweichen können.

Im Rahmen einer engen Zusammenarbeit, wie sie bei einem Outsourcing-Verhältnis die Regel ist, gewinnen häufig beide Seiten an Erfahrung und Know-how. Ziff. 15.5.2 stellt klar, dass vorbehaltlich der Beschränkungen im Umgang mit vertraulichen Informationen sowie dem IP der jeweils anderen Partei die Verwendung dieser Erfahrungswerte nicht beschränkt wird. Insbesondere dem Provider wird häufig an einer solchen Regelung gelegen sein, die allerdings unterhalb der Grenze etwaiger Schutzrechte und des vertraglich vereinbarten Schutzes vertraulicher Informationen auch nur klarstellenden Charakter hat.[221]

VI. Vertragsklauseln 165

7. Ansprüche Dritter wegen Schutzrechtsverletzungen (Erläuterungen zu Ziff. 15.6)

Zu den IP-bezogenen Regelungen in einem Outsourcing-Vertrag gehört auch eine Bestimmung darüber, wie die Parteien mit etwaigen Verletzungen von Rechten Dritter umgehen, die im Zuge der Zusammenarbeit eintreten mögen. Das Vertragsmuster unterscheidet an dieser Stelle zwischen der Festlegung der Verantwortlichkeiten für solche Rechtsverletzungen (Ziff. 15.6.1), dem Vorgehen bei der Geltendmachung von Rechtsverletzungen durch die betroffenen Dritten (Ziff. 15.6.2) sowie schließlich den Rechtsfolgen etwaiger Rechtsverletzungen im Verhältnis der Parteien (Ziff. 15.6.3). Die vorgeschlagene Klausel beschränkt sich dabei bewusst auf das Nötigste; insbesondere im anglo-amerikanischen Rechtskreis sind Klauseln zum Umgang mit Schutzrechtsverletzungen um ein Vielfaches ausführlicher. Dies erklärt sich insbesondere durch die dortige Patentpraxis.[222] Bei multi-nationalen Service-Verträgen, insbesondere wenn diese Berührungspunkte zu den Vereinigten Staaten aufweisen, in denen gerichtliche Auseinandersetzungen bekanntermaßen eine kostspielige Angelegenheit werden können, ist zu raten, den Umgang mit Schutzrechtsverletzungen ausführlicher zu regeln.

Die in Ziff. 15.6 vorgeschlagene Regelung ist wechselseitig ausgestaltet. Der Provider hat – wie soeben dargestellt – dafür einzustehen, dass die vertragsgemäße Nutzung der Services durch den Kunden keine Rechte Dritter verletzt. Entsprechend muss der Kunde dafür einstehen, dass die Nutzung des Eigen-IP sowie des Fremd-IP des Kunden keine Rechte Dritter verletzt. In beiden Fällen wird bewusst auf die vertragsgemäße Nutzung der Services bzw. des IP des Kunden abgestellt. Dadurch wird klargestellt, dass die Einstandspflicht dort endet, wo sich eine der Parteien vertragswidrig verhält, z.B. Fremd-IP der anderen Partei unter Missachtung der Beschränkungen nutzt, die sich aus den für die jeweilige Partei verbindlichen Vereinbarungen über die Nutzung des jeweiligen Fremd-IP ergeben (siehe Ziff. 15.2.2 (ii) bzw. Ziff. 15.4.2).

In der Vertragspraxis ist allgemein anerkannt, dass bei der Abwehr etwaiger Ansprüche Dritter diejenige Partei die Federführung übernimmt, die einstandspflichtig wäre, falls sich die geltend gemachten Ansprüche als berechtigt herausstellen sollten.

Die Klausel bestimmt ferner, dass die einstandspflichtige Partei die andere Partei von den Kosten und Schäden freizustellen hat, die dieser aufgrund der gegen sie geltend gemachten Ansprüche entstehen. In welchem Verhältnis der Freistellungsanspruch dabei zu etwaigen Schadensersatzansprüchen steht, ist mangels einer ausdrücklichen

Regelung eine Auslegungsfrage. Diese wird vor allem dann relevant, wenn es um die Anwendung etwaiger Haftungsbeschränkungen auf den Freistellungsanspruch geht (siehe S. 175). Um insoweit Unklarheiten über den Umfang der Ersatzpflicht zu vermeiden, schlägt die Klausel eine Unterscheidung nach bestimmten Schadensarten vor: Während die Freistellungsverpflichtung in Bezug auf Ansprüche Dritter unbeschränkt gilt, greift in Bezug auf Eigenschäden der in Anspruch genommenen Partei die im Vertrag vorgesehene Haftungsbeschränkung ein. Einen solchen Eigenschaden kann z. B. der entgangene Gewinn darstellen, den die betreffende Partei durch einen Produktionsausfall infolge der Auseinandersetzung über die Schutzrechtslage erleidet.

§ 16
Gewährleistung

16.1   Störungen
16.1.1 Die Parteien werden sich gegenseitig unverzüglich in Textform informieren, wenn sie in Zusammenhang mit den Services das Auftreten einer Störung feststellen oder das Vorliegen oder zukünftige Auftreten einer Störung nicht ausschließen können.
16.1.2 Der Provider wird auf eigene Kosten die Ursache einer Störung ermitteln. Über den jeweiligen Stand und Erfolg dieser Bemühungen wird der Provider dem Kunden regelmäßig berichten. Führt die Ursachenermittlung zu dem Ergebnis, dass eine Störung der Services nicht auf einen Mangel im Sinne von nachfolgender Ziff. 16.2.1 zurückzuführen ist, muss der Provider die Störung nur beseitigen, wenn der Kunde sich bereit erklärt, die damit verbundenen Kosten zu übernehmen.
16.2   Mängel
16.2.1 Erbringt der Provider die Services nicht oder nicht wie geschuldet (Mangel), so stehen dem Kunden die in diesem Vertrag sowie ergänzend die im Gesetz für diesen Fall vorgesehenen Rechte zu. Eine Untersuchungspflicht des Kunden besteht nicht; § 377 HGB findet keine Anwendung.
16.2.2 Soweit die von einem Mangel betroffenen Teile der Services der Nacherfüllung zugänglich sind, erhält der Provider die Gelegenheit zur Nacherfüllung innerhalb einer vom Kunden bestimmten angemessenen Frist. Wenn verschiedene Arten der Nacherfüllung in Betracht kommen, steht dem Kunden das Recht zu, die Art der Nacherfüllung zu wählen.

VI. Vertragsklauseln

16.2.3 Kommt der Provider seiner Pflicht zur Nacherfüllung nicht innerhalb der vom Kunden bestimmten Frist nach, kann der Kunde den Mangel selbst beseitigen oder durch Dritte beseitigen lassen und vom Provider Ersatz der erforderlichen Aufwendungen verlangen. Der Provider wird den Kunden bzw. Dritten in angemessenem Umfang bei der Mangelbeseitigung unterstützen.

16.2.4 Kommt der Provider seiner Pflicht zur Nacherfüllung nicht innerhalb der vom Kunden bestimmten Frist nach und nimmt der Kunde keine Selbstvornahme gemäß Ziff. 16.2.3 vor oder misslingt diese oder kommt eine Nacherfüllung von vornherein nicht in Betracht, ist der Kunde für die Zeit, in der der Mangel auftritt, zu einer angemessenen Minderung der Vergütung berechtigt. Die Minderung ist, soweit erforderlich, durch Schätzung zu ermitteln. Hat der Kunde mehr als die geminderte Vergütung gezahlt, so hat der Provider den Mehrbetrag nach Wahl des Kunden zu erstatten oder mit der nächsten Rechnung zu verrechnen. Soweit ein Mangel Teile der Services betrifft, für die Service Levels vereinbart sind, und die Ursache des Mangels gleichzeitig zu einer Verfehlung von Service Levels führt, kommt eine Minderung nur in Betracht, wenn selbst unter Berücksichtigung etwaiger Service Level Credits ein auffälliges Missverhältnis zwischen Leistung und Gegenleistung in dem relevanten Zeitraum besteht.

16.2.5 Ein Mangel berechtigt den Kunden nicht, von diesem Vertrag zurückzutreten. Die Kündigungsrechte nach § 18 bleiben unberührt. Die Haftung des Providers für Schadensersatzansprüche wegen Mängeln ist gemäß § 17 Ziff. 17.2 beschränkt.

Erläuterungen

1. Störungen (Erläuterungen zu Ziff. 16.1)
2. Mängel (Erläuterungen zu Ziff. 16.2)

1. Störungen (Erläuterungen zu Ziff. 16.1)

Ziff. 16.1.1 regelt zunächst eine wechselseitige Informationspflicht im Falle des Auftretens einer Störung. Eine Störung (*Incident*) bedeutet, dass der Kunde den Service nicht bestimmungsgemäß nutzen kann. Die Ursache einer Störung kann – muss aber nicht – ein Mangel im gewährleistungsrechtlichen Sinne sein (dazu sogleich); ebenso ist möglich, dass der Provider eine einwandfreie Leistung erbracht hat und für die Störung nicht verantwortlich ist. Für die Information und Bearbeitung von Störungen wird im Bereich der IT-Services ein standardisiertes Verfahren (*Incident Management*) angewendet, das typischerweise über den sog. Helpdesk gesteuert wird. Die vorgeschlagene Klausel sieht außerdem vor, dass Störungen nicht erst dann gemeldet werden sollen, wenn sie tatsächlich eintreten, sondern bereits dann, wenn ihr Eintreten von einer der Parteien als möglich erkannt wird.

Ziff. 16.1.2 verpflichtet den Provider, auf eigene Kosten die Ursache einer Störung zu ermitteln und dem Kunden über den Stand und Erfolg dieser Bemühungen regelmäßig zu berichten. Weil sich diese Verpflichtung nicht nur auf Mängel der Leistung, sondern generell auf Störungen bezieht, deren Ursache nicht zwingend ein Mangel sein muss, handelt es sich nicht im eigentlichen Sinne um eine Gewährleistung. Die Verpflichtung zur Ursachenforschung (*Root Cause Analysis*) ist in den Fällen, in denen sich letztlich herausstellt, dass kein Mangel vorliegt, auf eben diese Feststellung des Providers beschränkt. Wünscht der Kunde dann gleichwohl eine Beseitigung der Störung durch den Provider, so handelt es sich um einen Zusatzauftrag, für den der Kunde grundsätzlich eine gesonderte Vergütung zu zahlen hat (siehe Ziff. 16.1.2, letzter Satz).

2. Mängel (Erläuterungen zu Ziff. 16.2)

Welche Rechte dem Kunde gegenüber dem Provider bei Mängeln der Services zustehen, hängt zunächst von deren vertragstypologischen Einordnung ab. Das Gesetz sieht bekanntlich für verschiedene Vertragstypen (Kauf-, Miet-, Dienst-, Werkvertrag etc.) unterschiedliche Gewährleistungsregeln vor. Die vom Provider zu erbringenden Leistungen lassen sich jedoch häufig nicht eindeutig einem bestimmten Vertragstyp zuordnen.[223] Der Service-Vertrag wird zudem in den seltensten Fällen nur eine einzige Leistung umfassen. In aller Regel wird er sich aus mehreren Leistungen zusammensetzen, was zur Anwendung unterschiedlicher Gewährleistungsregeln führen kann.[224] Im Hinblick auf die sich hieraus ergebenden Unsicherheiten bei der Rechtsanwendung lässt es die Vertragspraxis nicht bei einem allgemeinen Hinweis auf die gesetzlichen Regelungen bewenden. Vielmehr werden diese in der Regel im Service-Vertrag gemäß den Bedürfnissen der Parteien erweitert, eingeschränkt oder modifiziert. Ziel ist es dabei, die Vorgehensweise bei einem Auftreten von Leistungsstörungen – gleich welcher Art und unabhängig von der rechtlichen Einordnung der einzelnen Leistungen – festzulegen und den Parteien für einen solchen Fall ihre jeweiligen Handlungsmöglichkeiten und -pflichten auf-

VI. Vertragsklauseln

zuzeigen.[225] Den gesetzlichen Regelungen kommt dann allenfalls noch eine Auffangfunktion zu.[226] Dementsprechend enthält das Vertragsmuster zunächst eine eigenständige Definition des Begriffs „Mangel" (siehe Ziff. 16.2.1).

Nach Ziff. 16.2.2 hat der Provider bei Mängeln das Recht zur Nacherfüllung, wenn das von dem Mangel betroffene, konkrete Element der Services einer solchen Nacherfüllung zugänglich ist. Gesetzlich ist die Nacherfüllung nur für den Kauf- (§ 439 BGB) und den Werkvertrag (§ 635 BGB) als Mittel der Gewährleistung vorgesehen. Das Vertragsmuster regelt das Recht auf Nacherfüllung allerdings losgelöst von der vertragstypologischen Einordnung der betroffenen Leistungen. Die Anwendbarkeit des Nacherfüllungsrechts hängt lediglich davon ab, ob dieses der Sache nach in Betracht kommt. Werden Dauerleistungen, wie z.B. der Betrieb eines Rechenzentrums oder eines Helpdesk während einer bestimmten Servicezeit, geschuldet und diese Leistungen nicht erbracht, besteht logisch bereits keine Möglichkeit der Nacherfüllung. Anders sieht dies indes mit der Verarbeitung einer bestimmten Transaktion im Rechenzentrum oder der Bearbeitung einer konkreten Störung im Helpdesk aus. Diese können auch zu einem späteren Zeitpunkt noch erfolgen. Kommen verschiedene Arten der Nacherfüllung in Betracht, so steht nach der vorgeschlagenen Klausel das Wahlrecht dem Kunden zu. Dies entspricht der gesetzlichen Regelung im Falle des Kaufrechts (§ 439 Abs. 1 BGB), aber nicht im Bereich des Werkvertragsrechts (§ 635 Abs. 1 BGB). Der Provider wird, wenn die Nacherfüllung unverhältnismäßig sein sollte, durch die allgemeine Regelung des § 275 Abs. 2 und 3 BGB geschützt, darüber hinaus im Bereich des Kaufrechts durch § 439 Abs. 3 BGB sowie für den Werkvertrag durch § 635 Abs. 3 BGB.[227]

Ziff. 16.2.3 verallgemeinert das für den Werkvertrag in § 637 BGB vorgesehene Recht der Selbstvornahme. Bisweilen fordern in der Praxis Kunden ein erweitertes Recht zur Selbsthilfe, z.B. das Recht, bei wiederholter Verfehlung von Service Levels selbst die Verantwortung für die Services (bzw. den betroffenen Teil hiervon) zu übernehmen. Bevor ein solches Recht eingefordert wird, sollte allerdings genau überlegt werden, ob dies im konkreten Fall auch praktikabel wäre. Da mit der Erbringung der Services regelmäßig ein besonderes Know-how verbunden ist, sind mit einem derartigen Eingriff des Kunden meistens erhebliche praktische Schwierigkeiten verbunden. Eine denkbare Variante ist aber, dass bei Eintritt definierter Ereignisse der Kunde das Recht erhält, z.B. einen Dritten damit zu beauftragen, die Erbringung der Services durch den Provider zu begleiten, und den Provider zu verpflichten, mit diesem Dritten zusammen zu arbeiten. Es versteht sich von selbst, dass dann geeignete Maßnahmen zur Sicherstellung der Vertraulichkeit getroffen werden müssen.

Ziff. 16.2.4 behandelt das Minderungsrecht des Kunden. Gesetzlich ist das Minderungsrecht für den Kaufvertrag (§ 441 BGB), den Mietvertrag (§ 536 BGB) sowie den Werkvertrag (§ 638 BGB) geregelt. Die vorgeschlagene Klausel verallgemeinert das Minderungsrecht für alle Services, sodass der Kunde auch dann eine angemessene Herabsetzung der Vergütung verlangen kann, wenn der Provider eine Leistung mit dienstvertraglichem Charakter nicht wie geschuldet erbringt. Der Klauselvorschlag sieht eine angemessene Herabsetzung der Vergütung vor, d.h. das Verhältnis zwischen der Herabsetzung der Vergütung und der Minderleistung muss angemessen sein. Die Berechnung des Minderungsbetrags erfolgt entsprechend der Regelungen in §§ 441 Abs. 3, 638 Abs. 3 BGB.

Da Service Level Credits im Vertrag als pauschalierte Minderung ausgestaltet sind (siehe S. 90), ist für die Elemente der Services, für die Service Levels vereinbart wurden, das Verhältnis zwischen dem hier vorgesehenen Minderungsrecht und den Service Level Credits klarzustellen.[228] Insoweit gilt der Grundsatz, dass zusätzlich zu den Service Level Credits eine Minderung nicht in Betracht kommt, um eine mögliche Doppelbestrafung des Providers zu vermeiden. Jedoch ist zu beachten, dass die Service Level Credits in der Regel nur bestimmte Schwankungen in der Leistungsqualität ahnden wollen, aber keinen Schutz dafür erbringen, dass der betreffende Service nicht oder nur zu einem geringen Teil erbracht wird. Um hier dem Kunden einen angemessenen Schutz zu verschaffen, wurde in Ziff. 16.2.4 eine Regelung eingefügt, nach der bei Vorliegen eines auffälligen Missverhältnisses zwischen Leistung und Gegenleistung zusätzlich ein Minderungsrecht in Betracht kommt. Diese Regelung ist zwar auslegungsbedürftig, erlaubt jedoch interessengerechte Ergebnisse.

Ziff. 16.2.5 stellt schließlich klar, dass der Kunde nicht berechtigt ist, von dem Service-Vertrag insgesamt zurückzutreten, wenn ein Mangel vorliegt. Über § 323 Abs. 5 BGB wird man in der Regel zu dem gleichen Ergebnis gelangen. Der Service-Vertrag ist ein Dauerschuldverhältnis.[229] Dessen außerordentliche Beendigung richtet sich nach § 314 BGB, der im konkreten Fall jedoch durch § 18 Ziff. 18.2 des Vertragsmusters überlagert wird (siehe S. 178). Für Schadensersatzansprüche wegen Mängeln gelten die allgemeinen gesetzlichen Regelungen unter Berücksichtigung der Haftungsbeschränkung gemäß § 17 Ziff. 17.2.

VI. Vertragsklauseln

§ 17
Haftung

17.1 Grundsatz
Die Parteien haften einander nach den allgemeinen gesetzlichen Vorschriften, soweit sich nicht aus nachstehender Ziff. 17.2 oder den sonstigen Bestimmungen dieses Vertrages etwas anderes ergibt.

17.2 Haftungsbeschränkung
Die Haftung der Parteien für einfache Fahrlässigkeit wird der Höhe nach jeweils für alle in dasselbe Vertragsjahr fallenden Schadensereignisse auf einen Betrag in Höhe von € [x] beschränkt. Als Schadensereignis gilt das Verhalten, das die Verpflichtung zum Schadensersatz dem Grunde nach auslöst.

Erläuterungen

1. Allgemeine Grundlagen (Erläuterungen zu Ziff. 17.1)
2. Haftungsbeschränkungen (Erläuterungen zu Ziff. 17.2)
3. Versicherungen und Garantien

1. Allgemeine Grundlagen (Erläuterungen zu Ziff. 17.1)

Kaum eine Regelung des Outsourcing-Vertrages wird mit aller Regelmäßigkeit so kontrovers diskutiert wie die Haftungsregelung. Schadensersatzansprüche des Kunden können die Profitabilität des „Deals" aus der Sicht des Providers gefährden. Umgekehrt wird der Kunde nicht in der Lage sein, geplante Kosteneinsparungen im Zusammenhang mit einem Outsourcing zu realisieren, wenn ihm durch Nicht- oder Schlechtleistungen des Providers Schäden entstehen, die er nicht erstattet verlangen kann. Für beide Parteien stellt die Haftung bzw. deren Beschränkung damit ein Risiko dar, dessen Verteilung im Verhältnis zueinander nicht immer leicht fällt.

Die Verhandlung der Haftungsbestimmungen gestaltet sich insbesondere mit solchen Providern schwierig, die zu anglo-amerikanischen Konzernen gehören. Im anglo-amerikanischen Rechtskreis sind weitgehende Haftungsbeschränkungen durchaus üblich und langwierige Diskussionen um die Haftungsbestimmungen bei Vertragsverhandlungen daher eher selten. Insoweit sind in den Vertragsverhandlungen mitunter unterschiedliche Erwartungshaltungen an die Haftungsregelung zu überbrücken.[230]

Ausgangspunkt des Vertragsmusters ist die gesetzliche Haftung, wie sie sich aus dem BGB ergibt. Dabei gelten folgende Grundregeln:
- Die zentrale Norm für Schadensersatzansprüche zwischen den Parteien eines Vertrages ist § 280 Abs. 1 BGB. Danach löst die Pflichtverletzung der einen Partei Schadensersatzansprüche der anderen Partei aus. Dies gilt für jede Art von Pflichtverletzungen, d.h. für den Fall der Nichterfüllung, der Schlechterfüllung oder der Verletzung von Nebenpflichten.[231] Der Vollständigkeit halber ist neben der Haftung aus Vertrag noch auf die Haftung aus deliktischem Verhalten hinzuweisen (§§ 823 ff. BGB), die aber innerhalb eines Vertragsverhältnisses typischerweise keine wesentliche Rolle spielt.
- Eine Partei haftet dann für ein bestimmtes Verhalten (aktives Tun oder Unterlassen), wenn ihr dieses Verhalten zugerechnet werden kann und sie es zu vertreten hat (§ 280 Abs. 1 Satz 2 BGB). Was zu vertreten ist, folgt aus §§ 276 bis 278 BGB. Nach der Grundregel des § 276 Abs. 1 Satz 1 BGB setzt die Haftung ein schuldhaftes Verhalten voraus, d.h. Vorsatz oder Fahrlässigkeit, wobei die Vereinbarung eines strengeren oder milderen Verschuldensgrads (siehe S. 173) möglich ist. Zu vertreten hat eine Partei auch das Verhalten ihrer gesetzlichen Vertreter (insbesondere Vorstand, Geschäftsführer) und Mitarbeiter sowie sonstiger Dritter, deren sie sich zur Erfüllung ihrer Pflichten bedient (§ 278 Abs. 1 Satz 1 BGB). Für die durch den Provider eingeschalteten Subunternehmer sieht das Vertragsmuster eine entsprechende Klarstellung vor (siehe § 3 Ziff. 3.7.3).
- Liegt ein Haftungstatbestand vor, d.h. eine zurechenbare Pflichtverletzung oder ein deliktisches Verhalten, ist zu ermitteln, für welche Arten von Schäden Ersatz verlangt werden kann. Grundregeln hierzu sind in §§ 249 ff. BGB enthalten. Die Geltendmachung bestimmter Schäden unterliegt zusätzlichen Voraussetzungen, z.B. setzen Verzugszinsen grundsätzlich eine Mahnung (§§ 286, 288 BGB) und Schadensersatz statt der Leistung im Regelfall das fruchtlose Verstreichen einer Nachfrist (§ 281 BGB) voraus. Ein weiteres Bespiel ist die Geltendmachung von vergeblichen Aufwendungen, die nur anstelle des Schadensersatzes statt der Leistung möglich ist (§ 284 BGB).
- Der Höhe nach ist die gesetzliche Haftung grundsätzlich unbeschränkt.

Es ist nicht Aufgabe der vorstehenden Darstellung, die Grundzüge des deutschen Haftungsrecht auch nur einigermaßen vollständig zu beschreiben. Vielmehr soll nur ein grober Überblick gegeben werden, der den Einstieg in die bei der Verhandlung von Outsourcing-Verträgen wesentliche Frage der Haftungsbeschränkungen erleichtert.[232]

VI. Vertragsklauseln

Die in Ziff. 17.1 enthaltene Klausel dient lediglich der Einführung in die nachfolgende Klausel zur Haftungsbeschränkung (Ziff. 17.2). Sie verweist auf die grundsätzliche Geltung der gesetzlichen Haftung.

2. Haftungsbeschränkungen (Erläuterungen zu Ziff. 17.2)

Die Vereinbarung von Haftungsbeschränkungen ist in der Praxis üblich. Haftungsbeschränkende Regelungen können unterschiedliche Aufsatzpunkte haben. Sie können den gesetzlichen Verschuldensmaßstab (d. h. den Verschuldensgrad, für den eine Partei einzustehen hat) verändern oder die Ersatzfähigkeit bestimmter Schäden ausschließen oder beschränken. Ein übliches Mittel der Haftungsbeschränkung ist außerdem die Vereinbarung einer Höchstgrenze für bestimmte Formen des Schadensersatzes. Möglich ist auch die Kombination unterschiedlicher Typen von Haftungsbeschränkungen.[233]

Das Gesetz lässt hinsichtlich des Verschuldensmaßstabs weitgehende Haftungsbeschränkungen zu. Nur die Haftung für eigenes vorsätzliches Verhalten kann vertraglich nicht ausgeschlossen werden (§ 276 Abs. 3 BGB). Möglich ist es hingegen, die Haftung für eigenes fahrlässiges Verhalten oder vorsätzliches Verhalten Dritter (z. B. Erfüllungsgehilfen) einzuschränken oder auszuschließen. Ebenso kann nach dem Grad der Fahrlässigkeit unterschieden werden. Üblich ist eine Unterscheidung zwischen grober Fahrlässigkeit und einfacher (leichter) Fahrlässigkeit. Fahrlässig handelt, wer die im Verkehr erforderliche Sorgfalt außer Acht lässt, wobei es insbesondere auf die Voraussehbarkeit und Vermeidbarkeit des die Haftung auslösenden Sachverhalts ankommt.[234] Von grober Fahrlässigkeit wird gesprochen, wenn die im Verkehr erforderliche Sorgfalt in besonders schwerem Maße verletzt worden ist.[235] Die Abgrenzung zwischen einfacher und grober Fahrlässigkeit ist fließend und deshalb im Einzelfall häufig schwierig.

Eine weitere Möglichkeit der Haftungsbeschränkung liegt darin, die Haftung für bestimmte Schäden auszuschließen oder zu beschränken:

- Der entgangene Gewinn der geschädigten Partei gehört grundsätzlich zu dem ersatzfähigen Schaden (§ 252 Satz 1 BGB). Häufig wird der Provider vorschlagen, die Haftung für diese Schäden auszuschließen. Lässt sich der Kunde darauf ein, so ist aus seiner Sicht eine Beschränkung des Haftungsausschlusses auf den eigenen entgangenen Gewinn bzw. die eigenen entgangenen Einsparungen sinnvoll. Machen Dritte, die über den Kunden die Services empfangen, solche Schäden geltend, stellen sich diese nämlich aus der Sicht des Kunden unmittelbar als Kosten dar. Zur Vermei-

dung von Missverständnissen ist eine entsprechende Klarstellung im Vertrag angezeigt.
- Sehr häufig wird der Provider vorschlagen, die Haftung für mittelbare Schäden auszuschließen oder zu begrenzen und nur den unmittelbaren Schaden als einen ersatzfähigen Schaden zu regeln. Die Abgrenzung, welche Schäden mittelbar und welche unmittelbar sind, ist im Einzelfall schwierig bis unmöglich, weil der Begriff des mittelbaren Schadens im deutschen Recht uneinheitlich ist.[236] Gerade bei den typischen Schäden, die ein Kunde im Zusammenhang mit ausgelagerten Services erleiden mag, wird argumentiert werden können, dass es sich um mittelbare Schäden handelt. Ein genereller Ausschluss mittelbarer Schäden würde zudem auch wieder solche Schäden umfassen, die bei Dritten eintreten, welche die Services über den Kunden beziehen (Service-Empfänger, siehe S. 53). Ein Ausschluss der Haftung für mittelbare Schäden ist dem Kunden daher regelmäßig nicht zu empfehlen.
- Provider mit anglo-amerikanischer Konzernzugehörigkeit fordern häufig den Ausschluss der Haftung für Reputationsschäden. Eine solche Regelung ist überflüssig, da immaterielle Schäden nach dem deutschen Recht grundsätzlich nicht erstattungsfähig sind (§ 253 Abs. 1 BGB).
- Nicht unüblich ist hingegen eine Beschränkung der Haftung für den Verlust von Daten auf jene Schäden, die auch bei Vorhaltung angemessener Datensicherungsmaßnahmen bei der geschädigten Partei eingetreten wären. Eine mangelhafte Datensicherung würde unter dem Gesichtspunkt des Mitverschuldens (§ 254 Abs. 1 BGB) aber ohnehin zu berücksichtigen sein,[237] sodass eine entsprechende Regelung zunächst nur klarstellender Natur wäre. Sie kommt freilich dann nicht in Betracht, wenn die Datensicherung gerade zu den Pflichten der ersatzpflichtigen Partei gehört. Insoweit muss es dann bei einer allgemeinen Haftungsbegrenzung bleiben.

Es ist üblich, solche oder andere Beschränkungen der Haftung für bestimmte Schäden mit dem Verschuldensgrad (siehe oben) zu kombinieren, z.B. in dem Sinne, dass die Haftung für entgangenen Gewinn nur bei einfacher Fahrlässigkeit ausgeschlossen oder beschränkt wird. Auch hier gilt, dass die Haftung für eigenes vorsätzliches Verhalten nicht vertraglich beschränkt werden kann (§ 276 Abs. 3 BGB).

Die bei Outsourcing-Verträgen verbreitetste Form einer Haftungsbeschränkung ist jedoch die Vereinbarung einer Haftungshöchstgrenze. Insoweit sind verschiedene Parameter zu beachten:
- Zunächst ist der Bezugspunkt der Haftungshöchstgrenze festzulegen. Dieser Bezugspunkt kann etwa der Verschuldensgrad sein (z.B.

VI. Vertragsklauseln

die Haftungshöchstgrenze gilt für alle Schäden, die auf leichter Fahrlässigkeit beruhen). Ebenso können unterschiedliche Haftungshöchstgrenzen für unterschiedliche Verschuldensgrade festgelegt werden, d. h. abhängig davon, ob ein Schaden auf einfacher oder grober Fahrlässigkeit beruht. Eine weitere Variante ist es, eine Haftungshöchstgrenze für bestimmte Schadensarten festzulegen, z. B. für mittelbare Schäden (siehe oben).

- Außerdem muss geregelt werden, ob die Haftungshöchstgrenze je Schadensfall oder für alle Schäden innerhalb eines bestimmten Zeitraums (z. B. das Vertragsjahr oder die Vertragslaufzeit) gelten soll. Denkbar ist auch, unterschiedliche Haftungshöchstgrenzen für den Einzelfall sowie für bestimmte Zeiträume zu vereinbaren. Bei der Vereinbarung einer verhältnismäßig niedrigen Haftungshöchstgrenze für den Einzelfall wird eine relativ hohe Haftungshöchstgrenze, z. B. über die Vertragslaufzeit, aus praktischen Gründen kaum je zum Tragen kommen.
- Schließlich ist die Haftungshöchstgrenze selbst festzulegen. Diese kann entweder durch einen festen Geldbetrag oder als ein prozentualer Anteil der über einen bestimmten Zeitraum (z. B. das Vertragsjahr oder die Vertragslaufzeit) geschuldeten Vergütung ausgedrückt werden. Diese zweite Alternative berücksichtigt, dass insbesondere aus der Sicht des Providers das Haftungsrisiko in einem angemessenen Verhältnis zu seiner Vergütung stehen muss. Eine flexible Haftungshöchstgrenze in diesem Sinne bietet sich insbesondere dann an, wenn die Höhe der Vergütung über die Vertragslaufzeit größeren Schwankungen unterworfen ist.

Die im Vertragsmuster vorgeschlagene Haftungsbeschränkung (Ziff. 17.2) sieht eine je Vertragsjahr auf einen bestimmten Höchstbetrag begrenzte Haftung für alle Schäden vor, die auf leichter Fahrlässigkeit beruhen. Zur Vermeidung von Abgrenzungsschwierigkeiten wird außerdem klargestellt, dass es für die Zuordnung eines Schadens zu einem bestimmten Vertragsjahr darauf ankommt, dass das schädigende Verhalten (in der Regel die Pflichtverletzung) in dem jeweiligen Vertragsjahr stattgefunden hat.

Die vorgeschlagene Haftungsbegrenzung gilt nur für Schadensersatzansprüche. Mitunter werden ergänzende Regelungen zum Anwendungsbereich der Haftungsbeschränkung getroffen. So mag vereinbart werden, dass eine vereinbarte Haftungshöchstgrenze auch für eine Freistellung von Ansprüchen Dritter wegen der Verletzung von Schutzrechten gilt (siehe § 15 Ziff. 15.6.3). Entsprechendes gilt für Kostenerstattungsansprüche (siehe etwa § 10 Ziff. 10.3.3). Ebenso kommt es vor, dass bestimmte Schäden von der Haftungsbeschränkung ausdrücklich ausgenommen werden, z. B. Schäden wegen Verletzung des Lebens, des Körpers oder der Gesundheit.

Die im Klauselvorschlag enthaltenen Haftungsbeschränkungen werden in dieser Form in Allgemeinen Geschäftsbedingungen nicht wirksam vereinbart werden können.[238]

3. Versicherungen und Garantien

Immer wieder finden sich in Outsourcing-Verträgen Regelungen, die von dem Provider den Abschluss und die Aufrechterhaltung bestimmter Versicherungen zur Deckung etwaiger Schadensersatzansprüche des Kunden verlangen. Der Provider wird zunächst selbst einschätzen müssen, in welchem Maße er sein Haftungsrisiko durch Versicherungen abdeckt. Fordert der Kunde darüber hinaus weitergehende Versicherungen, so entstehen dem Provider zusätzliche Kosten, die in seine Preiskalkulation einfließen und damit letztlich auch von dem Kunden bezahlt werden. Mitunter wird dieser Weg auch bewusst von den Parteien eines Outsourcing-Vertrages gewählt, um es dem Provider zu ermöglichen, auf die Vorstellungen des Kunden zur Haftungsklausel einzugehen.[239]

Aus Kundensicht ist eine Vorgabe bestimmter Versicherungen vor allem sinnvoll, wenn für den Fall des Eintritts bestimmter Schäden Zweifel an der Bonität des Providers bestehen könnten. Solange der Provider leistungsfähig ist, hat der Kunde jedenfalls die Möglichkeit, mit etwaigen Schadensersatzansprüchen gegen die Vergütungsansprüche des Providers aufzurechnen. Wird eine Versicherungsregelung getroffen, so wäre es folgerichtig, diese so auszugestalten, dass der Kunde auch unmittelbar aus einer solchen Versicherung anspruchsberechtigt ist.

Es kommt vor, dass der Provider zwar zu einem finanzstarken Konzern gehört, selbst aber über eine verhältnismäßig geringe finanzielle Ausstattung verfügt. Dies ist etwa der Fall, wenn es sich um eine nur für die Durchführung des Outsourcing-Vertrages errichtete Zweckgesellschaft oder um eine verhältnismäßig kleine inländische Tochtergesellschaft eines multi-nationalen Konzerns handelt. In diesen Fällen ist es für den Kunden sinnvoll, eine Garantie, Bürgschaft oder Patronatserklärung[240] der Konzern-Muttergesellschaft oder eines finanziell ausreichend ausgestatteten Konzernunternehmens zu verlangen. Umgekehrt kann es auch vorkommen, dass der Kunde für den Bezug der Leistungen eine Zweckgesellschaft einsetzt, die die Interessen mehrerer Unternehmen bündelt. In diesem Falle wird häufig der Provider eine entsprechende Sicherheit fordern.

Ob und in welcher Form Versicherungen oder Sicherheiten in einem Outsourcing-Vertrag vereinbart werden, ist eine Frage des Ein-

VI. Vertragsklauseln

zelfalls. Das Vertragsmuster sieht daher von einer entsprechenden Regelung ab.

§ 18
Laufzeit und Kündigung

18.1 Laufzeit
Dieser Vertrag tritt am Vertragsdatum in Kraft. Seine Laufzeit endet [x] Jahre nach dem Stichtag oder zu einem früheren Zeitpunkt, soweit dieser Vertrag zu einem solchen früheren Zeitpunkt wirksam gekündigt oder einvernehmlich aufgehoben wird.

18.2 Kündigung aus wichtigem Grund
Jede Partei ist berechtigt, diesen Vertrag jederzeit nach § 314 BGB aus wichtigem Grund zu kündigen. Ein wichtiger Grund liegt insbesondere vor, wenn eine Partei eine wesentliche Bestimmung dieses Vertrages verletzt und nicht binnen einer Frist von 30 Tagen nach Eingang eines entsprechenden Aufforderungsschreibens der anderen Partei Abhilfe schafft.

18.3 Sonderkündigungsrecht des Kunden
Der Kunde ist berechtigt, diesen Vertrag jederzeit ohne Angabe von Gründen zu kündigen. In diesem Fall ist der Provider berechtigt, von dem Kunden eine Abstandszahlung zu verlangen. Diese wird, abhängig von dem Zeitpunkt, zu dem die Wirkungen der Kündigung eintreten, wie in Anlage 7 (Vergütung) dargestellt berechnet.

18.4 Teilkündigung
Der Kunde kann ein ihm zustehendes Kündigungsrecht auch hinsichtlich eines Teils der Services ausüben, es sei denn, dem Provider ist die Fortsetzung des Vertragsverhältnisses im Übrigen unzumutbar.

18.5 Kündigungsfrist
Im Falle eines dem Kunden zustehenden Kündigungsrechts endet dieser Vertrag mit Wirkung zu dem im Kündigungsschreiben angegebenen Zeitpunkt. Zwischen diesem Zeitpunkt und dem Zeitpunkt des Zugangs der Kündigungserklärung beim Provider müssen mindestens sechs Monate liegen. Übt der Provider ein ihm zustehendes Kündigungsrecht aus, gilt in jedem Fall eine Kündigungsfrist von zwölf Monaten. Die Bestimmungen des § 19 bleiben unberührt.

18.6 Schriftformerfordernis
Jede Kündigung bedarf zu ihrer Wirksamkeit der Schriftform.

B. Vertragsmuster mit Erläuterungen

Erläuterungen

1. Laufzeit (Erläuterungen zu Ziff. 18.1)
2. Kündigung aus wichtigem Grund (Erläuterungen zu Ziff. 18.2)
3. Sonderkündigungsrecht des Kunden (Erläuterungen zu Ziff. 18.3)
4. Teilkündigung (Erläuterungen zu Ziff. 18.4)
5. Kündigungsfrist (Erläuterungen zu Ziff. 18.5)
6. Schriftform (Erläuterungen zu Ziff. 18.6)

1. Laufzeit (Erläuterungen zu Ziff. 18.1)

Die typische Laufzeit eines Outsourcing-Vertrages beträgt drei bis sieben Jahre. In der Praxis kommen aber auch längere oder kürzere Vertragslaufzeiten vor. Bei der Festlegung der Vertragslaufzeit sind aus Sicht des Kunden die bei einer längeren Laufzeit regelmäßig möglichen günstigeren Preise gegenüber der langfristigen Einschränkung der strategischen Flexibilität abzuwägen. Insbesondere bei einer erstmaligen Auslagerung ist außerdem zu berücksichtigen, dass der Provider einen längeren Zeitraum benötigt, um seine Standardprozesse einzuführen und andere Maßnahmen der Transformation umzusetzen.

Es ist üblich, in Outsourcing-Verträgen eine feste Laufzeit zu vereinbaren (siehe Ziff. 18.1). Eher seltener sind Bestimmungen, nach denen der Vertrag sich automatisch – nach Ablauf einer Grundlaufzeit – für den Fall des Ausbleibens einer ordentlichen Kündigung sukzessive um weitere Zeiträume verlängert oder sich in einen unbefristeten Vertrag mit ordentlicher Kündigungsmöglichkeit umwandelt. Nicht unüblich ist es hingegen, dass der Kunde sich im Vertrag die Option vorbehält, den Vertrag zum Ende der Vertragslaufzeit z. B. um ein Jahr zu verlängern.

2. Kündigung aus wichtigem Grund (Erläuterungen zu Ziff. 18.2)

Bei dem Outsourcing-Vertrag handelt es sich um ein Dauerschuldverhältnis[241] dessen Kündigung vor dem Ende der vereinbarten Vertragslaufzeit – vorbehaltlich einer abweichenden Regelung – grundsätzlich nur aus wichtigem Grund unter den Voraussetzungen des § 314 BGB zulässig ist. An die gesetzliche Regelung in § 314 BGB knüpft Ziff. 18.2 des Vertragsmusters an. Darüber hinaus wird bestimmt, dass für den Fall der Verletzung einer wesentlichen Vertragspflicht, der nicht binnen einer Frist von 30 Tagen abgeholfen wird, aus wichtigem Grund gekündigt werden kann. Damit redu-

VI. Vertragsklauseln 179

ziert sich, wenn eine Pflichtverletzung vorliegt, die Prüfung des Vorliegens eines Rechts zur Kündigung aus wichtigem Grund auf die Frage der Wesentlichkeit der Pflichtverletzung – jene der Zumutbarkeit der Fortführung des Vertragsverhältnisses stellt sich nicht mehr. Freilich wird regelmäßig bei Vorliegen einer wesentlichen Pflichtverletzung, der nicht binnen angemessener Frist abgeholfen wird, auch die Fortsetzung der Zusammenarbeit unzumutbar sein. Welche Vertragspflichten wesentlich sind, muss im Einzelfall bestimmt werden. Hier ist in erster Linie an die Lieferung des Services in vertragsgemäßer Qualität zu denken, aber auch an die Einhaltung von Geheimhaltungspflichten, datenschutzrechtlichen Vorgaben sowie sonstigen rechtlichen Anforderungen. Im Übrigen lässt die Klausel das Recht zur Kündigung aus wichtigem Grund unberührt („insbesondere").

Nicht selten findet sich in dem Katalog der Ereignisse, die zu einer Kündigung aus wichtigem Grund berechtigen sollen, neben der wesentlichen Pflichtverletzung eine ganze Reihe an weiteren Ereignissen. Beispielhaft ist hier die Insolvenz einer Partei[242] oder ein Wechsel der Konzernzugehörigkeit der anderen Partei (sog. *Change of Control*) zu nennen.

Für jeden Fall der außerordentlichen Kündigung gilt, dass es dem Kunden aus praktischem Grund nicht möglich sein wird, kurzfristig den Provider zu wechseln. Entsprechend sind die Kündigungsfristen (dazu Ziff. 18.5) sowie die Übergangsbestimmungen (dazu § 19) auszugestalten. Die Tatsache, dass eine Partei, wenn die Voraussetzungen für eine Kündigung aus wichtigem Grund vorliegen, hierdurch faktisch gleichwohl länger an dem Vertrag festhalten muss, wird indessen nicht in dem Sinne ausgelegt werden dürfen, dass ihr die Fortsetzung der Zusammenarbeit im Sinne des § 314 Abs. 1 Satz 2 BGB weiterhin zumutbar ist. Vielmehr ist dies zwingend dem Transaktionstyp geschuldet.

3. Sonderkündigungsrecht des Kunden (Erläuterungen zu Ziff. 18.3)

Das Vertragsmuster sieht in Ziff. 18.3 für den Kunden ein Sonderkündigungsrecht vor. Dieses erlaubt dem Kunden, sich vor Ablauf der fest vereinbarten Vertragslaufzeit (siehe Ziff. 18.1) durch Kündigung von dem Vertrag zu lösen. Da der Provider die Wirtschaftlichkeit der Geschäftsbeziehung über die feste Vertragslaufzeit berechnet, ist ihm das Sonderkündigungsrecht nur zuzumuten, wenn der Kunde im Fall der Ausübung eine Abstandszahlung leistet, die das Vertragsmuster entsprechend vorsieht (siehe Ziff. 18.3). Aus der Sicht des Kunden bietet das Sonderkündigungsrecht in Verbindung mit einer derartigen Flexibilitätsprämie die Möglichkeit, sich ohne Angabe von Gründen von der Outsourcing-Beziehung zu lösen, wenn ihm dies strategisch angezeigt erscheint. Um späteren Streit zu vermeiden, empfiehlt es sich, die Abstandszahlung, gestaffelt nach dem Zeitpunkt des Wirksamwerdens der Sonderkündigung, bereits bei Vertragsabschluss fest zu vereinbaren. Die Höhe der Abstandszahlung wird neben dem Zeitablauf in erster Linie davon abhängen, welche Remanenzkosten der Provider für den Fall der vorzeitigen Beendigung des Vertragsverhältnisses durch Ausübung des Sonderkündigungsrechts haben würde. Wirtschaftlich betrachtet muss sie in jedem Fall unterhalb der regulär vom Kunden für die Restlaufzeit zu entrichtenden Vergütung liegen, da der Provider durch die Kündigung von seiner Verpflichtung zur Erbringung der Services frei und er dementsprechend seine Kosten verringern wird. Wenn die Ausübung des Sonderkündigungsrechts für einen Teil der Services in Betracht kommt (dazu sogleich), können entsprechend auch Abstandszahlungen für die teilweise Ausübung des Sonderkündigungsrechts festgelegt werden. Wie flexibel das Sonderkündigungsrecht ausgestaltet wird, hängt von den entsprechenden Bedürfnissen des Kunden ab und ist letztendlich Verhandlungssache.

4. Teilkündigung (Erläuterungen zu Ziff. 18.4)

Nach Ziff. 18.4 kann der Kunde ein ihm zustehendes Kündigungsrecht auch hinsichtlich eines Teils der Services ausüben. Die Regelung gilt unterschiedslos für den Fall der Kündigung aus wichtigem Grund (Ziff. 18.2) sowie für das Sonderkündigungsrecht (Ziff. 18.3). Sie bringt dem Kunden ein erhöhtes Maß an Flexibilität, ist aber durchaus auch im Interesse des Providers, dem in der Regel daran gelegen sein wird, die Vertragbeziehung zumindest zu einem Teil zu erhalten. Um unbillige Ergebnisse zu vermeiden, stellt das Vertragsmuster die Teilkündigung unter den Vorbehalt der Zumutbarkeit für den Provider. Anstelle des allgemeinen Zumutbarkeitsvorbehalts können hier auch konkretere Regelungen getroffen werden, z. B. dass bestimmte Teile der Services nicht isoliert durch Kündigung beendet werden können, weil ansonsten die verbleibenden Services technisch oder wirtschaftlich nicht mehr sinnvoll erbracht werden können.[243]

Das Recht der Teilkündigung ist einseitig ausgestaltet. Dem liegt die Erwägung zugrunde, dass naturgemäß der Kunde über die Zusammensetzung der Leistungen bestimmt und dieses Bestimmungsrecht durch die Möglichkeit der Teilkündigung – und sei es aus wichtigem Grund – durch den Provider unterlaufen würde.

VI. Vertragsklauseln

5. Kündigungsfrist (Erläuterungen zu Ziff. 18.5)

Im Fall der Kündigung des Outsourcing-Vertrages benötigen Kunde und Provider unterschiedliche Vorlaufzeiten für eine ordnungsgemäße Vertragsabwicklung. Für den Provider geht es vor allem darum, die für die Erbringung der Leistungen eingesetzten Ressourcen (insbesondere Mitarbeiter, Hardware, Lizenzen und sonstige Vertragsverhältnisse) neu zu disponieren. Ein Zeitraum von drei bis sechs Monaten ist hier üblicherweise ausreichend. Wesentlich länger ist der Vorbereitungszeitraum, den der Kunde benötigt. Er ist in aller Regel auch nach Beendigung der Zusammenarbeit mit dem Provider auf die Services angewiesen, die er sodann selbst erbringen oder durch einen anderen Anbieter erbringen lassen muss. Bei der Kündigungsfrist, die für den Provider gilt, sind also die Dauer für die Vorbereitung und Durchführung des Auswahlverfahrens für diesen neuen Provider sowie die für die Überleitung auf den neuen Provider benötigte Zeit zu berücksichtigen.

Das Vertragsmuster sieht für den Fall der Kündigung durch den Kunden vor, dass dieser den Zeitpunkt des Wirksamwerdens der Kündigung selbst bestimmt, dabei aber immer zumindest eine Vorlaufzeit von sechs Monaten einhalten muss (siehe Ziff. 18.5, Satz 1 und 2). Umgekehrt wird für eine Kündigung durch den Provider eine Kündigungsfrist von 12 Monaten vorgeschlagen, die im Einzelfall aber durchaus länger sein muss, um eine geordnete Überleitung auf einen Folgeanbieter zu ermöglichen (siehe Ziff. 18.5, Satz 3). Unabhängig davon, wer den Vertrag aus welchem Grund kündigt, gelten die Bestimmungen über die Abwicklung der Vertragsbeziehungen (*Exit Management*), nach denen der Kunde auch die Möglichkeit hat, über den Kündigungszeitpunkt hinaus die Fortsetzung der Leistungserbringung zu fordern (siehe § 19 Ziff. 19.2).

6. Schriftform (Erläuterungen zu Ziff. 18.6)

In Ziff. 18.6 sieht das Vertragsmuster vor, dass für die Kündigung das Schriftformerfordernis (§ 126 BGB) gilt.

§ 19
Exit Management

19.1 Allgemeines
19.1.1 Der Provider ist verpflichtet, den Kunden im Falle einer vollständigen oder teilweisen Beendigung dieses Vertrages bei der Überleitung der Services auf einen Folgeanbieter nach den Bestimmungen dieses § 19 zu unterstützen. „Folgeanbieter" ist der Kunde selbst oder ein von dem Kunden beauftragter Dritter.
19.1.2 Die Bestimmungen dieses § 19 gelten unabhängig davon, aus welchem Grund dieser Vertrag – ganz oder teilweise – beendet wird, d.h. auch im Falle einer Kündigung aus wichtigem Grund durch eine der Parteien oder einer Ausübung des Sonderkündigungsrechts durch den Kunden.
19.2 Verlängerungsoption
Der Kunde ist berechtigt, den Zeitpunkt der Beendigung der Leistungserbringung durch den Provider hinsichtlich der Gesamtheit oder eines Teils der betroffenen Services einmalig oder mehrmalig zu verschieben, wobei der Beendigungszeitpunkt insgesamt höchstens um zwölf Monate ab dem ursprünglich vorgesehenen Beendigungszeitpunkt verschoben werden darf. Während eines solchen Verlängerungszeitraums gelten die Bestimmungen dieses Vertrages unverändert fort. Der Kunde wird den Provider 90 Tage im Voraus schriftlich über die jeweilige Verschiebung informieren.
19.3 Unterstützungsleistungen
19.3.1 Der Kunde kann von dem Provider verlangen, dass dieser ihn bei der Überleitung der Services auf einen Folgeanbieter unterstützt. Die Unterstützung umfasst alle Leistungen, die für eine ordnungsgemäße Überleitung der Services auf den Folgeanbieter erforderlich oder zweckdienlich sind. Zeitlich sind dabei durch den Provider, soweit ihm dies zumutbar ist, die Vorgaben des Kunden einzuhalten. Im Rahmen der Unterstützung leistet der Provider insbesondere Folgendes:
(a) angemessene und zeitnahe Unterstützung des Kunden bei der Erstellung und Durchführung von Ausschreibungen für die betroffenen Services, einschließlich der Information über die bislang durch den Provider für die Erbringung der Services eingesetzten Ressourcen;
(b) Zusammenarbeit mit dem Folgeanbieter zum Zwecke einer ordnungsgemäßen Überleitung der betroffenen Ser-

VI. Vertragsklauseln

vices, einschließlich der Ausarbeitung und Umsetzung eines detaillierten Überleitungsplans;
(c) Schulung, Einweisung oder sonstige Vermittlung von Kenntnissen, die der Folgeanbieter für die ordnungsgemäße Erbringung der betroffenen Services benötigt, einschließlich der Information über die eingesetzten Systeme, Abläufe und Prozesse;
(d) Herausgabe aller Daten, Informationen und Unterlagen, die dem Kunden nach diesem Vertrag zustehen, sowie Übergabe aller sonstigen im Besitz des Providers befindlichen Daten, Informationen und Unterlagen, die erforderlich sind, um dem Folgeanbieter die eigenverantwortliche Durchführung der Services zu ermöglichen, und zwar jeweils in einer durch den Folgeanbieter ohne weiteres verwendbaren Form.

19.3.2 Der Kunde ist abweichend von § 14 berechtigt, Informationen, die das vorliegende Vertragsverhältnis betreffen, gegenüber möglichen Folgeanbietern offen zu legen, soweit dies für eine ordnungsgemäße Überleitung der Services erforderlich oder zweckdienlich ist, einschließlich der vorliegenden Vertragsdokumentation (ausgenommen die Vergütungsinformationen). Den Folgeanbietern ist insoweit eine Vertraulichkeitsverpflichtung aufzuerlegen.

19.3.3 Für die Erbringung der in dieser Ziff. 19.3 beschriebenen Unterstützungsleistungen schuldet der Kunde dem Provider keine gesonderte Vergütung.

19.4 Nachbetreuungspflicht
Der Provider verpflichtet sich, auch nach Abschluss der Überleitung der betroffenen Services auf den Folgeanbieter noch für die Dauer von bis zu zwölf Monaten für die Erbringung von Teilleistungen solcher Services, zur Beantwortung von Fragen und zur Erbringung von Beratungsleistungen zur Verfügung zu stehen. Der Provider kann hierfür eine angemessene Vergütung verlangen.

19.5 Mitarbeiterübergang
19.5.1 Ein Übergang von Mitarbeitern des Providers oder seiner Subunternehmer auf den Kunden oder einen anderen Folgeanbieter in Zusammenhang mit der vollständigen oder teilweisen Beendigung dieses Vertrages ist nicht vorgesehen. Der Provider wird innerhalb seines Verantwortungsbereiches daher alle möglichen und zumutbaren Maßnahmen ergreifen, um einen solchen Übergang nach § 613a BGB zu verhindern und seine Subunternehmer entsprechend verpflichten.

19.5.2 Von den Kosten, die dem Kunden oder einem anderen Folgeanbieter dadurch entstehen, dass Mitarbeiter des Providers oder seiner Subunternehmer infolge der vollständigen oder teilweisen Beendigung dieses Vertrages nach § 613a BGB auf den Kunden oder einen anderen Folgeanbieter übergehen oder einen solchen Übergang behaupten, wird der Provider den Kunden vollumfänglich freistellen. Die Parteien werden gemeinsam darauf hinwirken, derartige Kosten möglichst gering zu halten.

Erläuterungen

1. Allgemeines (Erläuterungen zu Ziff. 19.1)
2. Fortsetzung des Services (Erläuterungen zu Ziff. 19.2)
3. Unterstützungsleistungen (Erläuterungen zu Ziff. 19.3)
4. Nachbetreuungspflicht (Erläuterungen zu Ziff. 19.4)
5. Übernahme von Ressourcen durch den Folgeanbieter (Erläuterungen zu Ziff. 19.5)

1. Allgemeines (Erläuterungen zu Ziff. 19.1)

Unter dem Exit Management werden bei einem Outsourcing die Regelungen für den Fall der Beendigung der Zusammenarbeit verstanden. Endet der Service-Vertrag, so unterscheiden sich die Interessenlagen und das Schutzbedürfnis der Parteien deutlich voneinander. Für den Provider bedeutet das Ende der Zusammenarbeit, dass er mit dem Kunden – soweit es die vertragsgegenständlichen Leistungen betrifft – kein Geld mehr verdienen wird. Für ihn geht es in erster Linie darum, die Ressourcen, die er für die Leistungserbringung eingesetzt hat, möglich schnell neu zu disponieren, d.h. sie für neue Aufgaben einzusetzen oder abzubauen. Demgegenüber geht es dem Kunden darum, die Leistungserbringung unterbrechungsfrei auf sich selbst oder einen anderen Anbieter überzuleiten. Hierfür benötigt der Kunde – in unterschiedlicher, von der Natur der Leistungen abhängiger Intensität – die Unterstützung des Providers. Infolge dieser Abhängigkeit und dem schwindenden strategischen Interesse des Providers an der Geschäftsbeziehung würde sich der Kunde in eine eher schwache Verhandlungsposition begeben, wenn er die Unterstützungsleistungen, die er im Zusammenhang mit der Abwicklung des Vertragsverhältnisses von dem Provider benötigt, erst im zeitlichen Zusammenhang mit der Beendigung der Zusammenarbeit regelt. Vor diesem Hintergrund empfiehlt es sich, die wesentlichen Parameter des Exit Management bereits im Vertrag festzuhalten. Das Vertragsmuster enthält entsprechende Regelungen in § 19. Häufig werden diese Bestimmungen auch in eine eigene Anlage gefasst.

VI. Vertragsklauseln

Die soeben dargestellte Interessenlage der Parteien gilt unabhängig vom Grund der Beendigung der Zusammenarbeit, d. h. sowohl beim Ende der Vertragslaufzeit als auch bei einer Kündigung des Vertrages durch eine der Parteien, gleich aus welchem Grund. Dies wird in Ziff. 19.1.2 klargestellt.

Das Vertragsmuster verwendet in Ziff. 19.1 den Begriff des Folgeanbieters. Dieser umschreibt sowohl einen Dritten als auch den Kunden selbst, wenn dieser die Services in Zukunft in eigener Verantwortung erbringen will.

Im Zusammenhang mit den Bestimmungen des Exit Management können grob vier Themenkomplexe unterschieden werden:
- die zeitweise Verlängerung der Leistungserbringung (dazu sogleich);
- die Unterstützung bei der Überleitung auf den Folgeanbieter (dazu S. 186);
- die Nachbetreuung im Anschluss an die Überleitung auf den Folgeanbieter (dazu S. 187);
- eine etwaige Übernahme von Ressourcen durch den Folgeanbieter (dazu S. 188).

2. Fortsetzung des Services (Erläuterungen zu Ziff. 19.2)

Der Kunde wird rechtzeitig vor dem Ende der Vertragslaufzeit mit den Maßnahmen für die Überleitung der Services auf den Folgeanbieter beginnen bzw. einen Kündigungszeitpunkt bestimmen (siehe § 18 Ziff. 18.5), der ihm ausreichend Zeit für die Überleitung belässt. Da es sich bei der Überleitung auf den Folgeanbieter um ein durchaus komplexes Projekt handelt, muss damit gerechnet werden, dass es zu Verzögerungen kommt. Um eine unterbrechungsfreie Leistungserbringung für den Fall zu gewährleisten, dass der Folgeanbieter nicht rechtzeitig in der Lage sein sollte, die Services zu übernehmen, sieht das Vertragsmuster in Ziff. 19.2 eine Verlängerungsoption vor. Diese erlaubt es dem Kunden, den Provider für einen begrenzten Zeitraum zur Fortführung der Services zu den zuletzt geltenden Vertragskonditionen zu verpflichten. Eine solche Verpflichtung ist jedoch nur angemessen, wenn der Kunde den Provider rechtzeitig vorab über die Notwendigkeit der Verlängerung informiert. Wird die Ankündigungsfrist versäumt, so wird der Provider bereits damit begonnen haben, seine Dispositionen für die Beendigung der Zusammenarbeit zu treffen (siehe S. 184).

3. Unterstützungsleistungen (Erläuterungen zu Ziff. 19.3)

Ziff. 19.3 beschreibt zunächst den Umfang der Unterstützungsleistungen, d.h. der Leistungen, die der bisherige Provider im Zusammenhang mit der Überleitung der Services auf den Folgeanbieter erbringt. Welche Leistungen hier erforderlich sind, hängt von der Natur der Services ab, die im konkreten Einzelfall Gegenstand des Outsourcing-Vertrages sind. Das Vertragsmuster kann daher nur eine generalklauselartige Formulierung enthalten (siehe Ziff. 19.3.1). Die Klausel geht von der Annahme aus, dass die Planung der Überleitung durch den Kunden (ggf. mit Unterstützung des Folgeanbieters) erfolgt. Danach ist es Sache des Kunden, die durch den Provider benötigten Unterstützungsleistungen sowie die hierfür geltenden zeitlichen Vorgaben zu definieren. Um insoweit einem Missbrauch des Kunden vorzubeugen, stellt das Vertragsmuster diese Vorgaben unter den Vorbehalt, dass die angeforderten Leistungen für eine ordnungsgemäße Überleitung der Services erforderlich oder zweckdienlich und die zeitlichen Vorgaben zumutbar sind. Für den Provider wird der von ihm geforderte Aufwand aber auch dadurch kalkulierbar, dass die Überleitung auf den Folgeanbieter zwangsweise einem strukturierten Prozess folgen muss und sich die durch ihn zu erbringenden Leistungen aus der Natur der Sache ergeben.

Die vorgeschlagene Klausel beschreibt im Übrigen exemplarisch einige der Übergangsleistungen, die der Provider zu erbringen hat (siehe Ziff. 19.3.1, lit. (a)–(d)):

- Unterstützung bei der Neuausschreibung der Services: Wesentliche Teile der Informationen, die der Kunde für eine Neuausschreibung der Services benötigt (siehe S. 14), können nur durch den bisherigen Provider zur Verfügung gestellt werden, z.B. die Informationen über die für die Services eingesetzten Ressourcen, wenn die Übernahme dieser Ressourcen möglich oder vorgegeben ist.
- Zusammenarbeit mit dem Folgeanbieter: Die unmittelbare Interaktion zwischen bisherigem Provider und Folgeanbieter ist zur reibungslosen Durchführung des Überleitungsprojekts unabdingbar. Dies erfordert insbesondere die Ausarbeitung und Umsetzung eines detaillierten Überleitungsplans.
- Know-how-Transfer: Je nach Art der Services spielt bei einem Wechsel des Providers der Know-how-Transfer eine wesentliche Rolle. Die Bedeutung des Know-how-Transfers hängt insbesondere von dem Grad der Standardisierung der Leistungen ab. Je mehr die Services kundenspezifische Besonderheiten abbilden, desto größer ist die Bedeutung des Know-how-Transfers. Werden

durch den Folgeanbieter Mitarbeiter des bisherigen Providers übernommen (siehe dazu S. 188), kann dadurch ein wesentlicher Teil des Know-how-Transfers erledigt werden. Ohne einen solchen Mitarbeiterübergang sind die Kenntnisse in einem geordneten Schulungs- und Dokumentationsprozess zu vermitteln.
- Herausgabe von Informationen: Bei der Herausgabe von Informationen ist insbesondere zu regeln, dass diese in einer durch den Folgeanbieter ohne weiteres verwendbaren Form herausgegeben werden. Bestehen insoweit spezifische Anforderungen, wie dies z. B. häufig bei Datenmigrationen der Fall ist, sollten diese möglichst genau im Vertrag spezifiziert werden.[244]

Ziff. 19.3.2 sieht eine Öffnung zu den Vertraulichkeitsregelungen in § 14 vor. Dem Kunden soll erlaubt sein, Inhalte des bestehenden Vertragsverhältnisses gegenüber möglichen Folgeanbietern offen zu legen, soweit dies für die Überleitung der Services notwendig oder zweckdienlich ist. Die Regelung vermeidet so einen Konflikt zwischen den Überleitungsregelungen gemäß Ziff. 19.3.1 und der Vertraulichkeitsverpflichtung nach § 14.

Ziff. 19.3.3 regelt, dass die Unterstützungsleistungen im Zusammenhang mit der Überleitung des Services auf den Folgeanbieter ohne zusätzliche Vergütung erbracht werden. Der Provider muss danach den Aufwand, der ihm durch die Unterstützungsleistungen entstehen wird, von vornherein mit einkalkulieren und in seinen Preisen berücksichtigen. Aus der Sicht des Kunden ist es im Regelfall keine Alternative, die Preisdiskussion bezüglich der Unterstützungsleistungen auf einen späteren Zeitpunkt zu verschieben, da seine Verhandlungsposition dann schlechter sein wird (siehe S. 184).

4. Nachbetreuungspflicht (Erläuterungen zu Ziff. 19.4)

Mit der Übergabe der Verantwortung für die Services an den Folgeanbieter ist im Regelfall die durch den bisherigen Provider benötigte Unterstützung abgeschlossen. Gleichwohl kann es nicht ausgeschlossen werden, dass auch zu einem späteren Zeitpunkt noch punktuell Unterstützungsleistungen benötigt werden. Daher enthält Ziff. 19.4 die Verpflichtung des bisherigen Providers, auch nach der Abgabe der Verantwortung für die Services auf Wunsch des Kunden noch entsprechende Leistungen zu erbringen. Anders als im Fall der in Ziff. 19.3 geregelten Unterstützungsleistungen ist es jedoch sachgerecht, hierfür eine gesonderte Vergütung vorzusehen, da bei Vertragsabschluss nur schwer vorhersehbar sein wird, in welchem Umfang eine solche Nachbetreuung nach Vertragsende erforderlich ist.

5. Übernahme von Ressourcen durch den Folgeanbieter (Erläuterungen zu Ziff. 19.5)

Zum Exit Management gehört auch die Frage, ob, in welchem Umfang und zu welchen Bedingungen zum Ende der Vertragslaufzeit Ressourcen, die der Provider zur Erbringung der Services einsetzt, auf den Kunden bzw. den Folgeanbieter übergeleitet werden. Bei diesen Ressourcen kann es sich um Vermögensgegenstände, Verträge oder Mitarbeiter handeln. Die Situation entspricht insoweit grundsätzlich jener bei Aufnahme des Services (siehe S. 63 ff.).

Das Vertragsmuster geht davon aus, dass keine Übernahme von Ressourcen geplant ist. Entsprechend sind keine Regelungen für einen solchen Ressourcenübergang im Vertragsmuster enthalten. Ziff. 19.5 stellt dies im Hinblick auf einen möglichen Mitarbeiterübergang nach § 613a BGB klar und enthält eine Freistellungsregelung zu Gunsten des Kunden und des Folgeanbieters für den Fall, dass es ungewollt kraft Gesetzes zu einem Mitarbeiterübergang kommen sollte. Diese Freistellung ist deshalb erforderlich, weil ein von den Parteien nicht beabsichtigter Mitarbeiterübergang dem, was die Parteien wirtschaftlich gewollt haben, zuwider läuft und somit vertraglich ein Ausgleich geschaffen werden muss.

Ausführlichere Regelungen sind notwendig, wenn ein Übergang von Ressourcen fest vereinbart oder zumindest als Option vorgesehen ist.[245] Hier stellen sich im Grundsatz die gleichen Fragen wie bei einem erstmaligen Übergang von Vermögensgegenständen, Verträgen oder Mitarbeitern (siehe S. 63 ff.).

§ 20
Schlussbestimmungen

20.1 Kosten
 Jede Partei trägt die Kosten, die ihr in Zusammenhang mit dem Abschluss oder dem Vollzug dieses Vertrages entstehen.
20.2 Schriftformerfordernis
 Änderungen und Ergänzungen dieses Vertrages bedürfen der Schriftform. Die Aufhebung der in diesem Vertrag vereinbarten Schriftformerfordernisse bedarf der Schriftform.
20.3 Abtretungsverbot
 Keine Partei ist berechtigt, diesen Vertrag oder einzelne Rechte und Pflichten daraus ohne Zustimmung der anderen Partei, sei

VI. Vertragsklauseln

es im Wege der Einzel- oder der Gesamtrechtsnachfolge, auf einen Dritten zu übertragen. § 354a HGB bleibt unberührt.

20.4 Öffentliche Erklärungen
Keine Partei ist berechtigt, ohne Zustimmung der anderen Partei öffentliche Erklärungen abzugeben oder zu veranlassen, die diesen Vertrag oder die Zusammenarbeit der Parteien im Rahmen dieses Vertrages betreffen. Presseerklärungen, die diesen Vertrag oder die Zusammenarbeit der Parteien betreffen, werden die Parteien vor ihrer Veröffentlichung zusätzlich miteinander abstimmen.

20.5 Salvatorische Klausel
Sollte eine Bestimmung dieses Vertrages ganz oder teilweise ungültig oder undurchführbar sein oder werden, so bleibt die Gültigkeit dieses Vertrages insgesamt unberührt. Anstelle der ungültigen oder undurchführbaren Vertragsbestimmung soll eine Regelung gelten, die den wirtschaftlichen Zielen der Parteien, wie sie zum Zeitpunkt des Vertragsschlusses bestanden, so nahe wie möglich kommt. Maßgebend ist, was die Parteien vereinbart hätten, wenn sie die Undurchführbarkeit oder Ungültigkeit erkannt hätten. Das Gleiche gilt im Falle des Bestehens einer Vertragslücke.

20.6 Rechtswahl
Dieser Vertrag unterliegt dem Recht der Bundesrepublik Deutschland. Die Vorschriften des Internationalen Privatrechts und des UN-Kaufrechts finden keine Anwendung.

20.7 Gerichtsstand
Ausschließlicher Gerichtsstand für sämtliche Rechtsstreitigkeiten der Parteien aus oder in Zusammenhang mit diesem Vertrag ist [*Unternehmenssitz des Kunden*].

Erläuterungen

1. Kosten (Erläuterungen zu Ziff. 20.1)
2. Schriftformerfordernis (Erläuterungen zu Ziff. 20.2)
3. Abtretungsverbot (Erläuterungen zu Ziff. 20.3)
4. Öffentliche Erklärungen (Erläuterungen zu Ziff. 20.4)
4. Salvatorische Klausel (Erläuterungen zu Ziff. 20.5)
5. Rechtswahl (Erläuterungen zu Ziff. 20.6)
7. Gerichtsstand (Erläuterungen zu Ziff. 20.7)

1. Kosten (Erläuterungen zu Ziff. 20.1)

Ziff. 20.1 enthält eine klarstellende Regelung, dass jede Partei die ihr im Zusammenhang mit dem Abschluss und dem Vollzug des

Vertrages entstehenden Kosten selbst trägt. Etwaige Vergütungsbestimmungen bleiben hiervon selbstverständlich unberührt.

2. Schriftformerfordernis (Erläuterungen zu Ziff. 20.2)

Ziff. 20.2 enthält eine übliche Schriftformklausel, die das Schriftformerfordernis für Veränderungen und Ergänzungen des Vertrages festlegt. Die Bestimmung ergänzt § 8 Ziff. 8.5 (Change Request-Verfahren). Es gilt § 126 BGB.

3. Abtretungsverbot (Erläuterungen zu Ziff. 20.3)

Ziff. 20.3 enthält ein übliches Abtretungsverbot (siehe §§ 399 BGB, 354a HGB).

4. Öffentliche Erklärungen (Erläuterungen zu Ziff. 20.4)

Ziff. 20.4 enthält eine Regelung, nach der keine Partei berechtigt ist, öffentliche Erklärungen in Bezug auf das Vertragsverhältnis ohne Zustimmung der anderen Partei abzugeben. Hierunter fallen in erster Linie Pressemitteilungen. Allerdings gehört auch der Hinweis in Werbe- und Präsentationsmaterialien zu öffentlichen Erklärungen, die von der Klausel erfasst werden.

5. Salvatorische Klausel (Erläuterungen zu Ziff. 20.5)

Ziff. 20.5 enthält eine übliche salvatorische Klausel.

6. Rechtswahl (Erläuterungen zu Ziff. 20.6)

Ziff. 20.6 enthält eine übliche Rechtswahlklausel. Vorsorglich wird die Anwendung des Internationalen Privatrechts und des UN-Kaufrechts ausgeschlossen.[246]

7. Gerichtsstand (Erläuterungen zu Ziff. 20.7)

Als Gerichtsstand wird üblicherweise der Unternehmenssitz des Kunden vereinbart. Eine entsprechende Regelung findet sich in

VI. Vertragsklauseln

Ziff. 20.7 des Vertragsmusters. Als Alternative zur ordentlichen Gerichtsbarkeit kommt die Vereinbarung der Schiedsgerichtsbarkeit in Betracht. Für eine solche Vereinbarung spricht, dass dies den Zugang zu größerer Expertise in Bezug auf die vertragsgegenständliche Spezialmaterie ermöglicht.[247]

C. Weiterführende Hinweise zu Literatur und Rechtsprechung

1. Siehe zu Outsourcing als Form der Kooperation *Heymann,* CR 2000, 23.
2. Siehe auch die Definition in den Mindestanforderungen an das Risikomanagement (MaRisk), Rundschreiben 5/2007 der Bundesanstalt für Finanzdienstleistungsaufsicht (BaFin) v. 30. 10. 2007, AT 9, Tz. 1: „Eine Auslagerung liegt vor, wenn ein anderes Unternehmen mit der Wahrnehmung solcher Aktivitäten und Prozesse im Zusammenhang mit der Durchführung von Bankgeschäften, Finanzdienstleistungen oder sonstigen institutstypischen Dienstleistungen beauftragt wird, die ansonsten vom Institut selbst erbracht würden."
3. Siehe MaRisk, Erläuterung zu AT 9, Tz. 1. Die Grenzen sind hier allerdings fließend. Bestimmte Leistungen, die standardisiert von Dritten bezogen werden, z. B. die Wartung von Hardware oder Standardsoftware, werden typischerweise nicht als Outsourcing angesehen.
4. Siehe allgemein zur Vertragsgestaltung bei Outsourcing-Projekten *Bräutigam,* in: Bräutigam (Hrsg.), IT-Outsourcing, 2004, Teil 11; *Heymann/Lensdorf,* in: Redeker (Hrsg.), Handbuch der IT-Verträge, Stand: 2007, Kap. 5.4; *Heymann,* CR 2005, 706; *Weimar,* MDR 1999, 645.
5. Siehe z. B. *Heymann/Lensdorf,* in: Redeker (Fn. 4), Rn. 19.
6. Dazu eingehend *Kästle/Oberbracht,* Beck'sche Musterverträge: Unternehmenskauf – Share Purchase Agreement, 2005. Zur Auslagerung auf eine Konzerngesellschaft *Söbbing,* in: Söbbing (Hrsg.), Handbuch des IT-Outsourcing, 2006, Rn. 19.
7. Siehe auch den Überblick bei *Heymann,* CR 2000, 23.
8. Zum Application Service Providing *Söbbing,* in: Söbbing (Fn. 6), Rn. 111 ff.; *Kloos/Wagner,* CR 2002, 865; *Sedlmeier/Kolk,* MMR 2002, 75; *von Westerholt/Berger,* CR 2002, 81; *Röhrborn/Sinhart,* CR 2001, 69; *Küchler,* in: Bräutigam (Fn. 4), Teil 1, Rn. 59.
9. Siehe zum Outtasking *Söbbing,* in: Söbbing (Fn. 6), Rn. 120 ff.
10. Siehe dazu den BITKOM-Leitfaden „Business Process Outsourcing" (Stand: 20. 9. 2005). Ferner *Söbbing,* in: Söbbing (Fn. 6), Rn. 89 ff.; *Heymann,* CR 2005, 706, 707 f.; *ders.,* in: Büchner/Dreier (Hrsg.), Von der Lochkarte zum globalen Netzwerk – 30 Jahre DGRI, S. 155.
11. Siehe dazu den BITKOM-Leitfaden „Offshoring" (Stand: 31.1.2005); ferner *Söbbing,* in: Söbbing (Fn. 6), Rn. 96 ff.; speziell zum Outsourcing nach China *Glaser,* in: Taeger/Wiebe (Hrsg.), Aktuelle Entwicklungen im Informationstechnologierecht, 2007, S. 223.
12. Einen ausführlichen Überblick über die rechtlichen Rahmenbedingungen bei einem IT-Outsourcing gibt der BITKOM-Leitfaden „Compliance in IT-Outsourcing-Projekten" (Stand: Juli 2006).
13. Siehe allgemein zur Risikoüberwachung bei juristischen Personen *Huth,* BB 2007, 2167; *Schneider/Schneider,* ZIP 2007, 2061; *Kiethe,* GmbHR 2007, 393. Speziell zu IT-Compliance *Lensdorf,* CR 2007, 413; *Lensdorf/Steger,* ITRB 2006, 206; *Schrey,* RDV 2004, 247.
14. Zu Basel II *Capellaro/Füser,* Die Bank, Heft 10/2005, 68; *Ehlers,* NJW 2005, 3256; *Duisberg/Ohrtmann,* ITRB 2005, 160. Zu Solvency II *Bürkle* VersR 2007, 1595; *Siegel,* ITRB 2006, 13. Zu MiFID *Veil,* WM 2007, 1821; *Spindler/Kasten,* WM 2006, 1749 u. 1797; *Duve/Keller,* BB 2006, 2425.

194 C. Weiterführende Hinweise zu Literatur und Rechtsprechung

15. Zum 1.11.2007 wurde der aufsichtsrechtliche Rahmen für Outsourcing-Vorhaben von Banken neu gestaltet, und zwar durch eine Neufassung von § 25a KWG durch das Finanzmarktrichtlinie-Umsetzungsgesetz (FRUG) sowie das sich darauf beziehende Rundschreiben 5/2007 der BaFin (siehe oben Fn. 2). Dazu näher *Fischer/Petri/Steidle*, WM 2007, 2313; *Hanten/Görke*, BKR 2007, 489; *Gennen/Schreiner*, CR 2007, 757; *Ketessidis*, BaFinJournal 10/07, S. 11; *ders.*, Kreditwesen 2007, 1340; *Hajda/Schlingensiep*, in: Taeger/Wiebe (Fn. 11), S. 191.
16. Siehe *Fritzemeyer*, in: Söbbing (Fn. 6), Rn. 843 ff.; *Weber-Rey/Baltzer*, WM 2006, 207; *Michaels/Langheid*, VW 2004, 800.
17. Dazu ausführlich *Söbbing*, in: Söbbing (Fn. 6), Rn. 838. Zur Buchführungsverantwortung des Vorstands nach deutschem Recht *Fleischner*, WM 2006, 2021.
18. Vgl. *Hilgendorf*, Strafrechtliche Probleme beim Outsourcing von Versicherungsdaten, in: Hilgendorf (Hrsg.), Informationsstrafrecht und Rechtsinformatik, 2004, S. 81 ff.; *Köpke*, Die Bedeutung des § 203 Abs. 1 Nr. 6 StGB für Private Krankenversicherer, 2003, S. 225 ff.; *Hoenike/Hülsdunk*, MMR 2004, 788; *Seffer/Horter*, ITRB 2004, 165; *Fritzemeyer*, in: Söbbing (Fn. 6), Rn. 858 ff. Allgemein zum Schutz von Amts- und Berufsgeheimnissen am Beispiel der Fremdwartung von IT-Systemen *Intveen*, ITRB 2001, 251.
19. *Bruchner*, in: Schimansky/Bunte/Lwowski (Hrsg.), Bankrecht-Handbuch, Band 1, 2001, § 39, Rn. 14a; *Cahn*, WM 2004, 2041, 2045 f.; *Stiller*, ZIP 2004, 2027, 2029; *Jobe*, ZIP 2004, 2415, 2418; *Hoeren*, DuD 2002, 736, 737; ablehnend *Steding/Meyer*, BB 2001, 1693.
20. Dazu näher *Grunewald*, WRP 2007, 1307.
21. Allgemein zu Buchführungspflichten *Fleischner*, WM 2006, 2021. Zum Outsourcing von Buchführungsleistungen *Schneider*, CR 2005, 309. Zu Aufbewahrungspflichten *Hilgard*, ZIP 2007, 985; *Ernst/Schmittmann*, RDV 2006, 189. Ausführlich zu GDPdU BITKOM-Leitfaden zum elektronischen Datenzugriff der Finanzverwaltung (Stand: Dezember 2006).
22. Siehe dazu *Kraus/Tiedemann*, ArbRB 2007, 207; *dies.*, ArbRB 2007, 183; *Crisolli/Ebeling*, CR 2007, 277; *Möller*, ITRB 2006, 169; *Willemsen/Müntefering*, NZA 2006, 1185; *Crisolli*, CR 2002, 386; *Gennen*, ITRB 2002, 291; *Mahr*, in: Bräutigam (Fn. 4), Teil 6. Speziell zum Offshoring *Däubler*, NJW 2005, 30; *Wisskirchen/Goebel*, DB 2004, 1937.
23. *Plath*, CR 2007, 345; *Grützmacher*, ITRB 2004, 204; *Bräutigam*, Der Handel mit gebrauchten Unternehmens- und Konzernlizenzen, in: Festschrift Bartsch (2006); *Wimmers*, in: Büchner/Dreier (Fn. 10), S. 169.
24. *Immenga*, BB 2007, 2353.
25. *Koch*, ITRB 2007, 138; *ders.*, ITRB 2007, 187; *Intveen*, ITRB 2004, 230.
26. Allgemein dazu *Sabel*, AnwBl 2007, 816; *Kleine-Cosack*, BB 2007, 2637. Speziell zum Outsourcing *Schönberger*, NJW 2003, 249; OLG Frankfurt a. M. GRUR-RR 2004, 368.
27. Siehe den BITKOM-Leitfaden „Public Private Partnerships bei E-Government Projekten" (Stand: 2004). Ferner *Baden*, ITRB 2007, 281; *Bischof*, ITRB 2007; *dies.*, ITRB 2006, 36; *dies.*, ITRB 2006, 231; 134; *dies.*, ITRB 2005, 181; *Lensdorf*, CR 2006, 138; *Lensdorf/Steger*, CR 2005, 161; *Schimanek*, K&R 2004, 269; *Grützmacher*, ITRB 2002, 236.
28. Zu den vorvertraglichen Pflichten bei der Ausschreibung von Outsourcing-Vorhaben in der Privatwirtschaft *Scheja/Schmitt*, CR 2005, 321. Siehe auch die ausführliche Darstellung des Projektverlaufs bei *Söbbing*, in: Söbbing (Fn. 6), Rn. 257 ff.
29. Siehe die Nachweise bei Fn. 27.

C. Weiterführende Hinweise zu Literatur und Rechtsprechung 195

30. Siehe zu den Beweggründen und Strategien für Outsourcing näher *Söbbing*, in: Söbbing (Fn. 6), Rn. 4 ff., 274 ff.; allgemein zur risikooptimalen Durchführung von Outsourcing-Projekten *Blöse/Pechardscheck*, CR 2002, 785.
31. Zu Geheimhaltungsvereinbarungen bei der Durchführung von IT-Projekten *Intveen*, ITRB 2007, 39.
32. Zu Vorvereinbarungen in IT-Projekten *Redeker*, ITRB 2007, 208; *Söbbing*, ITRB 2005, 240.
33. Siehe allgemein Palandt/*Heinrichs*, BGB, 67. Auflage 2008, § 125 BGB, Rn. 7; Palandt/*Grüneberg*, § 311 b BGB, Rn. 25.
34. BGH NJW-RR 1989, 198, 199; BGH NJW 2000, 951.
35. Palandt/*Heinrichs* (Fn. 33), § 125 BGB, Rn. 10.
36. BGH NJW-RR 1989, 198, 199.
37. Palandt/*Heinrichs* (Fn. 33), § 125 BGB, Rn. 10.
38. Allgemein zur Abhängigkeit des Grundstückgeschäfts von der weiteren, nicht formbedürftigen Vereinbarung und der daraus resultierenden Beurkundungspflicht des Geschäfts im Ganzen BGH NJW 2000, 951 f.
39. Palandt/*Grüneberg* (Fn. 33), § 311 b BGB, Rn. 27 a.
40. Palandt/*Grüneberg* (Fn. 33), § 311 b BGB, Rn. 5.
41. Vgl. BGH NJW 1957, 1514; BGH NJW 1991, 353, 355; kritisch hierzu *Heckschen*, NZG 2006, 772, 775.
42. Siehe allgemein *Kiem*, NJW 2006, 2363, 2364 f.; *Heckschen*, NZG 2006, 772, 775; *Böttcher/Grewe*, NZG 2005, 950, 953.
43. Palandt/*Heinrichs* (Fn. 33), § 305 BGB, Rn. 3.
44. Palandt/*Heinrichs* (Fn. 33), § 307 BGB, Rn. 57 bzw. 59.
45. Siehe BGH NJW 2001, 751.
46. Palandt/*Heinrichs* (Fn. 33), § 307 BGB, Rn. 60; zu Preisanpassungsklauseln zuletzt BGH NJW 2007, 1054.
47. Statt vieler Münchener Kommentar zum Bürgerlichen Gesetzbuch (MünchKommBGB)/*Basedow*, Bd. 2 a, 5. Auflage 2007, § 305 Rn. 13 f. und 19.
48. Palandt/*Heinrichs* (Fn. 33), § 305 BGB, Rn. 10.
49. MünchKommBGB/*Basedow* (Fn. 47), § 305 Rn. 35.
50. Ausführlich Staudinger/*Schlosser* (2006), § 305 BGB Rn. 44 ff. m. w. N.; speziell für IT-Standardverträge *Plath*, ITRB 2003, 185, 187; für Haftungsregelungen in IT-Projekten *Auer-Reinsdorff*, ITRB 2006, 181, 184 f.
51. Siehe auch *Berger/Kleine*, BB 2007, 2137, 2141.
52. So auch *Heymann/Lensdorf*, in: Redeker (Fn. 4), Rn. 17.
53. Allgemein zum Aufbau von Outsourcing-Verträgen *Söbbing*, ITRB 2004, 44.
54. Zur Problematik der Anlagen auch *Redeker*, ITRB 2006, 242; *Houck/Rosenbloom*, M&A 2005, 170.
55. Der wesentliche Unterschied besteht darin, dass bei dem echten Vertrag zugunsten Dritter der Dritte (also der Service-Empfänger) ein eigenes Forderungsrecht hätte, § 328 Abs. 1 BGB. Zur Abgrenzung zwischen echtem und unechtem Vertrag zugunsten Dritter siehe Palandt/*Grüneberg* (Fn. 33), Einf v § 328 BGB, Rn. 1.
56. Dazu ausführlich *S. Söbbing*, in: Söbbing (Fn. 6), Rn. 798.
57. Dazu ausführlich *S. Söbbing*, in: Söbbing (Fn. 6), Rn. 838.
58. Zur Gestaltung der Präambel auch *Bischof*, ITRB 2006, 289; *Söbbing*, in: Söbbing (Fn. 6), Rn. 600.
59. Hierfür plädiert *Bräutigam*, in: Bräutigam (Fn. 4), Teil 11, Rn. 10 f.
60. Leistungen zwischen dem Kunden und ehemaligen Konzernunternehmen erfolgen im Rahmen sog. Transitional Services, dazu *Plath*, CR 2007, 345, 350.
61. Zur lizenzrechtlichen Seite OLG Düsseldorf CR 2006, 656.

C. Weiterführende Hinweise zu Literatur und Rechtsprechung

62. Zu IT-rechtlichen Aspekten im Rahmen des Share Deal *Plath*, CR 2007, 345, 347f.; *Söbbing*, M&A 2007, 166 (sub 3.2).
63. Für eine nähere Darstellung der Besonderheiten der Übernahme von Mitarbeitern und Vermögensgegenständen bei Outsourcing-Vorhaben siehe *Söbbing*, in: Söbbing (Fn. 6), Rn. 652ff.; *Mahr*, in: Bräutigam (Fn. 4), Teil 6 sowie Teil 11, Rn. 380ff. (zum Mitarbeiterübergang); *Bräutigam*, in: Bräutigam (Fn. 4), Teil 11, Rn. 355ff., 375ff. (zur Übernahme von Hardware und Drittverträgen); *Huppertz*, in: Bräutigam (Fn. 4), Teil 11, Rn. 364ff. (zur Übernahme von Software).
64. Vgl. *Söbbing*, M&A 2007, 166 (sub 3.1).
65. Stille Reserven werden als Unterschiedsbetrag zwischen dem in der Bilanz erfassten Restbuchwert des Wirtschaftsguts und dem gemeinen Wert oder Teilwert (d. h. Verkehrswert) des Wirtschaftsguts definiert (vgl. *S. Söbbing*, in: Söbbing (Fn. 6), Rn. 784 m. w. N.).
66. Vgl. *Glanegger*, in: Schmidt, Einkommensteuergesetz, 26. Aufl. 2007, § 6 Rn. 118.
67. Vgl. *S. Söbbing*, in: Söbbing (Fn. 6), Rn. 789.
68. Vgl. Abschn. 5 Abs. 1 der Umsatzsteuer-Richtlinien 2008 (UStR 2008).
69. Dazu näher *Zwingel*, in: Bräutigam (Fn. 4), Teil 8, Rn. 134.
70. Siehe dazu für US-GAAP SFAS 13 par 1 sowie die zugehörige Stellungnahme 01–08 der EITF (*Emerging Issues Task Force*) „Determining whether an arrangement contains a lease" sowie IAS (*International Accounting Standard* Nr. 17) und die dazugehörige Auslegungsregel Nr. 4 des IFRIC (*International Financial Reporting Interpretation Committee*).
71. Weiterführend *S. Söbbing*, in: Söbbing (Fn. 6), Rn. 832ff.; *Roß/Kunz/Drögemüller*, DB 2003, 2023. Allgemein zur Bedeutung von US-GAAP für die Vertragsgestaltung siehe *T. Söbbing/Marxfeld*, CR 2007, 69.
72. *Plath*, CR 2007, 345, 349, zu M&A-Transaktionen.
73. Siehe Palandt/*Heinrichs* (Fn. 33), § 398 BGB, Rn. 38ff. m. w. N.
74. Siehe allgemein zur Übertragung von „gebrauchten" Unternehmens- und Konzernlizenzen LG München I MMR 2007, 328; OLG München CR 2006, 655; OLG Hamburg MMR 2003, 317; *Grützmacher*, CR 2007, 549; *Bräutigam*, in: Festschrift Bartsch (Fn. 23); *Ulmer*, ITRB 2007, 68; *Koch*, ITRB 2007, 140; *Schrader/Rautenstrauch*, K&R 2007, 251; *Huppertz*, CR 2006, 145; *Hoeren*, CR 2006, 573; *Heydn/Schmidl*, K&R 2006, 74; *Sosnitza*, K&R 2006, 206; *Grützmacher*, ZUM 2006, 302; *Schuppert/Greissinger*, CR 2005, 81. Siehe zur Problematik speziell bei IT-Outsourcing auch *Wimmers*, in: Büchner/Dreier (Fn. 10), S. 169.
75. Siehe zu den Voraussetzungen im Einzelnen Palandt/*Weidenkaff* (Fn. 33), § 613a BGB, Rn. 9f.; *Crisolli/Ebeling*, CR 2007, 277f.; *Gennen*, ITRB 2002, 291, 293f. Siehe ferner BAG DB 2006, 454.
76. Näher dazu *Kraus/Tiedemann*, ArbRB 2007, 207; *Gennen*, ITRB 2002, 291, 293.
77. Vgl. *Kraus/Tiedemann*, ArbRB 2007, 207f. m. w. N.
78. Allgemein zur Unterrichtungspflicht bei einem Betriebsübergang *Meyer*, DB 2007, 858; *Schielke*, MDR 2007, 1052. Speziell bei IT-Outsourcing *Crisolli*, CR 2002, 386; *Gennen*, ITRB 2002, 291, 292f.
79. Siehe zuletzt BAG DB 2007, 2654. Ferner BAG MDR 2007, 39; BAG NZA 2006, 1096.
80. *Crisolli*, CR 2002, 386, 388.
81. Siehe BAG CR 2007, 419; EuGH CR 2006, 296. Ferner *Crisolli/Ebeling*, CR 2007, 277, 278ff.; *Kraus/Tiedemann*, ArbRB 2007, 183f.
82. *Crisolli/Ebeling*, CR 2007, 277, 282f.
83. BAG NJW 2007, 3371, 3374 m. w. N.
84. Vgl. BAG NJW 2007, 3371, 3372f.; BAG CR 2007, 419, 420f.

C. Weiterführende Hinweise zu Literatur und Rechtsprechung 197

85. Zu den fusionskontrollrechtlichen Anforderungen bei Outsourcing-Transaktionen siehe *Immenga,* BB 2007, 2353.
86. Zur Gestaltung der Leistungsbeschreibung bei IT-Verträgen siehe *Söbbing,* ITRB 2006, 65; *ders.,* ITRB 2006, 215; *ders.,* ITRB 2003, 155. Speziell bei IT-Outsourcing *Bräutigam,* in: Bräutigam (Fn. 4), Teil 11, Rn. 397 ff.
87. Dazu näher *Heymann,* CR 2005, 706, 709.
88. Eine typische Projektleistung ist die Erstellung von Software. Siehe dazu *Schröder,* Beck'sche Musterverträge: Softwareverträge, 3. Auflage 2008; *Harte-Bavendamm/Kindermann/Metzger,* in: Münchener Vertragshandbuch, Band 2, 5. Auflage 2004, XI.5.
89. Palandt/*Heinrichs* (Fn. 33), § 269 BGB, Rn. 1.
90. Palandt/*Heinrichs* (Fn. 33), § 269 BGB, Rn. 1.
91. Siehe die Nachweise bei Fn. 15.
92. Siehe die Nachweise bei Fn. 13.
93. Zum Begriff BVerfGE 49, 89, 135 f.: Der „Stand der Technik" bezeichnet im Allgemeinen einen Entwicklungsstand fortschrittlicher Verfahren, Einrichtungen oder Betriebsweisen, der die praktische Eignung der Maßnahme im Hinblick auf die angestrebten Ziele insgesamt als gesichert erscheinen lässt. Die „anerkannten Regeln der Technik" unterscheiden sich vom „Stand der Technik" im Wesentlichen dadurch, dass der „Stand der Technik" eine höhere Stufe der technischen Entwicklung darstellt, sich aber in der Praxis noch nicht langfristig bewährt haben muss. Der „Stand der Wissenschaft und Technik" beschreibt hingegen den aktuellen Forschungsstand auf einem Gebiet ohne zwingenden Bezug zur praktischen Umsetzbarkeit.
94. So muss nach der Auffassung des OLG Brandenburg (CR 1999, 748, 749) die Bezugnahme auf den „aktuellsten Stand der Technik" bei dem Erwerb eines komplexen Datenverarbeitungssystems nicht unbedingt heißen, dass die jüngsten Versionen der darin enthaltenen Software-Komponenten Verwendung gefunden haben. Entscheidend sei angesichts der üblicherweise bei dem Einsatz neu entwickelter Software auftretenden Schwierigkeiten vielmehr die Funktionsfähigkeit des Gesamtsystems. Auch eine aus der Zusammenstellung älterer Software-Versionen entstandene Konfiguration könne daher dem aktuellsten Stand der Technik entsprechen, wenn sie als lange erprobt und in der Anwendung zuverlässig allein die sichere Gewähr des für einen Geschäftsbetrieb lebensnotwendigen ungestörten und zuverlässigen Funktionierens biete.
95. Vgl. *Bräutigam,* in: Bräutigam (Fn. 4), Teil 11, Rn. 23 f.
96. Siehe die Nachweise bei Fn. 13 und 15.
97. Allgemein zur Gestaltung von Service Level Agreements *Rath,* K&R 2007, 362; *Schumacher,* MMR 2006, 12; *Beyer,* ITRB 2006, 20; *ders.,* ITRB 2005, 287; *Bräutigam,* CR 2004, 248; *Söbbing,* ITRB 2004, 257; *Hörl/Häuser,* CR 2003, 713; *Schreibauer/Taraschka,* CR 2003, 557; *Towle/Bruggemann,* CRi 2002, 75; *Marlière,* Die Bank 2001, 406; *Hoene,* ITRB 2001, 297.
98. *Heymann/Lensdorf,* in: Redeker (Fn. 4), Rn. 110; *Rath,* K&R 2007, 362, 363; *Schumacher,* MMR 2006, 12.
99. Ausführlich zur rechtlichen Einordnung von Service Levels *Bräutigam,* in: Bräutigam (Fn. 4), Teil 11, Rn. 414 ff.
100. Für Beispiele zur näheren Beschreibung der Service Levels siehe *Söbbing,* ITRB 2004, 257, 258 f.; *Bräutigam,* in: Bräutigam (Fn. 4), Teil 11, Rn. 425 ff.
101. *Heymann/Lensdorf,* in: Redeker (Fn. 4), Rn. 124 ff.; *Bräutigam,* in: Bräutigam (Fn. 4), Teil 11, Rn. 547 m. w. N. Allgemein zu Sanktionen von Service Level-Verfehlungen *Rath,* K&R 2007, 362, 365; *Schumacher,* MMR 2006, 12, 14 ff.; *Bräutigam,* CR 2004, 248, 250 ff.; *Hoene,* ITRB 2001, 297, 298 ff.

C. Weiterführende Hinweise zu Literatur und Rechtsprechung

102. Siehe *Heymann/Lensdorf*, in: Redeker (Fn. 4), Rn. 207 ff. Siehe zur Mitwirkung auch *Bräutigam*, in: Bräutigam (Fn. 4), Teil 11, Rn. 88 ff.
103. Vgl. BMF-Schreiben v. 30.1.2003 – IV B7 – S 7100 – 13/03. Zur steuerrechtlichen Behandlung von Beistellungen im Rahmen einer Public Private Partnership *Ax*, LKV 2007, 265, 266, sowie im Rahmen von Funktionsauslagerungen *Bernhardt*, IStR 2008, 1, 6 ff.
104. So zu Recht *Müglich/Lapp*, CR 2004, 801 und 803, zum IT-Systemvertrag.
105. *Müller-Hengstenberg/Krcmar*, CR 2002, 549, 554 f.
106. Siehe auch *Müglich/Lapp*, CR 2004, 801, 805.
107. Allgemein zu den Voraussetzungen des Annahmeverzugs Palandt/*Heinrichs* (Fn. 33), § 293 BGB, Rn. 8 ff.
108. Vgl. Palandt/*Heinrichs* (Fn. 33), § 242 BGB, Rn. 32.
109. Palandt/*Sprau* (Fn. 33), § 642 BGB, Rn. 5.
110. BGH NJW 1996, 1745, 1746.
111. OLG Koblenz NJW-RR 2002, 809 f. (noch zu § 324 BGB a. F.).
112. Palandt/*Sprau* (Fn. 33), § 642 BGB, Rn. 2.
113. Palandt/*Heinrichs* (Fn. 33), § 242 BGB, Rn. 23 ff.
114. Vgl. *Müller-Hengstenberg/Krcmar*, CR 2002, 549, 554 m. w. N.
115. Siehe *Heymann*, CR 2000, 23, 26 f.
116. Siehe OLG Karlsruhe MDR 2007, 1181.
117. Siehe dazu *Morsch*, BB 2004, 1803; speziell zu IT-Verträgen *Hecht*, ITRB 2006, 118.
118. Gesetz über das Verbot der Verwendung von Preisklauseln bei der Bestimmung von Geldschulden (Preisklauselgesetz – PrKG) vom 7.9.2007 (BGBl. I S. 2246, 2247). Entscheidend für die Zulässigkeit der Bindung an einen Index bei Preisanpassungsklauseln in Outsourcing-Verträgen wird nach § 1 Abs. 2 Nr. 2 PrKG sein, ob die durch den Index betrachteten Güter und Leistungen im Wesentlichen jenen entsprechen, die Gegenstand der Services sind. Nach § 3 Abs. 1 Nr. 1 lit. a) PrKG entfällt das Verbot außerdem bei Verträgen, die für eine Dauer von mehr als 10 Jahren geschlossen werden. Nach § 8 PrKG entfaltet eine Preisklausel solange ihre Wirkungen, bis ihre Unwirksamkeit rechtskräftig festgestellt wurde.
119. *Zwingel*, in: Bräutigam (Fn. 4), Teil 8, Rn. 135.
120. Zum Zurückbehaltungsrecht bei unterlassener oder fehlerhafter Rechnungsausstellung *Hüttemann/Jacobs*, MDR 2007, 1229.
121. *S. Söbbing*, in: Söbbing (Fn. 6), Rn. 813.
122. Vgl. *Wäger*, UR 2008, 102; *ders.*, UStB 2000, 285; *Hamacher/Grundt*, DStR 2005, 1589; *Burgmaier*, UStB 2004, 248; *Menner/Herrmann*, UR 2002, 112; *dies.*, UR 2001, 229; *Hamacher/Frenzel*, UR 2002, 297; *Haase*, INF 2002, 517; EuGH UR 2005, 201.
123. Vgl. EuGHE 1997, 1-3017 = UR 1998, 64 – SDC.
124. Vgl. BMF-Schreiben v. 30.5.2000 – IV D2 – S 7160d – 5/00.
125. Ausführlich dazu *S. Söbbing*, in: Söbbing (Fn. 6), Rn. 814 ff.
126. Ausführlich dazu *Wäger*, UR 2008, 102.
127. Siehe *S. Söbbing*, in: Söbbing (Fn. 6), Rn. 818 ff.
128. *Zwingel*, in: Bräutigam (Fn. 4), Teil 8, Rn. 120 ff.
129. Einen Überblick über das Benchmarking in IT-Outsourcing-Projekten gibt der BITKOM-Leitfaden „Benchmarking in IT-Outsourcing-Projekten" (Stand: 2007). Siehe auch *Bräutigam*, in: Bräutigam (Fn. 4), Teil 11, Rn. 61 ff.; *Nolte*, CR 2004, 81.
130. Dazu näher *Thum/Szczesny*, BB 2007, 2405.
131. Dazu näher *Engelien-Schulz*, RDV 2006, 199.
132. Siehe Palandt/*Heinrichs* (Fn. 33), § 173 BGB, Rn. 9 ff.

C. Weiterführende Hinweise zu Literatur und Rechtsprechung

133. Palandt/*Heinrichs* (Fn. 33), § 130 BGB, Rn. 8.
134. Allgemein zu den Aufgaben eines Projektlenkungsausschusses *Hoene*, ITRB 2002, 276.
135. Vgl. BGH NJW 2002, 1488, 1489.
136. Zöller-*Greger*, ZPO, 26. Auflage 2007, Vor § 253 Rn. 19.
137. Siehe allgemein zu den rechtlichen Anforderungen an einen formularmäßigen Ausschluss dieser Rechte Palandt/*Grüneberg* (Fn. 33), § 309 BGB, Rn. 16; BGHZ 115, 324; BGH WM 2005, 1378; BGH WM 1985, 119; BGHZ 92, 313.
138. ITIL = Information Technology Infrastructure Library. Hierbei handelt es sich um einen Leitfaden, der durch das in England ansässige OGC (*Office of Governance Commerce*) im Auftrag der britischen Regierung entwickelt wurde und der heute de facto den Standard im Bereich der Standardprozesse für IT Services darstellt. Siehe www.itil.org. Ausführlich zu den IT-Prozessen nach ITIL *Söbbing*, in: Söbbing (Fn. 6), Rn. 202 ff.; *ders.*, ITRB 2005, 97.
139. Eingehend zu Dokumentationsanforderungen beim Outsourcing *Heymann/Lensdorf*, in: Redeker (Fn. 4), Rn. 387 f.
140. *Heymann/Lensdorf*, in: Redeker (Fn. 4), Rn. 398 f.
141. Change Management zählt zu den ITIL-Prozessen (siehe Fn. 138). Dazu *Söbbing*, in: Söbbing (Fn. 6), Rn. 207. Die begriffliche Trennung ist in der Praxis nicht ganz einheitlich, siehe *Bräutigam*, in: Bräutigam (Fn. 4), Teil 11, Rn. 119, der das vertragliche Änderungsverfahren als Change Management bezeichnet.
142. Zum Change Request-Verfahren bei IT- und Outsourcing-Projekten siehe *Heymann*, CR 2005, 706, 707; *Redeker*, ITRB 2002, 190. Üblich ist auch eine Regelung in dem Sinne, dass bei Streitfällen ein Sachverständiger angerufen wird, siehe *Bräutigam*, in: Bräutigam (Fn. 4), Teil 11, Rn. 125.
143. Siehe auch *Heymann/Lensdorf*, in: Redeker (Fn. 4), Rn. 91 f.
144. Nach den Erläuterungen der BaFin zu den MaRisk (siehe oben Fn. 2) soll im Bankenbereich auf die Einräumung eines solchen Weisungsrechts verzichtet werden können, wenn die von dem Provider zu erbringenden Leistungen hinreichend klar im Auslagerungsvertrag spezifiziert sind.
145. Siehe auch *Blöse/Pechardscheck*, CR 2002, 785, 788.
146. Vgl. § 3 Abs. 1 BDSG.
147. Vgl. § 1 Abs. 1 BDSG.
148. Siehe §§ 43, 44 BDSG.
149. Vgl. §§ 7, 8 BDSG, 823 ff., 1004 BGB. Allgemein zu zivilrechtlichen Ansprüchen bei Datenschutzverstößen *Simitis*, in: Simitis (Hrsg.), BDSG, 6. Auflage 2006, § 7, Rn. 52 ff. Zur (umstrittenen) wettbewerbsrechtlichen Relevanz von Datenschutzverstößen *Weichert*, VuR 2006, 377; *Busse*, RDV 2005, 260; *Hoeren*, VersR 2005, 1014; *Heil*, RDV 2004, 205; OLG Stuttgart MMR 2007, 437 f.; OLG Frankfurt a. M. GRUR 2005, 785, 786.
150. *Walz*, in: Simitis (Fn. 149), § 11, Rn. 52.
151. Vgl. § 11 Abs. 1 bis 3 BDSG.
152. *Eichler*, CI 2000, 145, 146 f.
153. Siehe z. B. die Mustervertragsanlage zur Auftragsdatenverarbeitung des BITKOM (Stand: 2007).
154. *Gola/Schomerus*, BDSG, 9. Auflage 2007, § 11, Rn. 3.
155. Vgl. *Walz*, in: Simitis (Fn. 149), § 11, Rn. 17; *Gola/Schomerus* (Fn. 154), § 11, Rn. 9; *Müthlein/Heck*, Outsourcing und Datenschutz, 3. Aufl. 2006, S. 34 ff.; *Seffer/Horter*, ITRB 2004, 165, 166; *von Westphalen*, WM 1999, 1810, 1815; *Wächter*, CR 1991, 333; a. A. für den Fall der Erbringung weiterer Leistungen bzw. die Übernahme von Funktionen *Räther*, DuD 2005, 461, 465 f.; *Nielen/Thum*, K&R 2002, 171, 174 ff.; *Fasbender*, RDV 1994, 12, 14; *Eul*, Datenschutz

im Kreditwesen und Zahlungsverkehr, in: Roßnagel (Hrsg.), Handbuch Datenschutzrecht, 2003, S. 1085, 1090 f.
156. Siehe statt vieler *Gola/Schomerus* (Fn. 154), § 28, Rn. 33.
157. Vgl. *Simitis*, in: Simitis (Fn. 149), § 28, Rn. 136 m. w. N.; *Grützmacher*, ITRB 2007, 183, 186; *Glossner*, in: Bräutigam (Fn. 4), Teil 5, Rn. 63; *Kraus/Tiedemann*, ArbRB 2007, 207, 208 f.; a. A. *Steding/Meyer*, BB 2001, 1693. Weitergehende Anforderungen bestehen allerdings, wenn besondere Arten von personenbezogenen Daten im Sinne des § 3 Abs. 9 BDSG (z. B. Angaben über die Gesundheit) von der Auslagerung betroffen sind (näher dazu vor dem Hintergrund internationaler Auslagerungen *Nielen/Thum*, K&R 2006, 171, 173 f.; *Rittweger/Schmidl*, DuD 2004, 617, 620).
158. Siehe statt vieler *Schaffland/Wiltfang*, BDSG, Loseblatt, Stand: August 2007, § 11, Rn. 1.
159. Vgl. *Simitis*, in: Simitis (Fn. 149), § 28, Rn. 135.
160. Siehe *Grützmacher*, ITRB 2007, 183, 184 f.; *Eichler*, CI 2000, 145, 147. Speziell für das ASP *von Westerholt/Berger*, CR 2002, 81, 87 f.; *Röhrborn/Sinhart*, CR 2001, 69, 75.
161. Siehe *Schaffland/Wiltfang* (Fn. 158), § 11, Rn. 7; *Grützmacher*, ITRB 2007, 183, 185; *Räther*, DuD 2005, 461, 465 f.; *Nielen/Thum*, K&R 2002, 171, 174 ff.
162. *Grützmacher*, ITRB 2007, 183, 185.
163. Vgl. § 4a BDSG; zu den Anforderungen an eine solche Einwilligung im Versicherungsbereich vor dem Hintergrund des § 203 StGB *Seffer/Horter*, ITRB 2004, 165.
164. Vgl. § 1 Abs. 3 Satz 1 BDSG.
165. Vgl. § 1 Abs. 3 Satz 2 BDSG.
166. Eingehend dazu *Kessler*, DuD 2004, 40; *Hartmann*, Outsourcing in der Sozialverwaltung und Sozialdatenschutz, 2002; zu Geheimhaltungspflichten aus dem Bereich der öffentlichen Verwaltung *Büllesbach/Grieß*, NVwZ 1995, 444, 447 f.
167. *Grützmacher*, ITRB 2007, 183, 187.
168. Eingehend dazu *Hilgendorf*, Strafrechtliche Probleme beim Outsourcing von Versicherungsdaten, in: Hilgendorf (Fn. 18), S. 81 ff.; *Hoenike/Hülsdunk*, MMR 2004, 788; *Seffer/Horter*, ITRB 2004, 165; *Köpke*, Die Bedeutung des § 203 Abs. 1 Nr. 6 StGB für Private Krankenversicherer, 2003, S. 225 ff.
169. Vgl. *Bohnstedt*, Fernwartung, 2005, S. 135 ff.; *Otto*, wistra 1999, 201.
170. Vgl. *Bruchner*, in: Schimansky/Bunte/Lwowski (Fn. 19), § 39, Rn. 14a; *Cahn*, WM 2004, 2041, 2045 f.; *Stiller*, ZIP 2004, 2027, 2029; *Jobe*, ZIP 2004, 2415, 2418; *Hoeren*, DuD 2002, 736, 737; a. A. *Steding/Meyer*, BB 2001, 1693.
171. Siehe *Müthlein/Heck* (Fn. 155), S. 38; *Müthlein*, RDV 1993, 165, 169 f.; zur Parallelität der Kriterien von § 11 BDSG und dem für Auslagerungsvorhaben im Bankensektor einschlägigen § 25a Abs. 2 KWG *von Westphalen*, WM 1999, 1810, 1816.
172. Vgl. *Müthlein/Heck* (Fn. 155), S. 41.
173. Zum Begriff der Weisungen im Rahmen von § 11 BDSG *Walz*, in: Simitis (Fn. 149), § 11, Rn. 50 ff., 57.
174. Vgl. § 11 Abs. 2 Satz 1 BDSG.
175. *Walz*, in: Simitis (Fn. 1), § 11, Rn. 51.
176. Vgl. *Dolderer/von Garrel/Müthlein/Schlumberger*, RDV 2001, 223, 225; *Walz*, in: Simitis (Fn. 149), § 11, Rn. 68.
177. Zur Bedeutung solcher Vertraulichkeitsvereinbarungen beim Outsourcing für den Schutz von Geschäfts- und Betriebsgeheimnissen des Kunden nach § 17 UWG *Grunewald*, WRP 2007, 1307.
178. Zur praktischen Umsetzung *Hörl*, ITRB 2007, 47.

C. Weiterführende Hinweise zu Literatur und Rechtsprechung 201

179. Vgl. § 11 Abs. 2 Satz 2 BDSG.
180. Vgl. *Walz*, in: Simitis (Fn. 149), § 11, Rn. 52.
181. Vgl. *Walz*, in: Simitis (Fn. 149), § 11, Rn. 42, 60. Siehe z. B. zu der auf Anfrage der Staatsanwaltschaft ohne Wissen der Kreditkartengesellschaften vorgenommenen Auswertung von Kreditkarten- und Abrechnungsunterlagen durch die mit der Verarbeitung von Kreditkartendaten beauftragten Unternehmen den 4. Tätigkeitsbericht des Innenministeriums Baden-Württemberg, 2007, S. 55 ff.
182. Vgl. *Walz*, in: Simitis (Fn. 149), § 11, Rn. 59.
183. Vgl. § 11 Abs. 2 Satz 4 BDSG.
184. Siehe *Dolderer/von Garrel/Müthlein/Schlumberger*, RDV 2001, 223, 225; *Schaffland/Wiltfang* (Rn. 158), § 11, Rn. 9 c.
185. Vgl. §§ 4 b, 4 c BDSG sowie Art. 25, 26 der Richtlinie 95/46/EG des Europäischen Parlaments und des Rates vom 24.10.1995 zum Schutz natürlicher Personen bei der Verarbeitung personenbezogener Daten und zum freien Datenverkehr (ABl. EG Nr. L 281/31 vom 23.11.1995).
186. Dazu allgemein *Söbbing/Weinbrenner*, WM 2006, 165.
187. Siehe (für Funktionsübertragungen) Entscheidung der Kommission vom 15.6. 2001 hinsichtlich Standardvertragsklauseln für die Übermittlung personenbezogener Daten in Drittländer nach der Richtlinie 95/46/EG, ABl. EG Nr. L 181/ 19 vom 4.7.2001; Entscheidung der Kommission vom 27.12.2004 zur Änderung der Entscheidung 2001/497/EG bezüglich der Einführung alternativer Standardvertragsklauseln für die Übermittlung personenbezogener Daten in Drittländer, ABl. EG Nr. L 385/74 vom 29.12.2004; (für die Auftragsdatenverarbeitung) Entscheidung der Kommission vom 27.12.2001 hinsichtlich Standardvertragsklauseln für die Übermittlung personenbezogener Daten an Auftragsverarbeiter in Drittländern nach der Richtlinie 95/46/EG, ABl. EG Nr. L 6/52 vom 10.1.2002.
188. Einen Beleg hierfür liefert ein Urteil des OLG Hamm (K&R 2004, 543). Darin hatte das Gericht über den Schadensersatzanspruch eines Unternehmens zu entscheiden, bei dem es im Anschluss an Reparaturarbeiten an den Datenverarbeitungsanlagen zu einem Systemausfall und einem dadurch bedingten Verlust umfangreicher Datenbestände gekommen war. Das Gericht befand indes, dass dem Unternehmen der geltend gemachte Schadensersatzanspruch ungeachtet einer etwaigen Pflichtverletzung des externen Reparaturdienstes nicht zustand. Es begründete dies mit einem „haftungsüberdeckenden" Mitverschulden des Unternehmens aufgrund einer nur unzureichend vorgenommenen Datensicherung *(Backup)*. Das Gericht führte in diesem Zusammenhang aus, dass es „im gewerblichen Anwenderbereich heute zu den vorauszusetzenden Selbstverständlichkeiten" gehöre, dass „eine zuverlässige, zeitnahe und umfassende Datenroutine die Sicherung" gewährleiste. Nach Auffassung des Gerichts hätte in dem betreffenden Fall eine Sicherung neuer und geänderter Daten täglich, eine Vollsicherung des Datenbestandes mindestens wöchentlich erfolgen müssen. Tatsächlich hatte die letzte Vollsicherung jedoch schon vier Monate zurückgelegen. Unter diesen Umständen habe sich das Unternehmen den Schaden allein zuzuschreiben (zur Pflicht des Lieferanten einer EDV-Anlage zur Datensicherung OLG Oldenburg CR 2004, 175 f.). Ähnlich beurteilt sich die Rechtslage auch bei einem Fehlen geeigneter Vorkehrungen gegen Computerviren (siehe LG Hamburg CR 2001, 667; näher zur Haftung bei Computerviren *Libertus*, MMR 2005, 507; *Koch*, NJW 2004, 801; *Rössel*, ITRB 2002, 214; *Schneider/Günther*, CR 1997, 389).
189. *Heckmann*, MMR 2006, 280, 282 f.; *Roth/Schneider*, ITRB 2005, 19 f.; *Schultze-Melling*, CR 2005, 73, 75 f.; speziell zur Risikoprävention hinsichtlich der Online-Aktivitäten von Mitarbeitern *Barton*, K&R 2004, 305, 306.

C. Weiterführende Hinweise zu Literatur und Rechtsprechung

190. Siehe zuletzt aus Anlass der Umsetzung der Finanzmarkt-Richtlinie (MiFID) BT-Drs. 16/4028, S. 95; *Steger,* CR 2007, 137, 139 f.
191. Dazu eingehend *Roth/Schneider,* ITRB 2005, 19, 20; *Schultze-Melling,* CR 2005, 73, 76; *Schrey,* RDV 2004, 247.
192. Vgl. *Steger,* CR 2007, 137, 140 f.; *Heckmann,* MMR 2006, 280, 283 f.; speziell zu IT-Risiken als Ratingkriterium *Capellaro/Füser,* Die Bank 10/2005, 68.
193. *Lensdorf/Steger,* ITRB 2006, 206, 209 f.; *Schultze-Melling,* ITRB 2005, 42, 43; für das Outsourcing im Bankenbereich *Witzel,* ITRB 2006, 286, 288; *Lensdorf/Schneider,* WM 2002, 1949, 1955; *Zerwas/Hanten/Bühr,* ZBB 2002, 17, 23.
194. Siehe zu § 9 BDSG *Gola/Schomerus* (Fn. 154), § 9, Rn. 7 ff.
195. *Schultze-Melling,* CR 2004, 73, 74 f.; eingehend zu solchen Standards siehe BITKOM-Leitfaden „Kompass IT-Sicherheitsstandards" (Stand: Oktober 2007), S. 9 ff.
196. Siehe *Eichler,* CI 2000, 145, 146 f.
197. Näher zur Vorgehensweise bei der Erstellung von Sicherheitskonzepten siehe BITKOM-Leitfaden „Sicherheit für Systeme und Netze in Unternehmen" (2. Auflage), S. 16 ff.; zum Vorgehen bei der Notfallplanung *Steger,* CR 2007, 137, 141 f.
198. Siehe dazu aber auch OLG Karlsruhe K&R 2005, 181 – Strafbarkeit eines Universitätsmitarbeiters nach § 206 StGB wegen Ausfilterns von E-Mails.
199. Siehe im Einzelnen *Böhlke/Yilmaz,* CR 2008, 261; den oben genannten BITKOM-Leitfaden (Fn. 197), S. 22 ff.
200. Siehe auch *Schultze-Melling,* ITRB 2005, 42, 45.
201. *Schultze-Melling,* ITRB 2005, 42, 45.
202. BITKOM-Leitfaden (Fn. 197), S. 53.
203. Dazu im Einzelnen *Böhlke/Yilmaz,* CR 2008, 261; *Ernst,* NJW 2007, 2661; *Gröseling/Höfinger,* MMR 2007, 546; *dies.,* MMR 2007, 626; *Schreibauer/Hessel,* K&R 2007, 616.
204. Siehe die Notfall-Definition im BSI-Grundschutz-Katalog (dort Baustein M 6.2).
205. Siehe z. B. *Schrey,* RDV 2004, 247, 249.
206. Vgl. etwa § 25a Abs. 1 Nr. 3 KWG, wonach die Festlegung eines angemessenen Notfallkonzepts für IT-Systeme nur ein (nahe liegendes) Regelbeispiel für die organisatorischen Pflichten von Kreditinstituten bildet.
207. Dazu *Bräutigam,* in: Bräutigam (Fn. 4), Teil 11, Rn. 216 ff.
208. *Steger,* CR 2007, 137, 141.
209. Mit dieser Unterscheidung von Notfallmaßnahmen auch MaRisk, AT 7.3, Tz. 2.
210. So auch MaRisk, AT 7.3, Tz. 1, für den Fall der Auslagerung von zeitkritischen Aktivitäten und Prozessen durch Kreditinstitute.
211. Eingehend zur Erstellung und den Inhalten eines solchen Notfallkonzepts am Beispiel des IT-Bereichs BSI-Grundschutz-Katalog (dort Baustein M 6 Maßnahmenkatalog Notfallvorsorge); ferner *Steger,* CR 2007, 137, 141 f.
212. Siehe auch MaRisk, AT 7.3, Tz. 1.
213. *Steger,* CR 2007, 137, 142 f.
214. Siehe alternativ den Vorschlag von *Heymann/Lensdorf,* in: Redeker (Fn. 4), Rn. 566 ff., zum Anknüpfen an ein Vertretenmüssen des Notfalls durch den Provider bzw. den Kunden.
215. Allgemein zu Geheimhaltungsvereinbarungen bei IT-Projekten *Intveen,* ITRB 2007, 239; speziell zur Bedeutung von Vertraulichkeitsvereinbarungen beim Outsourcing für den Schutz von Geschäfts- und Betriebsgeheimnissen des Kunden nach § 17 UWG *Grunewald,* WRP 2007, 1307.
216. Denkbar wäre auch der Einsatz von Geschäftsprozessen, die durch Patente geschützt sind. Anders als etwa in den USA spielen solche Patente in

C. Weiterführende Hinweise zu Literatur und Rechtsprechung

Deutschland keine Rolle, weil das Patentrecht einen entsprechenden Schutz weitgehend ausschließt. Dazu näher *Jänich*, GRUR 2003, 483; *Hufnagel*, MMR 2002, 279; *Dreyfuss*, CRi 2001, 1; *Ohly*, CR 2001, 809.

217. Unter engen Voraussetzungen erlaubt das deutsche Patentrecht eine Patentierung von Computerprogrammen. Dazu näher BITKOM-Leitfaden „Leitfaden zur Patentierung computerimplementierter Erfindungen" (Stand: September 2005); *Pfeiffer*, GRUR 2003, 581; *Hufnagel*, MMR 2002, 279; *Ohly* CR 2001, 809. Jedenfalls in der Outsourcing-Praxis spielen solche Patente hierzulande noch keine wesentliche Rolle.

218. Siehe allgemein zu Verwendungsbeschränkungen in Software-Lizenzverträgen *Intveen*, ITRB 2005, 234; *Hoeren*, RDV 2005, 11; *Scholz/Haines*, CR 2003, 393; *Scholz/Wagener*, CR 2003, 880; *Hoeren/Schumacher*, CR 2001, 137.

219. Siehe zur Insolvenzfestigkeit von Quellcode-Hinterlegungsvereinbarungen BGH GRUR 2006, 435; *Berger*, CR 2006, 505; *Grützmacher*, CR 2006, 289; *Redeker*, ITRB 2006, 212.

220. Siehe etwa die Muster bei *Harte-Bavendamm/Kindermann/Metzger*, in: Münchener Vertragshandbuch (Fn. 88), XI.11, und *Berger*, in: Redeker (Fn. 4), Kap. 1.7.

221. Vgl. *Seffer/Horter*, ITRB 2005, 61.

222. Siehe die Nachweise in Fn. 216 und 217.

223. Siehe nur zur vertragstypologischen Einordnung von Rechenzentrumsleistungen *Schneider*, in: Redeker (Fn. 4), Kap. 7.1, Rn. 14 ff. Ausführlich zur rechtlichen Einordnung verschiedener Outsourcing-Elemente *Bräutigam*, in: Bräutigam (Fn. 4), Teil 11, Rn. 131 ff. Zu außervertraglichen Gewährleistungsrechten beim IT-Outsourcing am Beispiel der Auslagerung von Serverleistungen *Waller*, ITRB 2005, 162.

224. So hat der Bundesgerichtshof (CR 2007, 75 f.) zwar unlängst für den ASP-Vertrag (siehe S. 2) entschieden, dass die Gewährung der Online-Nutzung von Software für eine begrenzte Zeit, die im Mittelpunkt der vertraglichen Pflichten beim ASP steht, als typische Leistung dem Mietvertragsrecht zuzuordnen sei. Er hat aber gleichzeitig ausgeführt, dass der Anwendung des Mietvertragsrechts auf die Software-Überlassung nicht entgegenstehe, dass im ASP-Vertrag häufig auch weitere Leistungen wie Programmpflege, Datensicherung, Hotline-Services und Schulungsleistungen vereinbart würden, die meist anderen Vertragstypen (Dienst- oder Werkvertragsrecht) folgten. Insoweit handele es sich beim ASP-Vertrag um einen zusammengesetzten oder auch typengemischten Vertrag, bei dem jeder Vertragsteil nach dem Recht des auf ihn anwendbaren Vertragstyps zu beurteilen sei, soweit dies nicht im Widerspruch zum Gesamtvertrag stehe (kritisch zu dieser Entscheidung *Müller-Hengstenberg/Kirn*, NJW 2007, 2370).

225. Vgl. *Heymann/Lensdorf*, in: Redeker (Fn. 4), Rn. 136 ff. Zu vertraglichen Ergänzungen des Dienstvertragsrechts im Bereich der Nacherfüllung bei IT-Beratungsverträgen siehe auch *Söbbing*, ITRB 2007, 217.

226. Alternativ ist daran zu denken, für bestimmte Leistungen die Anwendbarkeit eines bestimmten Vertragstyps verbindlich festzulegen (vgl. *Schneider*, in: Redeker (Fn. 4), Kap. 7.1, Rn. 29 (sub 8.1), der die Rechenzentrumsleistungen im dortigen Vertragsmuster kurzerhand einheitlich dem Werkvertragsrecht unterstellt.

227. Zur Nacherfüllung bei IT-Verträgen *Schneider*, ITRB 2007, 24.

228. Allgemein zur Abgrenzung vertraglicher und gesetzlicher Sanktionen bei der Verfehlung von Service Levels *Rath*, K&R 2007, 362, 365; *Bräutigam*, CR 2004, 248, 250 ff.; *Söbbing*, ITRB 2004, 257, 259; *Schreibauer/Taraschka*, CR 2003, 557, 560 ff.

C. Weiterführende Hinweise zu Literatur und Rechtsprechung

229. Allgemeine Ansicht, siehe nur *Glossner*, in: Bräutigam (Fn. 4), Teil 3, Rn. 8 ff. Freilich gibt es immer wieder Leistungen, die unter dem Service-Vertrag erbracht werden, die ihrerseits nicht als Dauerschuldverhältnis einzustufen sind, etwa Projekte (siehe S. 79).
230. Sehr instruktiv dazu *Funk/Wenn*, CR 2004, 481.
231. Palandt/*Heinrichs* (Fn. 33), § 280 BGB, Rn. 12 ff.
232. Ausführlich zu Haftungsklauseln in Outsourcing-Verträgen *Söbbing*, in: Söbbing (Fn. 6), Rn. 616 ff.; zur Beweislastverteilung bei Haftungsklauseln in IT-Verträgen siehe *Hörl*, ITRB 2007, 237.
233. Weiterführend zu Haftungsbeschränkungen in IT-Verträgen *Auer-Reinsdorff*, ITRB 2006, 181; *Spindler*, CR 2005, 741; *Hörl*, ITRB 2005, 217; *ders.*, ITRB 2004, 17; *Stadler*, ITRB 2004, 233; *Funk/Wenn*, CR 2004, 481.
234. Palandt/*Heinrichs* (Fn. 33), § 276 BGB, Rn. 12.
235. Palandt/*Heinrichs* (Fn. 33), § 276 BGB, Rn. 14, und § 277 BGB, Rn. 5.
236. *Auer-Reinsdorff*, ITRB 2006, 181; *Funk/Wenn*, CR 2004, 481, 484; siehe auch die Darstellung bei *Söbbing*, in: Söbbing (Fn. 6), Rn. 618.
237. Vgl. OLG Hamm K&R 2004, 543 (oben Fn. 188).
238. Siehe dazu den Rechtsprechungsüberblick bei *Intveen*, ITRB 2007, 144. Ausführlich *Bräutigam*, in: Bräutigam (Fn. 4), Teil 11, Rn. 191 ff.
239. Zur Versicherbarkeit von IT-Schäden *Koch*, ITRB 2007, 187; *ders.*, ITRB 2007, 138; *Intveen*, ITRB 2004, 230.
240. Zu den Rechtswirkungen weicher Patronatserklärungen siehe *Saenger/Merkelbach*, WM 2007, 2309; eingehend zu Patronatserklärungen in der Unternehmenskrise *Rosenberg/Kruse*, BB 2003, 641.
241. Siehe die Nachweise bei Fn. 229.
242. Siehe dazu *Bräutigam*, in: Bräutigam (Fn. 4), Teil 11, Rn. 270 ff.; *v. Wilmowsky*, ZIP 2007, 553.
243. Zur Problematik der Teilkündigung siehe näher *Bräutigam*, in: Bräutigam (Fn. 4), Teil 11, Rn. 294.
244. Siehe dazu näher *Dieselhorst*, in: Büchner/Dreier (Fn. 10), S. 201, 206. Zur Herausgabe der Daten aufgrund von § 242 BGB OLG München CR 1999, 484.
245. Siehe *Dieselhorst*, in: Büchner/Dreier (Fn. 10), S. 201.
246. Zu Vor- und Nachteilen des UN-Kaufrechts für den Softwareerwerb und -vertrieb *Bierekoven*, ITRB 2008, 19.
247. Siehe die instruktive Gegenüberstellung von ordentlicher Gerichtsbarkeit und Schiedsgerichtsbarkeit bei *Lachmann*, BRAK-Mitt. 2005, 217.

D. Sachverzeichnis

Ablauf des Outsourcing-Projekts 6 ff.
Abstandszahlung
– Aufhebung bestehender Verträge 71
– Sonderkündigung 180
Abtretungsverbot 190
Aktueller Stand der Technik 81
Allgemeine Geschäftsbedingungen
– Haftungsbeschränkungen 176
– Vertragsmuster 49 f.
Anlagen 50
Application Management 2
Application Service Providing (ASP) 2
Arbeitsrecht 5, 68 ff.
Asset Deal
– Begriff 2
– Form 47 f.
– Vertragsinhalte 64 ff.
Auditierungsrechte 132 f., 142, 147
Auffangklauseln 48, 78
Aufhebung bestehender Verträge 71
Aufsichtsrecht 4
Auftragsdatenverarbeitung 136 f.
Auftragserstvergabe 6 ff.
Auftragsneuvergabe 14, 70 f.
Auslegungsgrundsätze 58
Ausschreibung 9 f.

Base Case 8
Bedingungen
– Ausfall 75
– Kartellrecht 74
– Mitarbeiterübergang 68 f.
– Transition 74
Beendigungsunterstützung 186 f.
Beistellungen 95
Benchmarking 108 ff.
Berichtswesen
– Definition 132
– Service Level Reports 89
Best and Final Offer (BAFO) 12
Betriebsrat 68 f.
Betriebsübergang 68 ff.
Bilanzierung von Vermögensgegenständen 66 f.

Buchführungsregeln 5
Business Case 8 f.
Business Continuity 149
Business Critical Services 149
Business Process Outsourcing (BPO) 3

Compliance 3 ff.
Change Management 122, 123
Change of Control 179
Change Request-Verfahren 123 f.

Datenschutz
– Auditierung 142
– Auftragsdatenverarbeitung 136 f.
– Bereichsspezifische Regelungen 138 f.
– Datengeheimnis 140
– Drittstaatentransfer 142 f.
– Einwilligung 138
– Funktionsübertragung 137 f.
– Rechte der Betroffenen 141 f.
– Schutzmaßnahmen 140
– Unterauftragsverhältnisse 141
– Weisungen 139 f.
Datensicherheit 140, 144 ff.
Definitionen 57 f.
Disaster Recovery 149
Drittstaatentransfer 142 f.
Due Diligence 11 f.

Erfolgsort 79
Eskalationsverfahren 120 ff.
Exit Management
– Beendigungsunterstützung 186 f.
– Begriff 184
– Nachbetreuung 187
– Übertragung von Ressourcen 188
– Verlängerungsoption 185

Force Majeure 149
Formerfordernisse 47 f.
Freistellung
– Mitarbeiterübergang 69
– Schutzrechtsverletzungen 165 f.
Frozen Period 69
Funktionsübertragung 137 f.

Garantien 176
Geheimhaltung 153 f., 187
Geheimnisschutz 4 f., 140 f.
Gerichtsstand 190
Gewährleistung
– Abgrenzung zu Service Level Credits 170
– Mängel 168 f.
– Minderung 170
– Nacherfüllung 169
– Rücktritt 170
– Schadensersatz 170
– Selbstvornahme 169 f.
Governance
– Begriff 118
– Change Request-Verfahren 123 f.
– Eskalationsverfahren 120 ff.
– Kundenzufriedenheit 125
– Rollen und Gremien 118 ff.
– Verfahrenshandbuch 122 f.

Haftung
– Grundlagen 171 ff.
– Haftungsbeschränkungen 173 ff.
– Patronatserklärung 176
– Versicherungsschutz 176
Höhere Gewalt 149

Incident Management 167 f.
Insolvenz 179
IP 157 ff.
ITIL 122
IT-Outsourcing 2

Kartellrecht 5, 74
Kauf- und Übertragungsvertrag 63 ff.
Key Player 114
Key Positions 113 f.
Know-how-Transfer
– Transition 76
– Vertragsbeendigung 186
Kosteneinsparungen 107
Kunde 1
Kundenzufriedenheit 125
Kündigung
– Aus wichtigem Grund 178 f.
– Change of Control 179
– Insolvenz 179
– Kündigungsfrist 181
– Schriftform 181
– Sonderkündigungsrecht 179 f.
– Teilkündigung 180

Laufende Zusammenarbeit 118 ff.
Leistungsbeginn 13, 74 f.
Leistungsbeschreibung 77 f.
Leistungsort 79
Leistungsverweigerungsrecht 122
Letter of Intent 12
Local Service Agreement 54
Long Stop Date 75

MaRisk 4
Master Service Agreement 54
Minimum Performance Levels 89
Mitarbeiter
– Background Screening 113
– Qualifikationsanforderungen 112 f.
– Schlüsselpositionen 113 f.
– Übergang 68 ff.
Mitwirkungshandlungen
– Abrufverfahren 96 f.
– Arten 94 f.
– Beistellungen 95
– Folgen des Ausbleibens 97 ff.
Multisourcing 84

Nearshoring 3
Notfallmanagement
– Business Continuity 149
– Disaster Recovery 149
– Notfallkonzept 149 f.
– Notfalltests 150
Nutzungsrechte 158 ff.

Offshoring 3
Operate Lease 66 f.
Outsourcing
– Ablauf 6 ff.
– Auftragsneuvergabe 14, 70 f.
– Begriff 1
– Erscheinungsformen 2 f., 84
– Multi-nationale Struktur 53 f., 61
– Strategie 7
Outtasking 2

Parteien 51 ff.
Patronatserklärung 176
Personalüberleitung 68 ff.
Policies
– Änderungen nach Vertragsschluss 129 f.
– Einhaltung 128 f.
– Teil der Ausschreibung 11

D. Sachverzeichnis

Präambel 55 f.
Preisindexierung 104
Pressemitteilungen 190
Problem Management 122
Projektleistungen 79
Projektvorbereitung 7 ff.
Provider
– Auswahl 10 ff.
– Begriff 1
– Provider-Management 9
Prozesse
– Gestaltungsfreiheit 80 ff.
– Verfahrenshandbuch 122 f.
Prüfungsrechte
– Allgemein 132 f.
– Datenschutz 142
– Sicherheit 147
Public Private Partnership 6

Qualitätsmanagement 81
Quellcode-Hinterlegung 142

Rahmenbedingungen 50
Rangfolge 58
Rechnungsstellung 104, 106
Rechtliche Anforderungen
– Änderungen nach Vertragsschluss 129 f.
– Arbeitsrecht 5, 68 ff.
– Aufsichtsrecht 4
– Bankgeheimnis 5, 139
– Buchführung 5
– Datenschutz 4, 136 ff.
– Einhaltung 126 ff.
– Geheimnisschutz 4 f., 140 f.
– Gewerblicher Rechtsschutz 5, 157 ff.
– Kartellrecht 5, 74
– MaRisk 4
– Rechtsdienstleistungen 6
– Risikokontrolle 4
– Sarbanes-Oxley Act 4
– Überblick 3 ff.
– Urheberrecht 5, 157 ff.
– Vergaberecht 6
– Versicherungsrecht 5
Rechtswahl 190
Reporting 89, 132
Request for Information (RfI) 10
Request for Proposal (RfP) 9
Ressourcenübernahme 64 ff., 188
Retained Organisation 9
Risikokontrolle 4

Schiedsgerichtsbarkeit 191
Schlussbestimmungen 189
Schnittstellen
– Beschreibung 2
– Transition 76
Schriftform
– Kündigung 181
– Vertrag 190
Schutzrechte (IP)
– Begriff 157 f.
– Neuentwicklungen 164
– Nutzungsrechtseinräumung 158 ff.
– Verletzung von Schutzrechten Dritter 165 f.
Scope 8
Second Generation Outsourcing 14, 70 f.
Selective Outsourcing 84
Service-Empfänger
– Begriff 51
– Einbeziehung 61 ff.
– Schäden 52 f., 173 f.
Service Level Credits 90 ff.
Service Levels
– Critical Service Levels 92
– Definition 86 ff.
– Messung 89
– Minimum Performance Levels 89
– Reporting 89
– Transition 77, 90
– Verfehlung 90 ff.
Services
– Begriff 13
– Sweep Clause 78
– Umfang 77 ff.
Service-Vertrag
– Änderungen 123 f.
– Begriff 1
– Form 47 f.
Share Deal
– Begriff 2
– Form 47 f.
– Vertragsinhalte 64
Sicherheit
– Auditierung 147
– Datenschutz 140
– Notfälle 148 ff.
– Sicherheitskonzept 145 ff.
– Sicherheitsvorfälle 147
Single Source Deal 6
Software
– Neuentwicklungen 164

- Nutzungsrechtseinräumung 158 ff.
- Quellcode-Hinterlegung 162
- Übertragung 67 f.
Standorte 79 f.
Stand der Technik 81
Statement of Work 77
Stichtag 13, 74 f.
Steuern
- Beistellungen 95
- Service-Vergütung 105 ff.
- Übertragung von Vermögensgegenständen 65 f.
Störungen 167 f.
Subunternehmer
- Datenschutz 141
- Einschaltung 82 ff.
- Genehmigung 83
- Verantwortlichkeit 83
Systeme 80 ff.

Technology Refresh 81
Tools 77, 162 f.
Transformation 77
Transition
- Begriff 13
- Maßnahmen 75 f.
- Transitionsplan 13, 76

Übernahme
- Mitarbeiter 68 ff.
- Software 67 f.
- Vermögensgegenstände 64 ff.
- Vertragsbeendigung 188
- Verträge 67 f.
Urheberrecht 5, 157 ff.

Veränderungssperre 69
Verfahrenshandbuch 122 f.
Vergaberecht 6
Vergütung
- Benchmarking 108 ff.
- Inflationsausgleich 104
- Rechnungsstellung 104, 106
- Reisekosten 105
- Steuerliche Behandlung 105 ff.
- Umsatzgarantien 103
- Vergütungsmodelle 101 ff.
- Verzugszinsen 104 f.
- Zahlung 104
Vermögensgegenstände
- Bilanzierung 66 f.
- Übertragung 64 ff.
Versicherungen 176
Vertragsbeendigung 184 ff.
Vertragsgegenstand 60 f.
Vertragslaufzeit 178
Vertragsparteien
- Kundenseite 51 ff.
- Providerseite 53
Vertragsstruktur 53 f., 61
Vertragsverhandlungen 12
Vertraulichkeit 153 f., 187

Weisungsrechte
- Allgemein 133 f.
- Datenschutz 140

Zurückbehaltungsrecht 122
Zusammenarbeit der Vertragsparteien 118 ff.
Zusammenarbeit mit Drittanbietern 122

Die Beck'schen Musterverträge im Überblick

Arbeitsrecht

1	Kopp	Arbeitsvertrag für Führungskräfte	4. Auflage	2001
2	Jaeger	Der Anstellungsvertrag des GmbH-Geschäftsführers	4. Auflage	2001
9	Bengelsdorf	Aufhebungsvertrag und Abfindungsvereinbarungen	4. Auflage	2004
12	Klemm/Hamisch	Betriebliche Altersversorgung	3. Auflage	i. V.
16	Gnann/Gerauer	Arbeitsvertrag bei Auslandsentsendung	2. Auflage	2002
17	Röder/Baeck	Interessenausgleich und Sozialplan	3. Auflage	2001
21	Nebendahl	Der Teilzeitarbeitsvertrag	3. Auflage	2005
23	Münzel	Chefarzt- und Belegarztvertrag	2. Auflage	2001
24	Abrahamczik	Der Handelsvertretervertrag	3. Auflage	2007
39	Hunold	Befristete Arbeitsverträge nach neuem Recht	2. Auflage	2008
43	Haas/Ohlendorf	Anstellungsvertrag des Vorstands der Aktiengesellschaft	1. Auflage	2004
55	Hromadka/Schmitt-Rolfes	Der unbefristete Arbeitsvertrag	1. Auflage	2006

Familienrecht

7	Brambring	Ehevertrag und Vermögenszuordnung unter Ehegatten	6. Auflage	2008
10	Grziwotz	Partnerschaftsvertrag für die nichteheliche und nicht eingetragene Lebensgemeinschaft	4. Auflage	2002
15	Krenzler	Vereinbarungen bei Trennung und Scheidung	4. Auflage	2006
32	Vogt/Hannes	Verträge mit Familienangehörigen	2. Auflage	2004
44	Winkler	Vorsorgeverfügungen	3. Auflage	2007

Erbrecht

18	Wegmann	Ehegattentestament und Erbvertrag	3. Auflage	2004
19	Kössinger	Das Testament Alleinstehender	3. Auflage	2004
45	Burandt/Franke	Unternehmertestament	1. Auflage	2003

Neue Medien

37	Schröder	Softwareverträge	3. Auflage	2008
38	Müller/Bohne	Providerverträge	1. Auflage	2005

Gesellschaftsrecht

6	Langenfeld	Gesellschaft bürgerlichen Rechts	6. Auflage	2003
8	Reichert/ Harbarth	Der GmbH-Vertrag	3. Auflage	2001
13	Veltins	Der Gesellschaftsvertrag der Kommanditgesellschaft	2. Auflage	2002
14	Sommer	Die Gesellschaftsverträge der GmbH & Co. KG	3. Auflage	2005
25	Stuber	Die Partnerschaftsgesellschaft	2. Auflage	2001
29	Wahlers	Die Satzung der kleinen Aktiengesellschaft	3. Auflage	2003
33	Weigl	Stille Gesellschaft und Unterbeteiligung	2. Auflage	2004
47	v. Holt/Koch	Stiftungssatzung	1. Auflage	2004
49	Kästle/ Oberbracht	Unternehmenskauf – Share Purchase Agreement	2. Auflage	i. Vorb.
50	von Holt/Koch	Gemeinnützige GmbH	1. Auflage	2005

Miete und Wohnungseigentum

3	Sauren	Verwaltervertrag und Verwaltervollmacht	4. Auflage	i. Vorb.
20	Schultz	Gewerberaummiete	3. Auflage	2007
35	Munzig	Teilungserklärung und Gemeinschaftsordnung	2. Auflage	2008
40	Lützenkirchen	Wohnraummiete	1. Auflage	2002

Wirtschaftsrecht

4	Westphalen	Allgemeine Verkaufsbedingungen	6. Auflage	2007
5	Westphalen	Allgemeine Einkaufsbedingungen	4. Auflage	2003
22	Möffert	Der Forschungs- und Entwicklungsvertrag	3. Auflage	2008
26	Weiand/Poser	Sponsoringvertrag	3. Auflage	2005
30	Flohr	Franchisevertrag	3. Auflage	2006
31	Wauschkuhn	Der Vertragshändlervertrag	2. Auflage	2003
34	Fammler	Der Markenlizenzvertrag	2. Auflage	2007
42	Flohr	Masterfranchise-Vertrag	1. Auflage	2005
53	Philipp	Factoringvertrag	1. Auflage	2006
54	Ulmer-Eilfort/ Schmoll	Technologietransfer	1. Auflage	2006
56	Kotthoff/Gabel	Outsourcing	1. Auflage	2008
57	Poser	Konzert- und Veranstaltungsverträge	1. Auflage	2007
59	Münchow/ Striegel/Jesch	Management Buy-Out	1. Auflage	2008